U0053422

心一堂術數古籍珍本叢刊

書名：三元大玄空地理二宅實驗（足本修正版）
系列：心一堂術數古籍珍本叢刊　堪輿類　無常玄空珍秘系列　第二輯　216
作者：【民國】尤惜陰（演本法師）、榮柏雲
主編、責任編輯：陳劍聰
心一堂術數古籍珍本叢刊編校小組：陳劍聰　素聞　鄒偉才　虛白盧主

出版：心一堂有限公司
通訊地址：香港九龍旺角彌敦道六一〇號荷李活商業中心十八樓〇五—〇六室
深港讀者服務中心：中國深圳市羅湖區立新路六號羅湖商業大廈負一層〇〇八室
電話號碼：(852)67150840
網址：publish.sunyata.cc
電郵：sunyatabook@gmail.com
網店：http://book.sunyata.cc
淘寶店地址：https://shop210782774.taobao.com
微店地址：https://weidian.com/s/1212826297
臉書：https://www.facebook.com/sunyatabook
讀者論壇：http://bbs.sunyata.cc/

版次：二零一八年十一月初版
平裝

定價：港幣　二百二十八元正
　　　新台幣　九百元正

國際書號：ISBN 978-988-8582-00-6

版權所有　翻印必究

香港發行：香港聯合書刊物流有限公司
地址：香港新界大埔汀麗路36號中華商務印刷大廈3樓
電話號碼：(852)2150-2100
傳真號碼：(852)2407-3062
電郵：info@suplogistics.com.hk

台灣發行：秀威資訊科技股份有限公司
地址：台灣台北市內湖區瑞光路七十六巷六十五號一樓
電話號碼：+886-2-2796-3638
傳真號碼：+886-2-2796-1377
網絡書店：www.bodbooks.com.tw
台灣國家書店讀者服務中心：
地址：台灣台北市中山區松江路二〇九號一樓
電話號碼：+886-2-2518-0207
傳真號碼：+886-2-2518-0778
網絡書店：http://www.govbooks.com.tw

中國大陸發行　零售：深圳心一堂文化傳播有限公司
深圳地址：深圳市羅湖區立新路六號羅湖商業大廈負一層〇〇八室
電話號碼：(86)0755-82224934

心一堂微店二維碼

心一堂淘寶店二維碼

心一堂術數古籍 珍本 整理 叢刊 總序

術數定義

術數，大概可謂以「推算（推演）、預測人（個人、群體、國家等）、事、物、自然現象、時間、空間方位等規律及氣數，並或通過種種『方術』，從而達致趨吉避凶或某種特定目的」之知識體系和方法。

術數類別

我國術數的內容類別，歷代不盡相同，例如《漢書・藝文志》中載，漢代術數有六類：天文、曆譜、五行、蓍龜、雜占、形法。至清代《四庫全書》，術數類則有：數學、占候、相宅相墓、占卜、命書、相書、陰陽五行、雜技術等，其他如《後漢書・方術部》、《藝文類聚・方術部》、《太平御覽・方術部》等，對於術數的分類，皆有差異。古代多把天文、曆譜、及部分數學均歸入術數類，而民間流行亦視傳統醫學作為術數的一環；此外，有些術數與宗教中的方術亦往往難以分開。現代民間則常將各種術數歸納為五大類別：命、卜、相、醫、山，通稱「五術」。

本叢刊在《四庫全書》的分類基礎上，將術數分為九大類別：占筮、星命、相術、堪輿、選擇、三式、讖諱、理數（陰陽五行）、雜術（其他）。而未收天文、曆譜、算術、宗教方術、醫學。

術數思想與發展——從術到學，乃至合道

我國術數是由上古的占星、卜筮、形法等術發展下來的。其中卜筮之術，是歷經夏商周三代而通過「龜卜、蓍筮」得出卜（筮）辭的一種預測（吉凶成敗）術，之後歸納並結集成書，此即現傳之《易

經》。經過春秋戰國至秦漢之際，受到當時諸子百家的影響、儒家的推崇，遂有《易傳》等的出現，原本是卜筮術書的《易經》，被提升及解讀成有包涵「天地之道（理）」之學。因此，《易・繫辭傳》曰：「易與天地準，故能彌綸天地之道。」

漢代以後，易學中的陰陽學說，與五行、九宮、干支、氣運、災變、律曆、卦氣、讖緯、天人感應說等相結合，形成易學中象數系統。而其他原與《易經》本來沒有關係的術數，如占星、形法、選擇，亦漸漸以易理（象數學說）為依歸。《四庫全書・易類小序》云：「術數之興，多在秦漢以後。要其旨，不出乎陰陽五行，生尅制化。實皆《易》之支派，傳以雜說耳。」至此，術數可謂已由「術」發展成「學」。

及至宋代，術數理論與理學中的河圖洛書、太極圖、邵雍先天之學及皇極經世等學說給合，通過術數以演繹理學中「天地中有一太極，萬物中各有一太極」（《朱子語類》）的思想。術數理論不單已發展至十分成熟，而且也從其學理中衍生一些新的方法或理論，如《梅花易數》、《河洛理數》等。

在傳統上，術數功能往往不止於僅僅作為趨吉避凶的方術，及「能彌綸天地之道」的學問，亦有其「修心養性」的功能，「與道合一」（修道）的內涵。《素問・上古天真論》：「上古之人，其知道者，法於陰陽，和於術數。」數之意義，不單是外在的算數、歷數、氣數，而是與理學中同等的「道」、「理」--心性的功能，北宋理氣家邵雍對此多有發揮：「聖人之心，是亦數也」、「萬化萬事生乎心」、「心為太極」。《觀物外篇》：「先天之學，心法也。……蓋天地萬物之理，盡在其中矣，心一而不分，則能應萬物。」反過來說，宋代的術數理論，受到當時理學、佛道及宋易影響，認為心性本質上是等同天地之太極。天地萬物氣數規律，能通過內觀自心而有所感知，即是內心也已具備有術數的推演及預測、感知能力；相傳是邵雍所創之《梅花易數》，便是在這樣的背景下誕生。

《易・文言傳》已有「積善之家，必有餘慶；積不善之家，必有餘殃」之說，至漢代流行的災變說及讖緯說，我國數千年來都認為天災，異常天象（自然現象），皆與一國或一地的施政者失德有關；下至家族、個人之盛衰，也都與一族一人之德行修養有關。因此，我國術數中除了吉凶盛衰理數之外，人心的德行修養，也是趨吉避凶的一個關鍵因素。

術數與宗教、修道

在這種思想之下，我國術數不單只是附屬於巫術或宗教行為的方術，又往往是一種宗教的修煉手段－通過術數，以知陰陽，乃至合陰陽（道）。「其知道者，法於陰陽，和於術數。」例如，「奇門遁甲」術中，即分為「術奇門」與「法奇門」兩大類。「法奇門」中有大量道教中符籙、手印、存想、內煉的內容，是道教內丹外法的一種重要外法修煉體系。甚至在雷法一系的修煉上，亦大量應用了術數內容。此外，相術、堪輿術中也有修煉望氣（氣的形狀、顏色）的方法；堪輿家除了選擇陰陽宅之吉凶外，也有道教中選擇適合修道環境（法、財、侶、地中的地）的方法，以至通過堪輿術觀察天地山川陰陽之氣，亦成為領悟陰陽金丹大道的一途。

易學體系以外的術數與的少數民族的術數

我國術數中，也有不用或不全用易理作為其理論依據的，如揚雄的《太玄》、司馬光的《潛虛》。也有一些占卜法、雜術不屬於《易經》系統，不過對後世影響較少而已。

外來宗教及少數民族中也有不少雖受漢文化影響（如陰陽、五行、二十八宿等學說。）但仍自成系統的術數，如古代的西夏、突厥、吐魯番等占卜及星占術，藏族中有多種藏傳佛教占卜術、苯教占卜術、擇吉術、推命術、相術等；北方少數民族有薩滿教占卜術；不少少數民族如水族、白族、布朗族、佤族、彝族、苗族等，皆有占雞（卦）草卜、雞蛋卜等術，納西族的占星術、占卜術，彝族畢摩的推命術、占卜術……等等，都是屬於《易經》體系以外的術數。相對上，外國傳入的術數以及其理論，對我國術數影響更大。

曆法、推步術與外來術數的影響

我國的術數與曆法的關係非常緊密。早期的術數中，很多是利用星宿或星宿組合的位置（如某星在某州或某宮某度）付予某種吉凶意義，并據之以推演，例如歲星（木星）、月將（某月太陽所躔之宮次）等。不過，由於不同的古代曆法推步的誤差及歲差的問題，若干年後，其術數所用之星辰的位置，已與真實星辰的位置不一樣了；此如歲星（木星），早期的曆法及術數以十二年為一周期（以應地支），與木星真實周期十一點八六年，每幾十年便錯一宮。後來術家又設一「太歲」的假想星體來解決，是歲星運行的相反，週期亦剛好是十二年。而術數中的神煞，很多即是根據太歲的位置而定。又如六壬術中的「月將」，原是立春節氣後太陽躔娵訾之次而稱作「登明亥將」，至宋代，因歲差的關係，要到雨水節氣後太陽才躔娵訾之次，當時沈括提出了修正，但明清時六壬術中「月將」仍然沿用宋代沈括修正的起法沒有再修正。

由於以真實星象周期的推步術是非常繁複，而且古代星象推步術本身亦有不少誤差，大多數術數除依曆書保留了太陽（節氣）、太陰（月相）的簡單宮次計算外，漸漸形成根據干支、日月等的各自起例，以起出其他具有不同含義的眾多假想星象及神煞系統。唐宋以後，我國絕大部分術數都主要沿用這一系統，也出現了不少完全脫離真實星象的術數，如《子平術》、《紫微斗數》、《鐵版神數》等。後來就連一些利用真實星辰位置的術數，如《七政四餘術》及選擇法中的《天星選擇》，也已與假想星象及神煞混合而使用了。

隨着古代外國曆（推步）、術數的傳入，如唐代傳入的印度曆法及術數，元代傳入的回回曆等，其中我國占星術便吸收了印度占星術中羅睺星、計都星等而形成四餘星，又通過阿拉伯占星術而吸收了其中來自希臘、巴比倫占星術的黃道十二宮、四大（四元素）學說（地、水、火、風），並與我國傳統的二十八宿、五行說、神煞系統並存而形成《七政四餘術》。此外，一些術數中的北斗星名，不用我國傳統的星名：天樞、天璇、天璣、天權、玉衡、開陽、搖光，而是使用來自印度梵文所譯的：貪狼、巨門、祿存、文曲，廉貞、武曲、破軍等，此明顯是受到唐代從印度傳入的曆法及占星術所影響。如星命術中的《紫微斗數》及堪輿術中的《撼龍經》等文獻中，其星皆用印度譯名。及至清初《時憲曆》，置閏之法則改用西法「定氣」。清代以後的術數，又作過不少的調整。

此外，我國相術中的面相術、手相術，唐宋之際受印度相術影響頗大，至民國初年，又通過翻譯歐西、日本的相術書籍而大量吸收歐西相術的內容，形成了現代我國坊間流行的新式相術。

陰陽學——術數在古代、官方管理及外國的影響

術數在古代社會中一直扮演着一個非常重要的角色，影響層面不單只是某一階層、某一職業、某一年齡的人，而是上自帝王，下至普通百姓，從出生到死亡，不論是生活上的小事如洗髮、出行等，大事如建房、入伙、出兵等，從個人、家族以至國家，從天文、氣象、地理到人事、軍事，從民俗、學術到宗教，都離不開術數的應用。我國最晚在唐代開始，已把以上術數之學，稱作陰陽（學），行術數者稱陰陽人。（敦煌文書、斯四三二七唐《師師漫語話》：「以下說陰陽人謾語話」，此說法後來傳入日本，今日本人稱行術數者為「陰陽師」）。一直到了清末，欽天監中負責陰陽術數的官員中，以及民間術數之士，仍名陰陽生。

古代政府的中欽天監（司天監），除了負責天文、曆法、輿地之外，亦精通其他如星占、選擇、堪輿等術數，除在皇室人員及朝庭中應用外，也定期頒行日書、修定術數，使民間對於天文、日曆用事吉凶及使用其他術數時，有所依從。

我國古代政府對官方及民間陰陽學及陰陽官員，從其內容、人員的選拔、培訓、認證、考核、律法監管等，都有制度。至明清兩代，其制度更為完善、嚴格。

宋代官學之中，課程中已有陰陽學及其考試的內容。（宋徽宗崇寧三年〔一一零四年〕崇寧算學令：「諸學生習……並曆算、三式、天文書。」「諸試……三式即射覆及預占三日陰陽風雨。天文即預

定一月或一季分野災祥，並以依經備草合問為通。」

金代司天臺，從民間「草澤人」（即民間習術數人士）考試選拔：「其試之制，以《宣明曆》試推步，及《婚書》、《地理新書》試合婚、安葬，並《易》筮法，六壬課、三命、五星之術。」（《金史》卷五十一・志第三十二・選舉一）

元代為進一步加強官方陰陽學對民間的影響、管理、控制及培育，除沿襲宋代、金代在司天監掌管陰陽學及中央的官學陰陽學課程之外，更在地方上增設陰陽學課程（《元史・選舉志一》：「世祖至元二十八年夏六月始置諸路陰陽學。」）地方上也設陰陽學教授員，培育及管轄地方陰陽人。（《元史・選舉志一》：「（元仁宗）延祐初，令陰陽人依儒醫例，於路、府、州設教授員，凡陰陽人皆管轄之，而上屬於太史焉。」）自此，民間的陰陽術士（陰陽人），被納入官方的管轄之下。

至明清兩代，陰陽學制度更為完善。中央欽天監掌管陰陽學，明代地方縣設陰陽學正術，各州設陰陽學典術，各縣設陰陽學訓術。陰陽人從地方陰陽學肄業或被選拔出來後，再送到欽天監考試。（《大明會典》卷二二三：「凡天下府州縣舉到陰陽人堪任正術等官者，俱從吏部送（欽天監），考中，送回選用；不中者發回原籍為民，原保官吏治罪。」）清代大致沿用明制，凡陰陽術數之流，悉歸中央欽天監及地方陰陽官員管理、培訓、認證。至今尚有「紹興府陰陽印」、「東光縣陰陽學記」等明代銅印，及某某縣某某之清代陰陽執照等傳世。

清代欽天監漏刻科對官員要求甚為嚴格。《大清會典》「國子監」規定：「凡算學之教，設肄業生。滿洲十有二人，蒙古、漢軍各六人，於各旗官學內考取。漢十有二人，於舉人、貢監生童內考取。附學生二十四人，由欽天監選送。教以天文演算法諸書，五年學業有成，舉人引見以欽天監博士用，貢監生童以天文生補用。」學生在官學肄業、貢監生肄業或考得舉人後，經過了五年對天文、算法、陰陽學的學習，其中精通陰陽術數者，會送往漏刻科。而在欽天監供職的官員，《大清會典則例》「欽天監」規定：「本監官生三年考核一次，術業精通者，保題升用。不及者，停其升轉，再加學習。如能黽勉供職，即予開復。仍不及者，降職一等，再令學習三年，能習熟者，准予開復，仍不能者，黜退。」除定期考核以定其升用降職外，《大清律例》中對陰陽術士不準確的推斷（妄言禍福）是要治罪的。《大清律例・一七八・術七・妄言禍福》：「凡陰陽術士，不許於大小文武官員之家妄言禍福，違者杖一百。其依經推算星命卜課，不在禁限。」大小文武官員延請的陰陽術士，自然是以欽天監漏刻科官員或地方陰陽官員為主。

官方陰陽學制度也影響鄰國如朝鮮、日本、越南等地，一直到了民國時期，鄰國仍然沿用着我國的多種術數。而我國的漢族術數，在古代甚至影響遍及西夏、突厥、吐蕃、阿拉伯、印度、東南亞諸國。

術數研究

術數在我國古代社會雖然影響深遠，「是傳統中國理念中的一門科學，從傳統的陰陽、五行、九宮、八卦、河圖、洛書等觀念作大自然的研究。……傳統中國的天文學、數學、煉丹術等，要到上世紀中葉始受世界學者肯定。可是，術數還未受到應得的注意。術數在傳統中國科技史、思想史，文化史、社會史，甚至軍事史都有一定的影響。……更進一步了解術數，我們將更能了解中國歷史的全貌。」（何丙郁《術數、天文與醫學中國科技史的新視野》，香港城市大學中國文化中心。）

可是術數至今一直不受正統學界所重視，加上術家藏秘自珍，又揚言天機不可洩漏，「（術數）乃吾國科學與哲學融貫而成一種學說，數千年來傳衍嬗變，或隱或現，全賴一二有心人為之繼續維繫，賴以不絕，其中確有學術上研究之價值，非徒癡人說夢，荒誕不經之謂也。其所以至今不能在科學中成立一種地位者，實有數因。蓋古代士大夫階級目醫卜星相為九流之學，多恥道之；而發明諸大師又故為惝恍迷離之辭，以待後人探索；間有一二賢者有所發明，亦秘莫如深，既恐洩天地之秘，復恐譏為旁門左道，始終不肯公開研究，成立一有系統說明之書籍，貽之後世。故居今日而欲研究此種學術，實一極困難之事。」（民國徐樂吾《子平真詮評註》，方重審序）

現存的術數古籍，除極少數是唐、宋、元的版本外，絕大多數是明、清兩代的版本。其內容也主要是明、清兩代流行的術數，唐宋或以前的術數及其書籍，大部分均已失傳，只能從史料記載、出土文獻、敦煌遺書中稍窺一鱗半爪。

術數版本

坊間術數古籍版本，大多是晚清書坊之翻刻本及民國書賈之重排本，其中豕亥魚魯，或任意增刪，往往文意全非，以至不能卒讀。現今不論是術數愛好者，還是民俗、史學、社會、文化、版本等學術研究者，要想得一常見術數書籍的善本、原版，已經非常困難，更遑論如稿本、鈔本、孤本等珍稀版本。在文獻不足及缺乏善本的情況下，要想對術數的源流、理法、及其影響，作全面深入的研究，幾不可能。

有見及此，本叢刊編校小組經多年努力及多方協助，在海內外搜羅了二十世紀六十年代以前漢文為主的術數類善本、珍本、鈔本、孤本、稿本、批校本等數百種，精選出其中最佳版本，分別輯入兩個系列：

一、心一堂術數古籍珍本叢刊

二、心一堂術數古籍整理叢刊

前者以最新數碼（數位）技術清理、修復珍本原本的版面，更正明顯的錯訛，部分善本更以原色彩色精印，務求更勝原本。并以每百多種珍本、一百二十冊為一輯，分輯出版，以饗讀者。

後者延請、稿約有關專家、學者，以善本、珍本等作底本，參以其他版本，古籍進行審定、校勘、注釋，務求打造一最善版本，方便現代人閱讀、理解、研究等之用。

限於編校小組的水平，版本選擇及考證、文字修正、提要內容等方面，恐有疏漏及舛誤之處，懇請方家不吝指正。

心一堂術數古籍珍本/整理叢刊編校小組

二零零九年七月序

二零一四年九月第三次修訂

三元大玄空地理
二宅實驗

上冊

俞復署

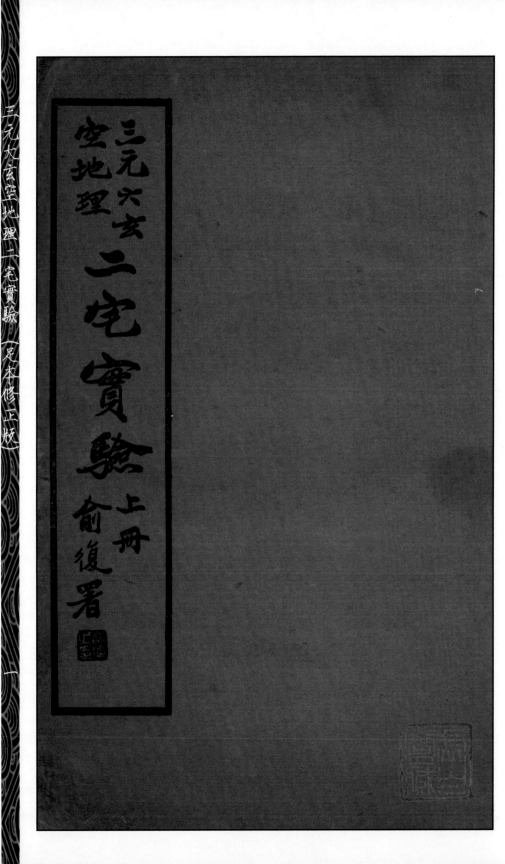

介紹 精本 袁了凡先生四訓

欲葬佳地　福兒孫者　照此書行去
佳地不求而自得　兒孫不賢而自賢

以前種種譬如昨日死以後種種譬如今日生欲求自己地位之向上提高權不屬人亦不屬天全在各人自有之決心及到底不懈之眞實力量上求之袁了凡先生四訓乃改造命運之玉律金科百試百驗此書聲價溥海都知惟苦初學之人開解不易食古便化今此精本印刷之良無以復加簡註之美亦所難得凡父兄師長之欲得佳子弟者固當家家置備凡失學青年之欲改造現境者快須人人開讀如法行之三年五年後各各平地登雲矣

一本大洋一角六分函購另加寄費一分
上海棋盤街中華書局出售

佛學推行社敬布

序

尤惜陰

人生要素。衣食住三。有紡織業而衣料可無虞。有農作業而食料可無慮。惟棲身之事。向少澈底講求。蓋世俗所講求者。大都在體制上場面上做工夫。求其究竟心安理得。在成敗得失之命脈上。尋出一定路線。可以自由取捨。則千不得一二焉。不通斯學之新舊人物無論已。即本有職業。旁涉此學。以及寄食於此。托迹江湖者流。十之八九皆茫乎無所得。所得者多半屬僞學。按之實際。百不一效。一般堪輿家自家之得失。尚不能决。又何能定人之得失。世俗不察。貿貿然以二宅取决權。輕付於茫無把握者之手中。其失敗將奚以逃。道義交榮君柏雲憂之。以自便故。而悉心研究大玄空。同時並爲一切親友行方便。廣作研究。實驗所得。積久成帙。爲普利羣衆計。付印流布。臨付刊前。囑留一言。謹撮述斯意。以告世之有志研究者。

再者我國有人口五萬萬。設使每年每百人中死五人。每人死後平均占葬地三弓中國畝制每畝面積二百四十弓照上述數目推算每年須被一部分死人占去地面七千五百萬弓以每九百畝合一方里。每畝平均年產糧食兩石半。每石市値扯十二元計之則每年占去葬地三十四萬七千畝每年減少糧食七十八萬一千二百五十石。卽每年損失國家經濟九百三十七萬五千元年年如是。產糧數每熟減少。新人口逐年加增。卽使封口閉糴。亦萬萬不能自支。今者人民因得食艱難。挺而走險。釀成亂局。彼爭此奪。互相仇殺。禍患未已。作者憂之。提倡火葬。此等遠計。非具大菩薩心者。不克建議。深願海內外表同情者。一致勸發。造成有力輿論。由地方議會提議通過。未風行前。凡先知先覺者。首先實行以倡之。則造福靡涯矣。著者主眼。歸重此點。爰特爲閱者諸彥。鄭重提出之。

自序

大玄空挨星法。始於晉郭樸之青囊經。哲理深奧。不易了解。至唐而有楊筠松洞悉陰陽原理。闡發青囊祕訣。一時著書立說。其學大昌。自宋以。降其法漸漸失傳。於是異法蠭起。謬僞流傳。莫宗一法。至清初有雲間蔣大鴻氏。得無極眞傳著地理辨正一書。辨是非。定眞僞。以爲後世法。經數傳而有吾邑章仲山先生出。著辨正直解及心眼指要等書。然皆半吞半吐。蘊而不顯。眞傳既鮮。僞法日盛。各持一說。自衒其長。以爲糊口之藉。遂使當世人士。譏堪輿爲迷信之學。相與鄙棄不屑道。而以一般青年學子爲尤甚。不知地理爲我國固有之學術。以其哲理深奧。不易研究。遂目之爲妄說。是猶因噎廢食。良可嘆也。近有武進談養吾先生著大玄空路透一書（民國十二年出版）將玄空祕訣。澈底顯露。實大有功於世也。惜多數讀者。僅知其理。不知其用。

每引以爲憾。余於辛酉冬。（民國十年）受尤師心傳。初得法時。亦與世人同病。但習之既久。深信其說。迨再四實驗。方知所學之法。迥異尋常。嘆爲補助社會唯一之奇術。三數年來。鑒於國內實業凋敝。民生艱困。遂擬發心彙集各地實事。編訂成册。以供世之研究。而利實用。俾助社會之發展。補人生之缺憾。嘗以斯意商之尤師。深蒙贊許。其公開是術之談。氏諒亦表同情也。顧近數年來。爲飢寒驅使。不克如願。去春始得遍觀各地陰陽之宅。歷時六月。共得百五十餘篇。分爲六卷。復在尤師實驗集中。摘錄三十餘則。冠之卷首。分訂二册。對於二宅之看法。大率已全。復恐初學者不易著手研究。又將簡易要法。附錄卷末。俾初學者有所取徑。深造者得免流弊。惟辭句鄙陋。尚望博學君子。有以教之。幸甚。

民國十六年暮春梁溪懺悔學人叙於申江客次

例言

一是書刊行宗旨。爲助長社會上一切善業根本。矯正風化。使人人趨吉避凶。消除一切無妄之災。更望仁者羣起研究。俾此學日益昌明。廣爲人間造福的。

一研究本書不謂人定可以勝天。富貴盡人可求。須知富貴是從積德而來。應隨時隨地深植善因。則富貴不求而至。若用此術以求富貴。而不植善根。則人定未可以勝天也。蓋用以助長善業。而爲公衆謀幸福則可。如用以圖一己之驕奢淫佚。則不啻揠苗助長。自速其亡耳。此身一失。永劫沉淪。享受無幾時。而苦報無盡期。使著者救世之婆心。反成害世之利器。願讀者愼之愼之。

一是書篇篇事實。完全親自實地研究得來。非同空中樓閣。向壁虛造可言。

一凡爲民衆謀生計而經營農工商事業。致遭失敗者。急宜研究是書。因其失敗之原因。皆在辦事之房屋。及自己之住宅。與先人之坟墓。倘以是術補救之。自可達成功之目的。

一卷首宅運新案及卷一之陽宅。其中有發生疾厄之原因。大可研究。世有患疾病而醫藥罔效者其因皆在住宅上著者曾數見病人病魔纏繞醫藥罔效囑其避居他室一面延醫服藥即覺藥力有効沉疴霍然可見此書不獨救貧且可治病（并可求子）若醫生而能研究是書其治病之神効當有驚人之成績

一素未研究大玄空者宜先讀下冊附錄附錄既明則全書不難迎刃而解

一曾研究大玄空而未入門者讀是書可以升堂入室讀過談氏路透而不能實用者。讀是書可以體驗

一是書只求事理明瞭。俾人人得而研究。書中文句。不求雕琢。未免淺陋。願讀者諒之。

三元大玄空地理二宅實驗目錄

上册

卷首　宅運新案三十一篇
卷一　陽宅三十一篇
卷二　尅丁之墓二十八篇附火葬之利益說

下册

卷三　丁盛財衰之墓二十一篇
卷四　財盛丁衰之墓十七篇
卷五　丁財兩盛之墓三十七篇
卷六　丁財兩衰之墓二十三篇
卷尾　附錄十八篇

宅運新案

梁溪無相行人著　門人懺悔學人集

余師奔走教育事業。國家事業。社會事業。辛勞艱苦。數十年如一日。以其餘暇更研究新舊術數。無不精入逾人。而地理一門。更有許多經驗著作。皆為世所罕見之珍品。茲篇所載。在其彰往察來•宅運新案兩書內•採集三十餘則。以供世之研究。又因所集者十之六七是宅運新案。故仍以宅運新案名之。

懺悔學人謹識

無錫洛社下塘賈巷賈錦榮宅

賈君娶婦十年餘連生四女未育一男丁。翁姑望抱孫急。辛丑（上元光緒二十七年）十月。予過父輩賈朗清先生家。因先生之介紹。踏月到是宅。觀之一到該宅。見幼童三四。甚覺熱鬧。且多男童打扮。看門向後。即看老房。次看新房。即告主人曰。新房背時。男丁難招。若急欲求丁。請馬上將老房新房暫時對調。甲乙兩門從當晚起暫時鎖閉不用。准許壬寅正月受孕。十月添丁也。至壬寅十月。予初到上海任教育事。而賈君就職滬北。適於是時備酒慶得子焉。

兩進壬山丙向二運初翻造

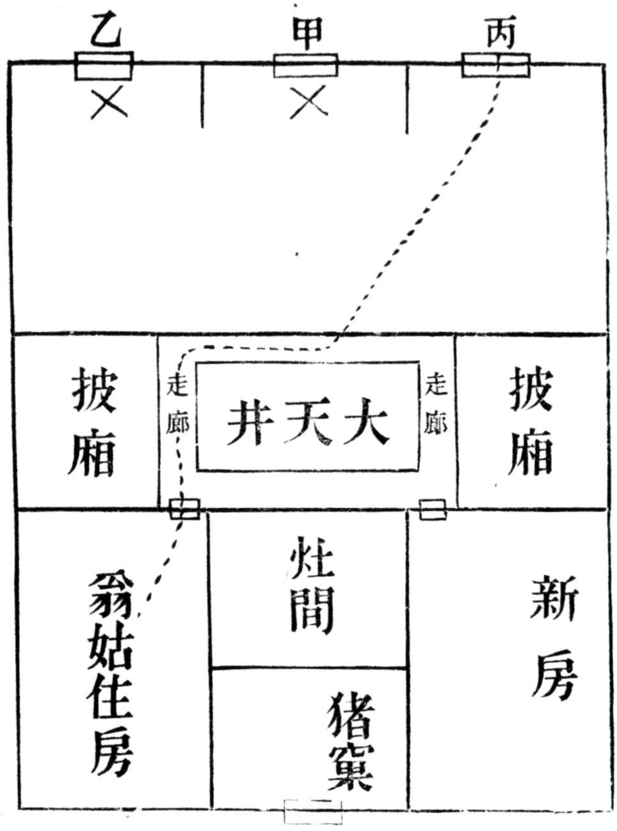

詩曰

踏月徐行到賈家。如何沒果只開花。止為新房陰氣足。生機一得便添娃。

二運壬山丙向圖

八 四九○	六 二二○	一 六七×
四 九四	山向 二 七六	九 五八
三 八五	七 三一	五 一三

註

新房門路在巽方。排着向星七。七為金。旺於下元初運。失運即凶。且洩向首二黑旺氣。所謂生出者此也。故男丁難招。老房門路在坤方。佈着向星九。雖為死氣。然九為火。與向首二黑旺土相生。所謂生入者此也。再加前進鎖閉甲乙二門。獨開丙門。吸引坤氣直入老房。故添丁可必。

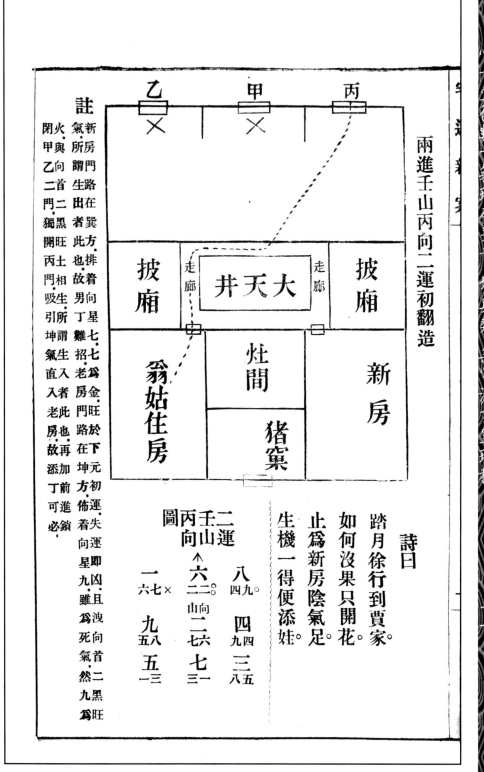

無錫揚名鄉邵巷王百萬宅 上元三運看

艮坤兼丑未。下元八運王氏有田千餘畝。兄弟子孫鼎盛一時。僅王姓分房有二三十家。他姓亦皆温飽。收租時浜中米船塞足幾不能行。而今休矣。王姓僅有三四家有後手中田僅十餘畝。他姓亦凋殘不振。

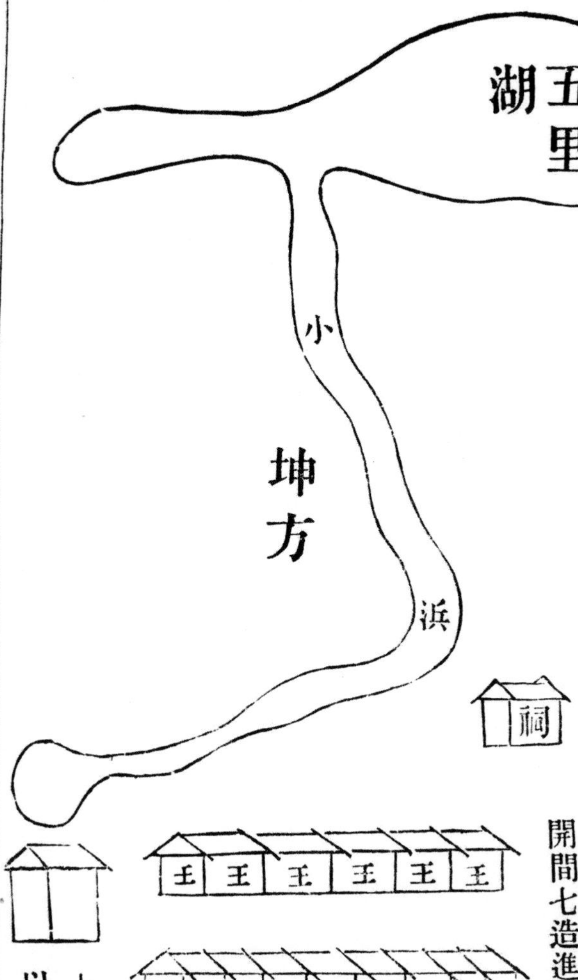

王姓大宅凡十開間七造進深

上元惟此宅安善以庚流外照之故

詩曰

五里湖邊曾發祥。坤流惟有下元强。外照分明權獨重。一逢失運盡遭殃。

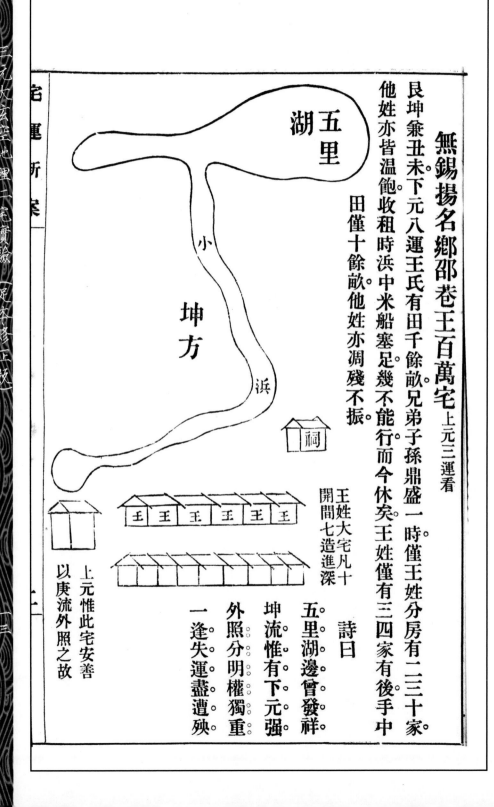

註 此係玄空大卦·非挨星法·其法水看對面·風看來方·坤水發祥於八運·即水看對面之證·因坤之對面是艮八·故發祥於八運也·如艮方來水·艮之對面是二·應發於上元二運·餘類推·以此法觀各地大局之興衰·至為靈驗·讀者可實驗之·方知所言之非虛也·

十六浦祥記水菓行 上海

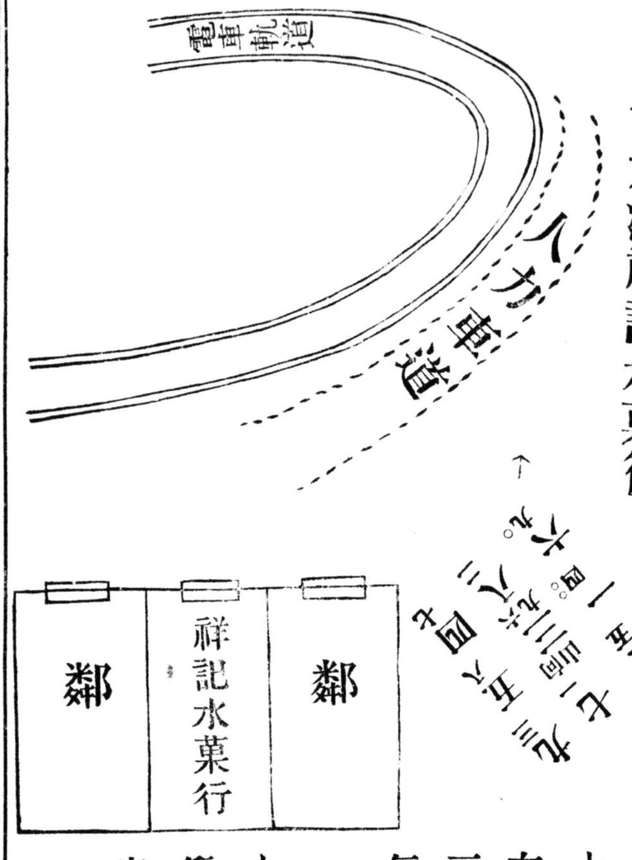

十六浦橋北祥記水菓行及左右鄰營業非常興盛囊有餘資。三運坤艮兼申寅震宮冲路收氣足。

詩曰

十六浦邊瑞氣充。生方一路饒衝風。天心有意相援手。暗許家家作富翁。

註 震宮衝路得四·為三運生氣·又生扶向首九·恰合生生

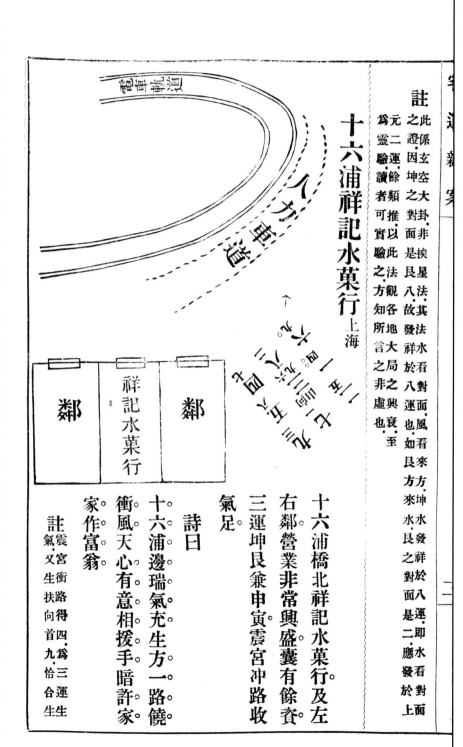

施相公街口炒豆攤 上海

入之妙，又四九為友，合先天之生成，故有營業蒸發之應。

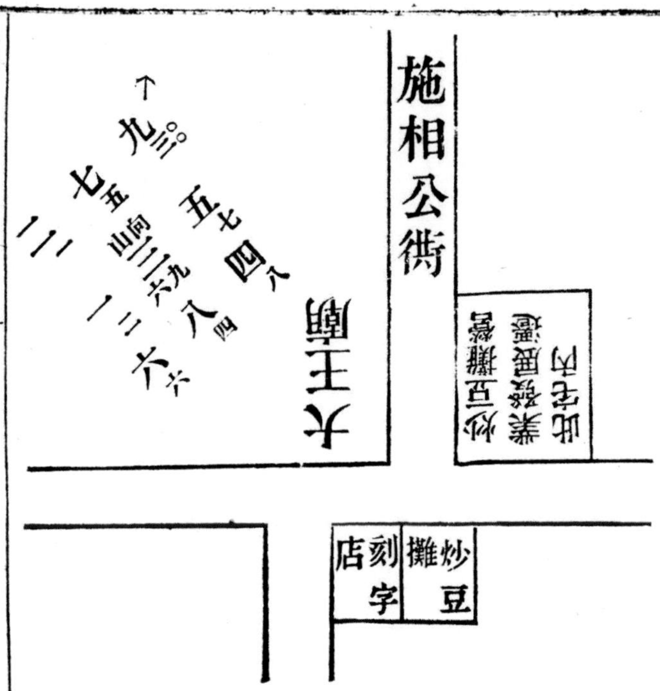

三運寅申兼艮坤，炒豆攤積財巨萬，堆貨上棧，以營業發展，遷入對面雙開間申寅兼坤艮宅內。

詩曰

大王廟前炒豆攤，驟富因何致巨萬，只為向承旺氣足，富翁從此讓傭販。

註 炒豆攤適對施相公街，向首飛着三碧旺氣，經所謂衝起樂宮無價寶也，宜其驟然致富矣。

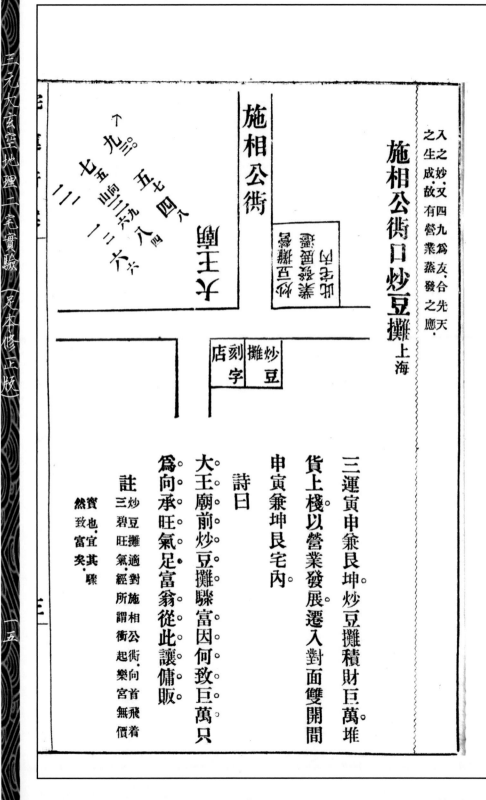

秦巷鎮之興衰

無錫北鄉秦巷鎮在白湯圩西首。圩周十里。鎮在道咸間（時在下元）非常發達。擁貲千萬者多不勝記。秦氏亦有發科者。一到上元。逐漸衰敗。二運大退財。三運一貧如洗。良家子孫甘爲盜賊。千門萬戶中。罕有能自存立者。照神權重內部星氣雖吉。亦無法可以挽救矣。

詩曰

泱泱大水震宮藏。折向坎方離脈强。運入下元諸福至。尊榮安富壽而康。那堪死氣逢三運。萬戶千門落陷坑。縱使恩星排內部。也難補救避天殃。

註　此玄空大卦法。註見前王百萬節。震水應七運。坎水應九運。故下元大盛。

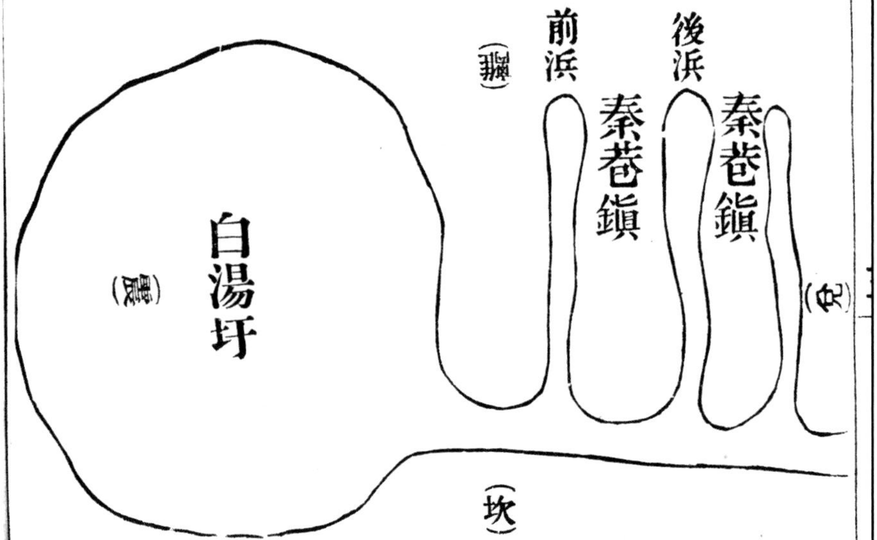

長生橋南月中桂 上海

南月中桂化裝品號舊係某綢緞號址此處十餘年內已有數家在此屋歇業三運壬丙向承受巽宮退氣

詩曰

君不見長生橋下月中桂開設至今多賠累只爲老陰元氣洩坐看財寶連年退

註　向首二黑坤土在三運已爲衰氣更加巽上門路最活動處挨着六白乾金與向首元神相泄所謂生出是也生出主退財故設號於此者皆歇業虧耗

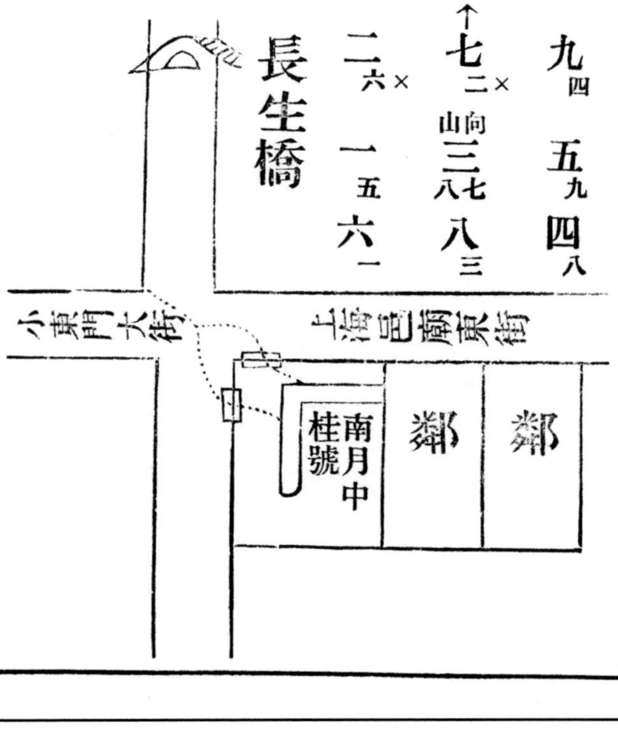

毛家街競化女師範 上海

南市外毛家街競化女師範學校三運丙午夏間造庚甲兼酉卯丙午秋初開辦文名盛極一時校風善良人才蔚起家政改良會亦極發達所出七日談白話報風行一時至戊

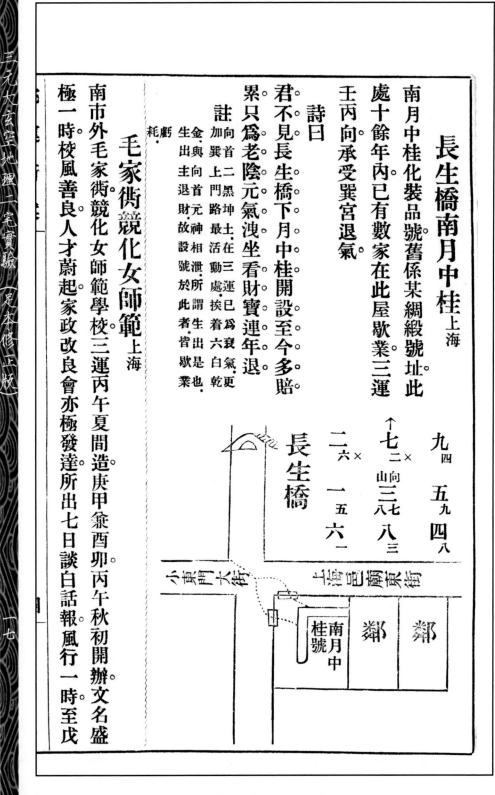

中秋初遷至新碼頭因經濟及校務關係故。

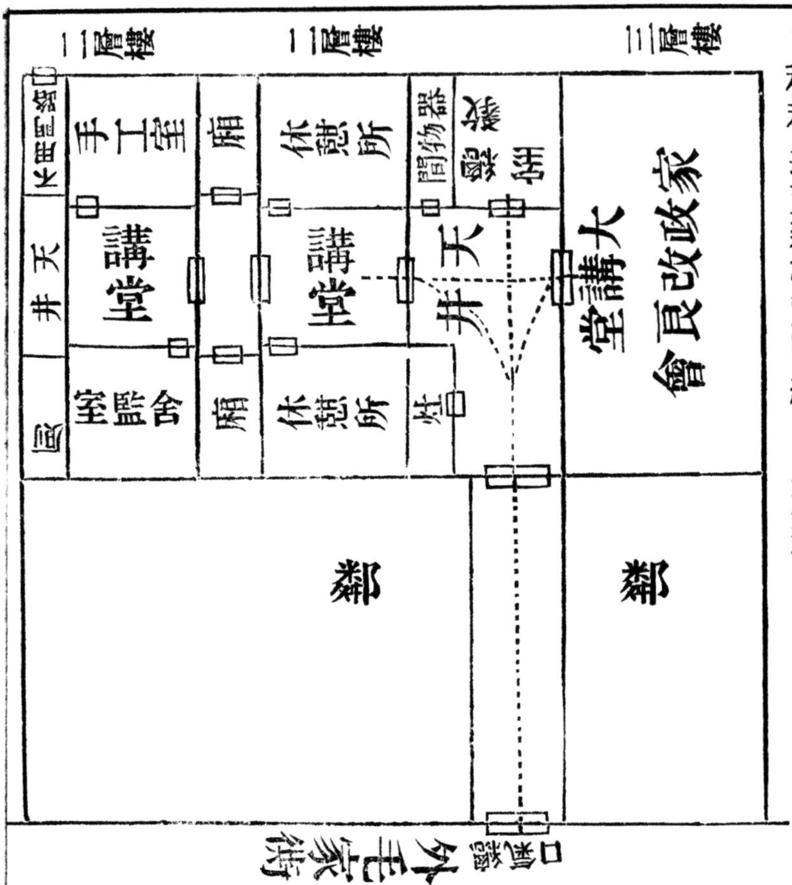

詩曰

爲甚文風震一時。只因氣口走連珠。舍監室內收兌氣。是是非非失主持。

註　一六稱連珠。爲文秀之星。總教室對坎宮。直承是氣。故文風盛極一時。家政改良會吸到艮路四綠生氣。震路八白吉氣。故有發達之應。舍監室私門在坤方。排到兌七破軍。遂致口舌頻頻。

三運庚山甲向圖

二 四九	七 九五	九 二七 ×
← 一 三八	山向 三 五一	五 七三
六 八四	八 一六 ↓	四 六二

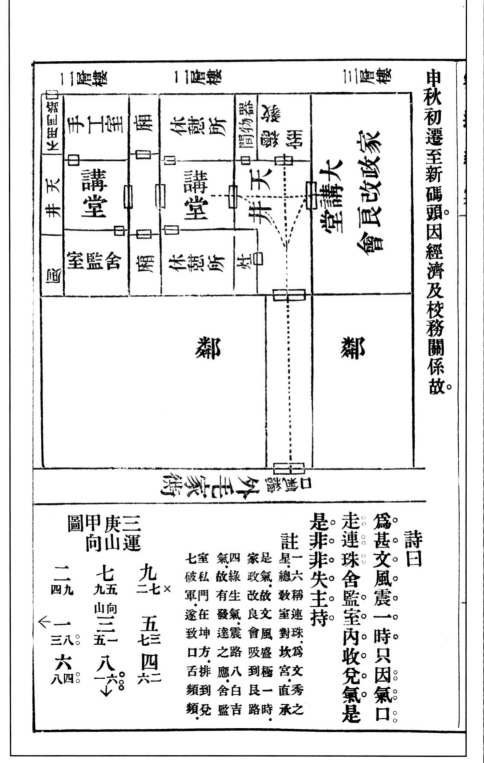

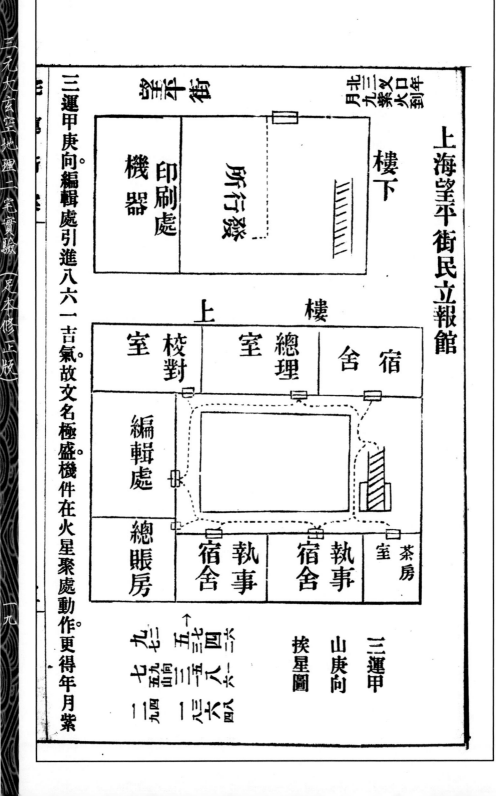

上海望平街民立報館

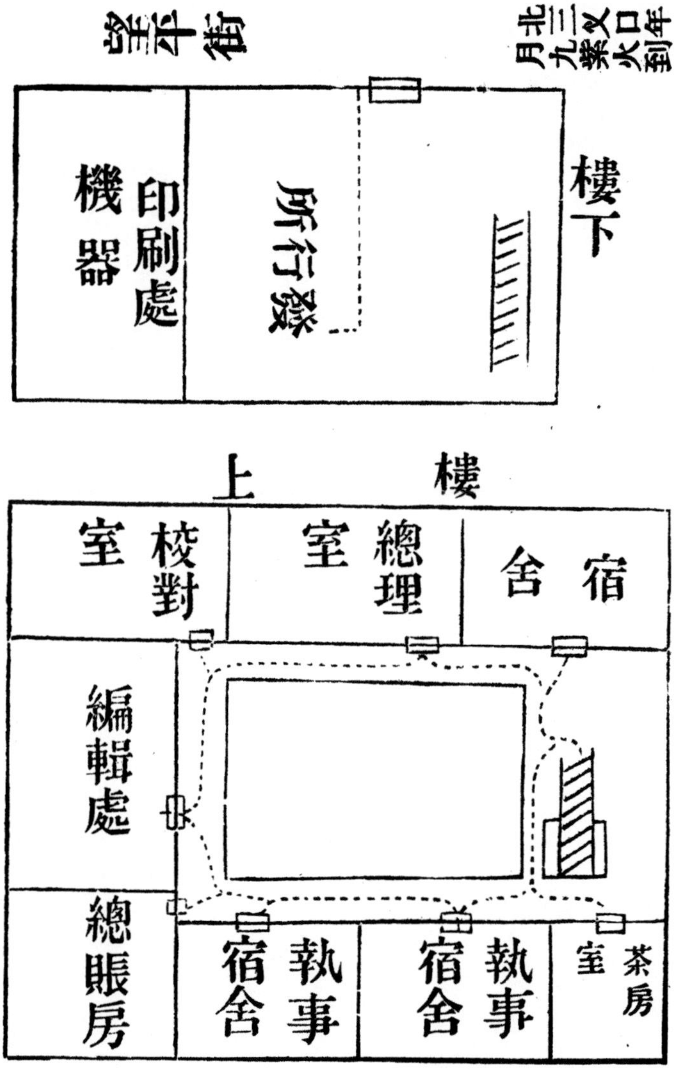

三運甲山庚向挨星圖

二七 九	七三 五 ↑	六二 四
九五 七	山向 五一 二	一六 八
四九 二	三八 一	八四 六

三運甲庚向編輯處引進八六一吉氣。故文名極盛。機件在火星聚處動作。更得年月紫

火射入內外火星接觸。故不盈年而燬於火。庚戌九秋開辦。辛亥孟夏遇火。

詩曰　人云民立遭天忌。豈識內中失布置。流年九火到沖方。火聚夏初竟火化。

註　二七先天火。九紫後天火。機房動處。火星聚會。向首又逢七赤。辛亥年四月均八入中。九至乾方總氣口。二至艮方內路。七至機房。遂有遇火之應。

九畝地新舞臺 上海

三運丑未兼艮坤癸丑年 上元 民國二年 夏六月造。甲寅正月十三日遇火。當年再行建築。

詩曰

火鴉飛向左右來。五虎分明化作灰。再怕碧龍三一八。騰騰烈燄起層臺。更看春夏金雞到。連續推翻丁丙災。苦煞四鄰齊受刼。十年以內難星

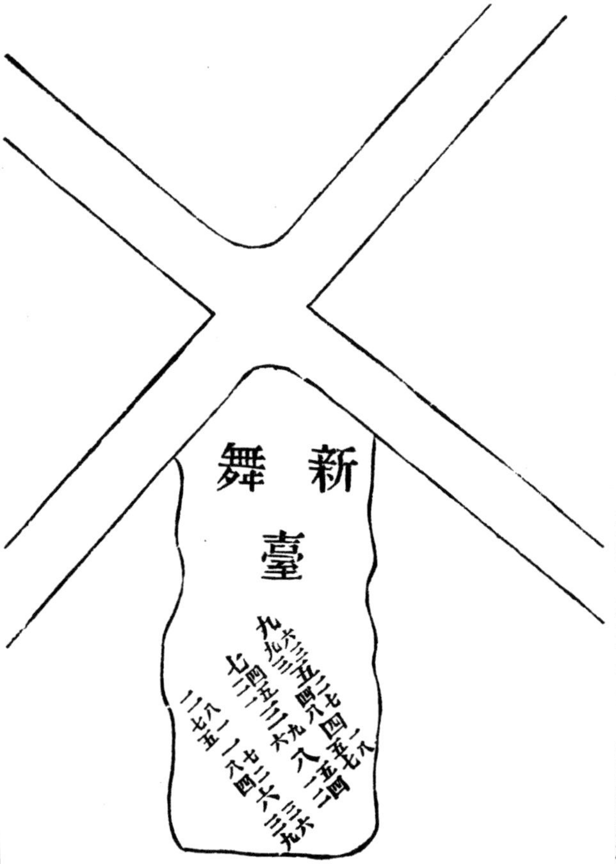

追。

註　向首九六三聚會。所謂火若尅金。兼化木。數經回祿之災者此也。地當兩路之交。車水馬龍。往來不輟。更日有千百衆之觀客出入。活動之甚。無有過於是者。故應驗之靈。如響隨聲。民國三年甲寅。五入中。七至兌。九至離。二至向首出入處。火星全在活動之方。且兌離巽宮。原有二七。羅列。故火災必矣。

無錫北鄉秦巷鎮東街某寓

癸山丁向

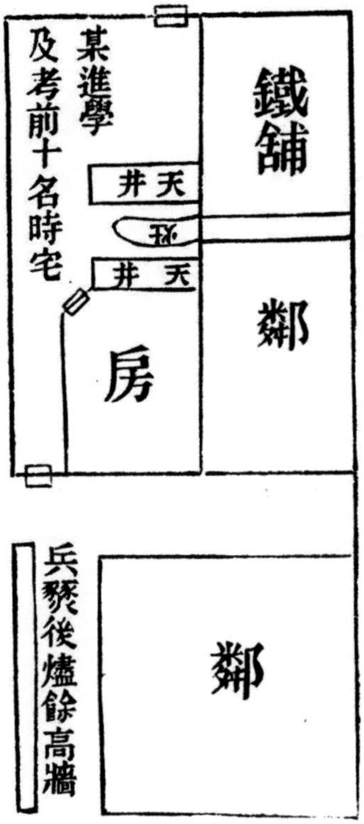

一 八五	↑ 六 三一。	八 一三。
九 九四	山向 二 七六	四 五八
五 四九	七 二二。	三 六七

向首引進生氣。後戶從破牆上送入旺氣。得挨星訣在此宅考案首及前十名在此宅。己亥年進學。是年二黑入中。六白到向。六月六白入中。一白到向。紫白訣一六相見主科名之說。非無因也。

予幼時甚寒苦。每每家無隔宿之根。自遷入此宅之後。家計漸裕。生旺二氣為天機所在

之方吸入宅中自然獲益經曰天機若然安在內家活漸富貴天機若然安在外家活漸退敗徵之各宅每每應驗如響應聲

詩曰 勿謂破牆無甚用有時巧值生旺宮神仙識透知無價一路榮華仗界風

無錫城內倉橋街朱義生

一開間卯山酉向發店（時在二運）

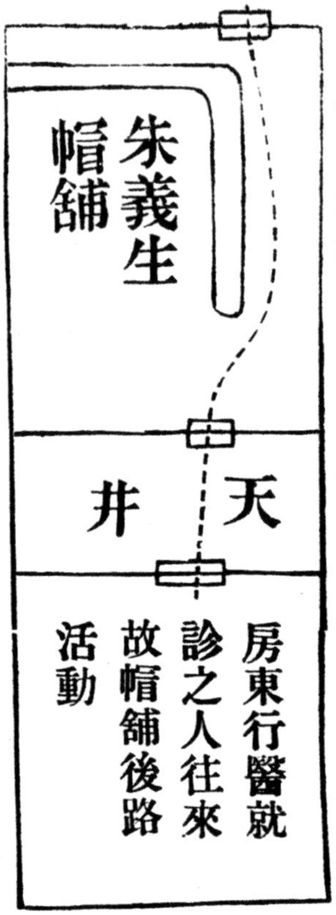

卯山酉向二運挨星圖

八 三一	四 七六 ↑	三 八五
六 五八	二 九四 山向	七 四九
一 三一	九 二三	五 六七

詩曰

前向乾金後坐坤旺方活動受天恩小資本裏偏開展擴大生涯到對門

註 向乾坐坤指向盤挨星也氣口五黃生扶向首生入也

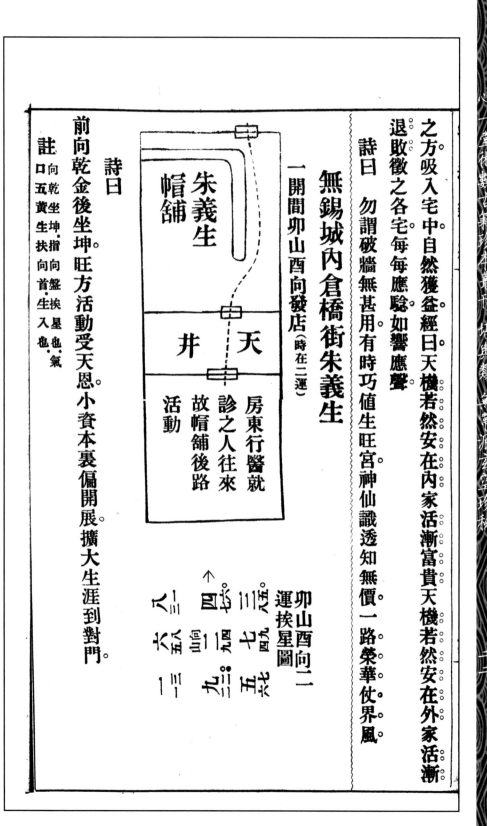

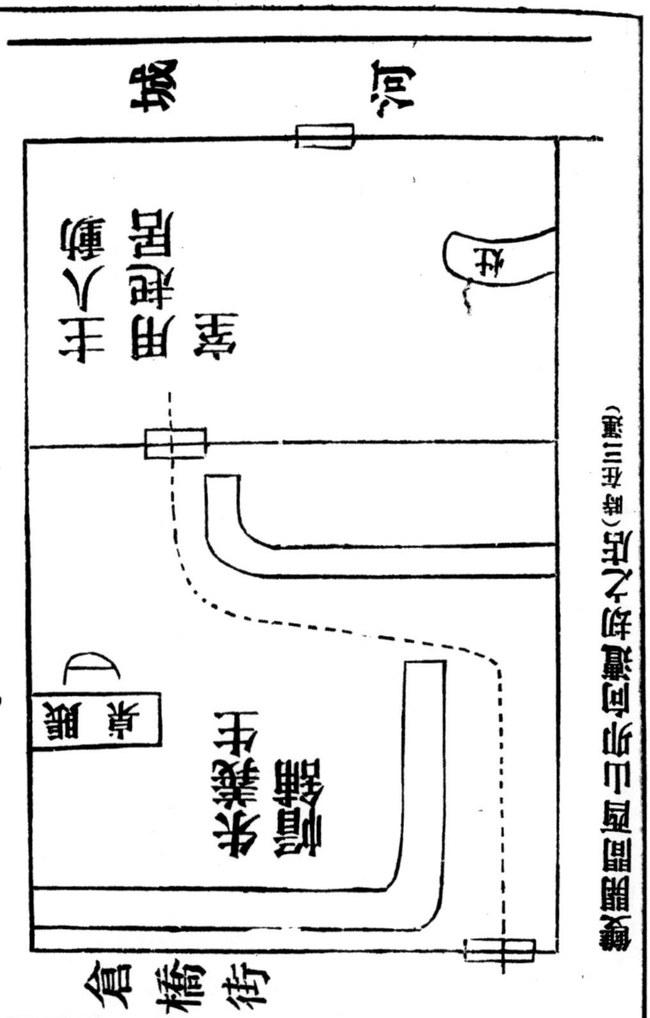

酉山卯向三運挨星圖

九 四八	五 三八	四 九四
七 一六	三 一五 山向	八 五九 ×
二 二六	一 七三	六 二七

宅後有水。而來向上星辰背時之八。向首三碧旺氣受尅於氣口背時之七。經濟困難負債巨萬。原來如此坐山三碧旺星。四綠生氣。落入水裏。而致傷却愛子。況水上四九金尅三八木。主人因損子而成肝疾。卒致不起。又前門二七先天火上行動。以致歷年蓄積精華。悉燬於火。噫慘甚矣。

詩曰　水裏星辰上了山。更逢尅制撐持難。山上星辰下了水。嬌兒不壽堪悲歎。氣口

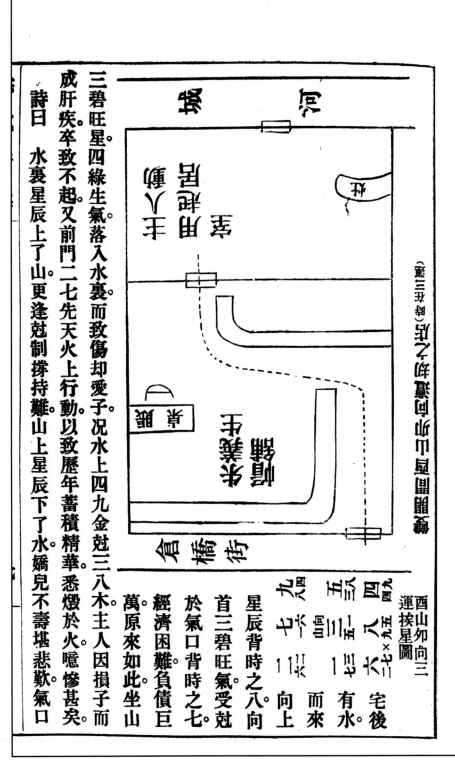

又經二七火爐餘何莫非血汗傷心遂致天年折說到陰陽欲膽寒。

註 艮上氣口七赤，尅制向首三碧，亦為致肝疾之一因，又退財傷丁，於氣口之七亦不無關係。

上海後馬路永興棧

二運壬山丙向

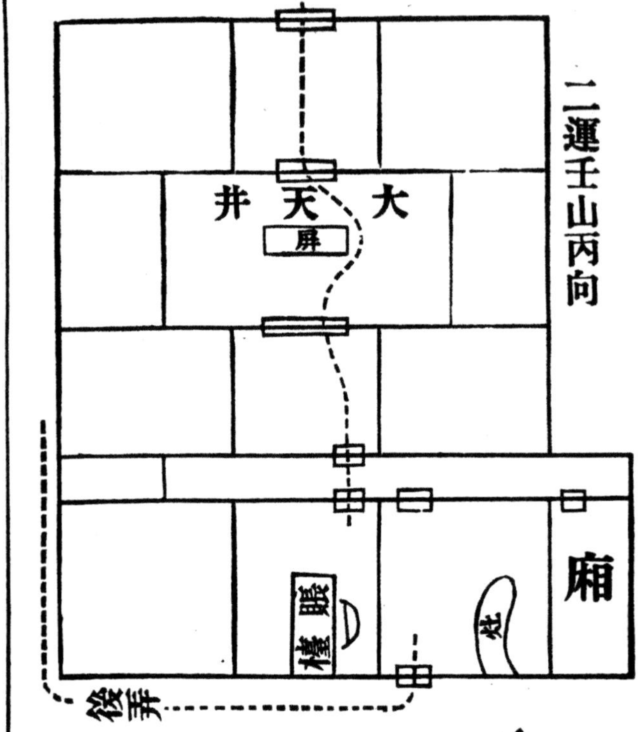

一 六七	↑ 六 二二	八 四九
九 五八	山向 二 七六	四 九四
五 一三	七 三一	三 八五

二運賬房吸收前面巨門（即二黑）旺氣。一直到底灶壓四綠衰氣之方，化木成火助長土威。後路引動八白輔星，折入三碧生氣，導之入室，經過灶間。以故二運中獲利豐厚，土為渾厚凝重之物。仁名遠著，良有以也。三運向上吸入一重重衰退之氣。後路三碧旺氣洩於灶火，生意衰退，三

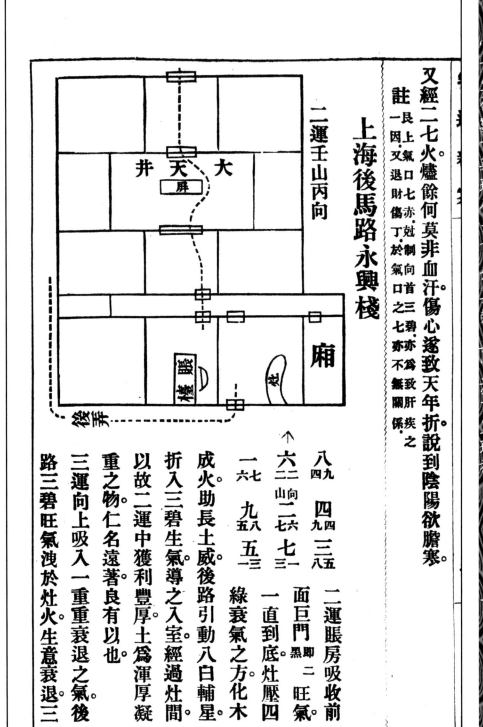

五二房老輩昆仲。二三房中代昆仲。相繼辭世。幾成煙消火滅之狀。甚矣。衰退及暗洩之氣之不克承當也。

詩曰　異哉同一永興棧。前與後敗卅年間。旺氣路來成富業。衰星一到不安全。

河南鄭州郝通伯先生舊宅

三運住此。多病。幾殆。全家患。病遷出乃已宅前寬泛。旺氣無歸束。

灶壓山之二黑病符上。火門向向星五黃死氣上。左邊間有×之符號處。內路移在坤宮山星五黃上。丙辰年（民國五年）三入中宮。五到灶門向上。九到坤宮。生起

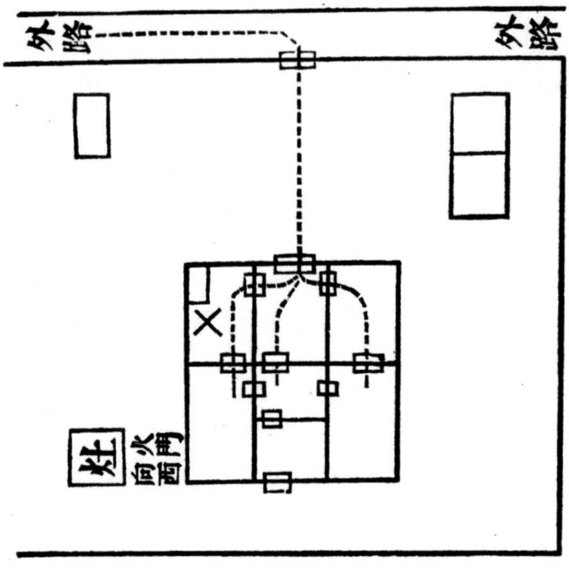

三運子山午向挨星圖

↑

二 七八	七 三三	九 五×一
一 六九	山向 三 八七	五 一五 ×
六 二×四	八 四二	四 九六

五黃凶土。故各人起病皆在此間。住此間者。得病獨重。四綠生氣。被灶火焚化。化出二黑病符之土。病從口入。土旺則腎虧。耳聾之疾。並非無因。

詩曰

東間旺向化爲衰。灶壓艮方生氣危。
當場化出病符土。聾子祇因腎水虧。

無錫北鄉秦巷鎮倪隆源京廣貨舖 發於上元二運

向首空曠。而此曠場作爲菜市。千人行動。旺氣吸足。自不待言。並有西衖生氣轉折冲來。更有天空祿存生氣。吹到坎方高牆廻轉送來。又得東南八白輔星吉氣。吹入坎乾角度沿牆送來。眞個成就花團錦簇之概。其發福於此運也。雖其人夙福所感。而天事之巧妙。實所罕覯也。向首所繪者。乃描畫風相。風本無相。作此以醒目而已。

詩曰

倪氏隆源小賣商。因何豪富壓秦巷。
止爲向首承氣足。廻風助吉天恩降。

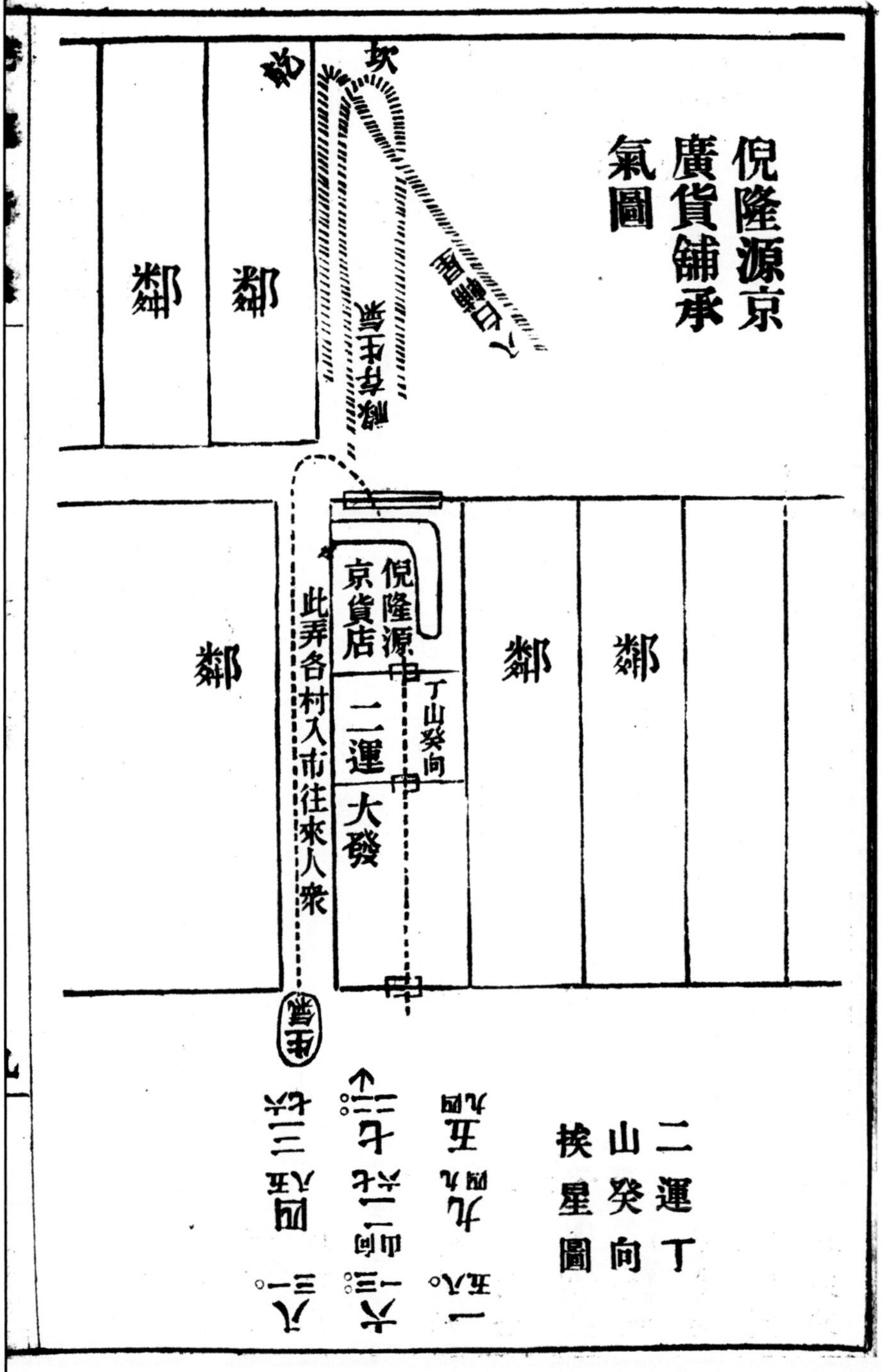

倪隆源京廣貨舖承氣圖

二運

孫香林先生發宅

無錫石塘灣孟里鎮篤慶堂西鄰之教復堂
祖輿孫敗之丁癸午子宅

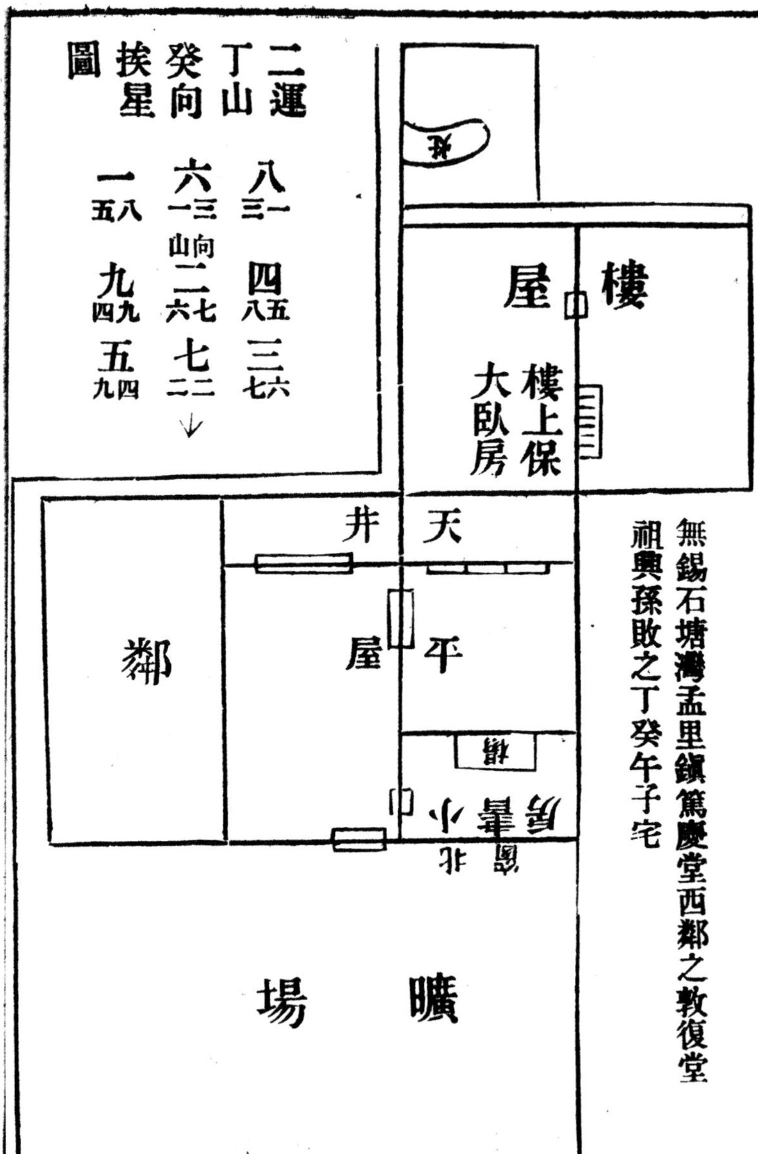

二運二黑旺氣。到坎方曠場。午丁方高樓。又廻下天空中坎方旺氣。灶坐離方。化生爲旺。以助

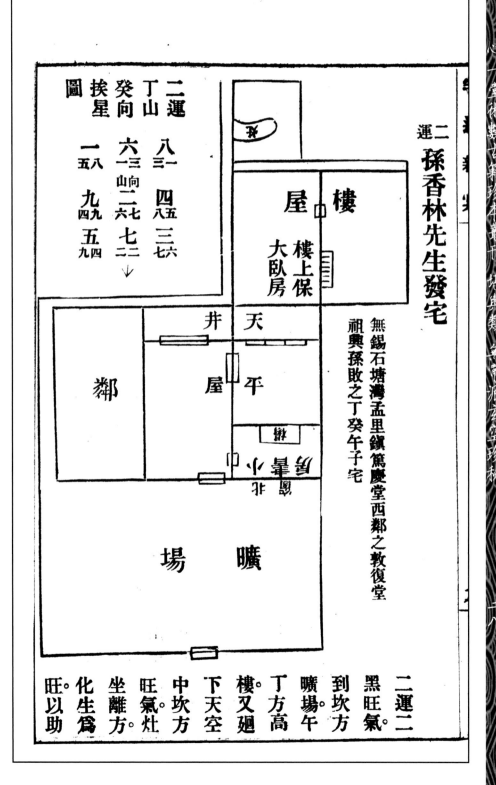

土威故以善權子母而成偉大富業。書房門路走動四綠文星之方。遇年月助吉主發科。故其子入學成秀士。
三運向首二黑衰退。灶火盜洩三碧旺氣。化出二黑衰退之土。故長孫保大吸食鴉片將四五千現金百數十畝良田逐漸敗盡今則全宅易主矣。
詩曰　試看先輩香林宅。助吉助凶在灶間。二黑運中成富業。祿存無奈化為烟。

沈氏東三省大連市興業公司

○處為宅中禦寒之通天火爐

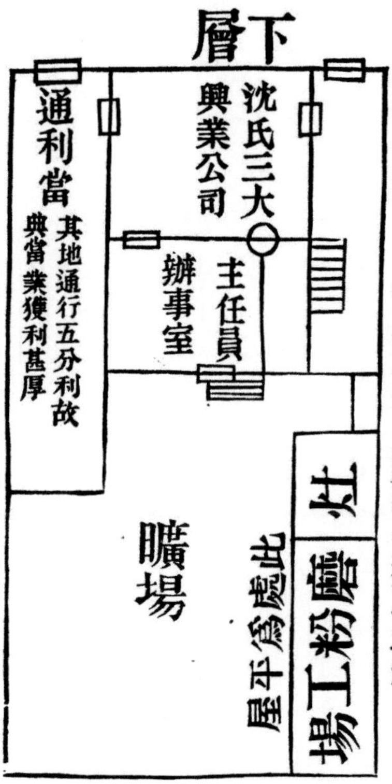

三運甲寅年入宅。未山丑向（實於癸丑十二底開始遷入）　通利當吸足旺氣。生涯獨盛。總公司收氣夾雜吉凶參半。主人臥室純乎吸收衰死之氣。聞沈氏游旅順。遇陰謀家席間中毒。回寓發險症而亡。

上層

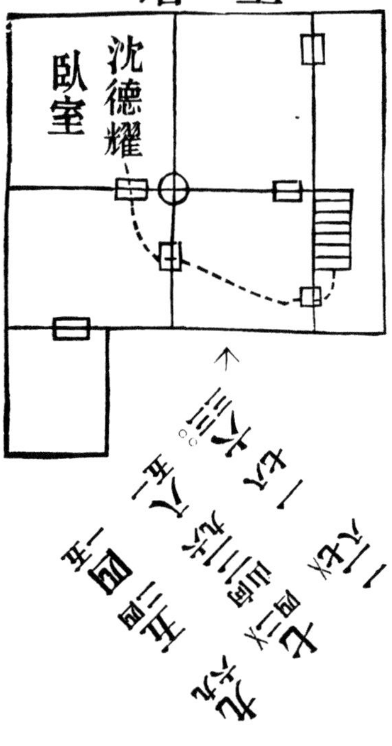

詩曰

已過之氣為衰退。過久為死動非宜。
屈蠖待時雖暫寄。天機莫背可無疑。

又曰

怪哉小小通利當日進紛紛生意旺。
為得天機作主張萬千主顧爭相訪

南京東南大學口字房

南京東南大學口字房。為東南學府之精華所聚處。不幸於民國十二年十一月初四夜十二時後失慎。悉數燬於火。中宮向星九七聚火。正如紅爐聚火。丙廊及八十一號房氣口。又逢向星九七聚火。甲乙已路冲射之方。二七先天火。九七後天火。年月日時一氣鼓動。且巽方池水所照之方。更得兩重巽風煽之。成此巨劫。亦甚矣。

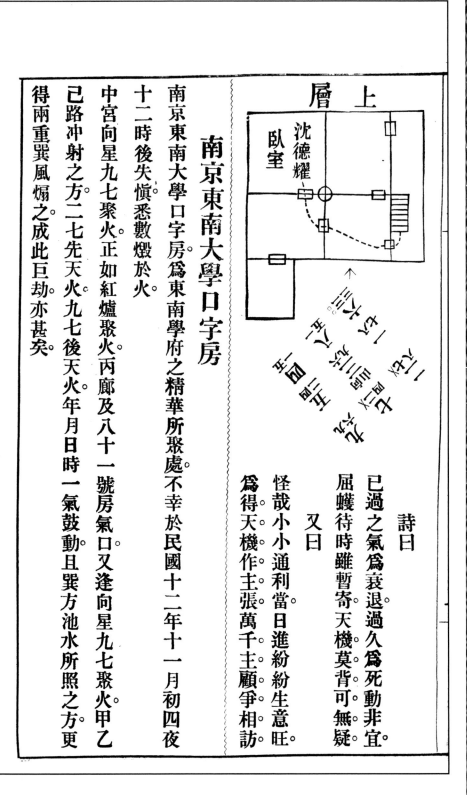

東南大學口字房
下層平面圖

起火於上層八十一號房約當下層22號房之上

癸丁兼丑未三度

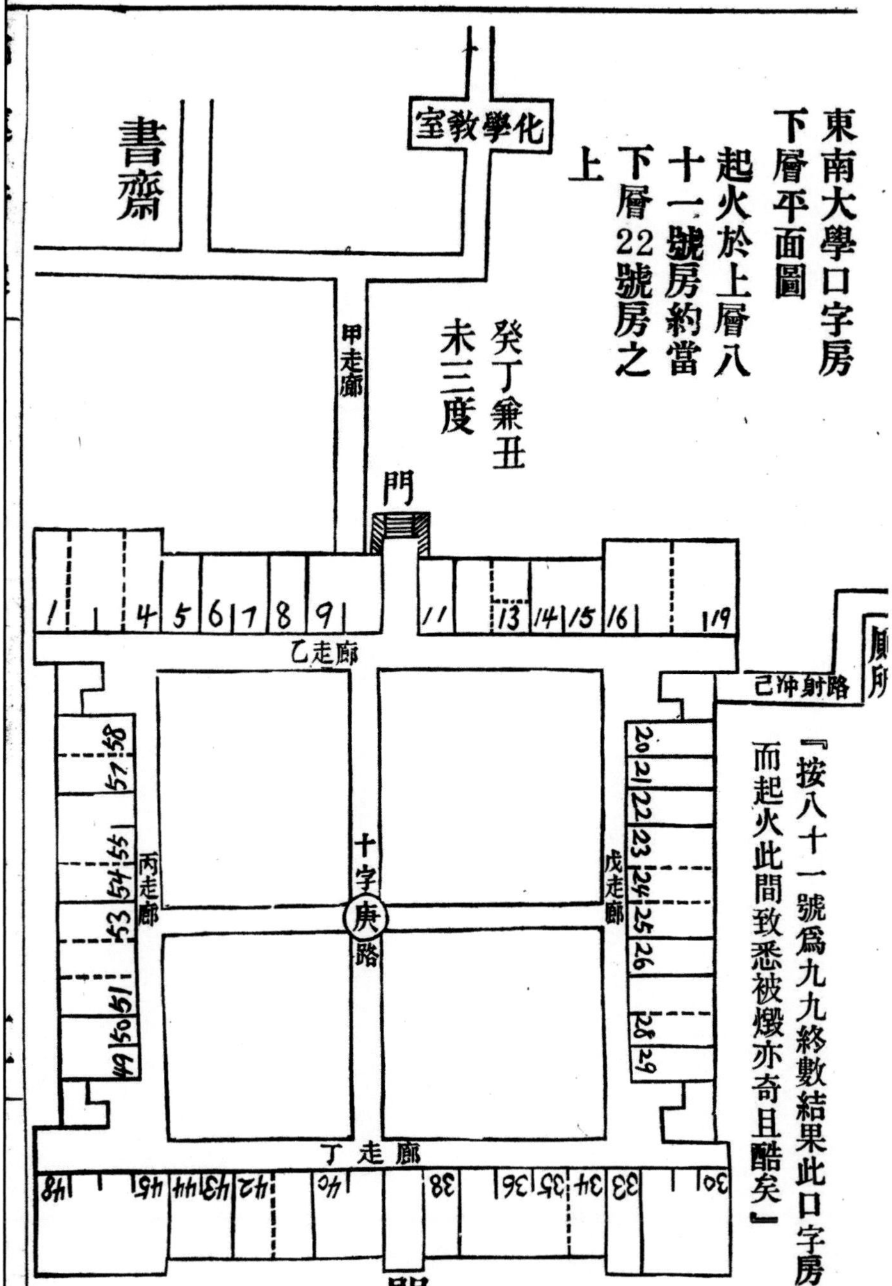

『按八十一號爲九九終數結果此口字房而起火此間致悉被燬亦奇且酷矣』

山向挨星

年月日時挨星

詩曰

爲甚東南口字房。炎炎烈火不堪當。
無數火星飛射處。巽風煽動勢猖狂。

又曰

起火之間逢九九。暗排劫數盡迴廊。
消防從此求無憾。究竟安全在向艮。

蘭路某宅承氣方化恩爲仇格 上海

宅主上元丙子生。七赤金命。洩氣於向首之一。外路土星折入入口處仇星一邊。全宅總權。付於主命仇宮。食堂中受制更烈。民國十年辛酉五黃到入口及內路。九月五黃又到灶位。十月二黑又到外路氣口。故九月得重病。十月幾殆。十二年癸亥八到外路氣口。三到入

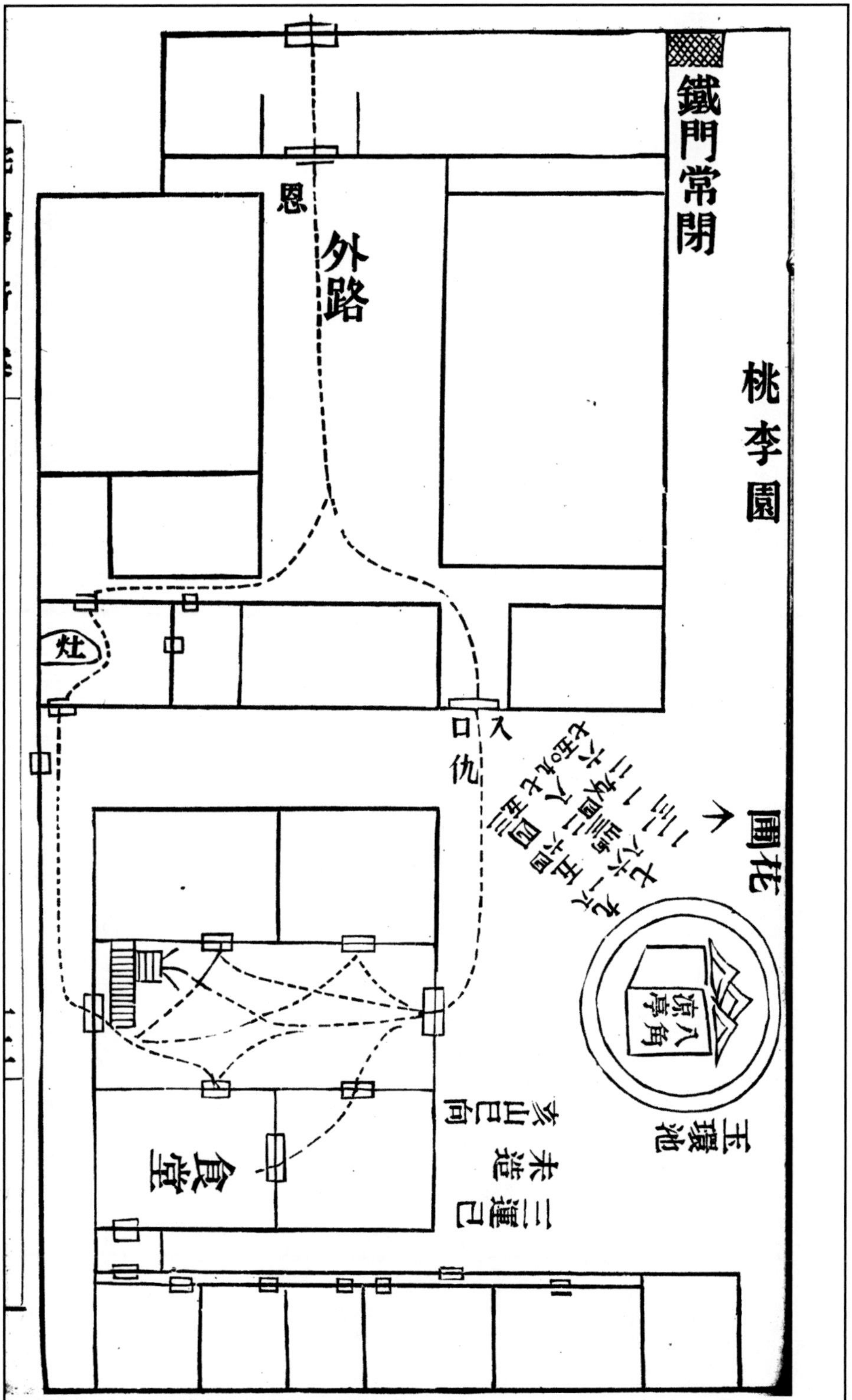
鐵門常閉
桃李園
外路
恩
灶
入
口
仇
花圃
八角涼亭
玉環池
亥山巳向
三運已未造
食堂

口處及內路三八木助起九紫仇星。是年大破財。入冬水旺金休。益破累不堪矣。

詩曰　自來宅主命爲君。仇難相尋實駭聞。酉年黃黑遭凶病。亥歲傾家險萬分。

凶路制宅命 上海蘭路公興雜貨號

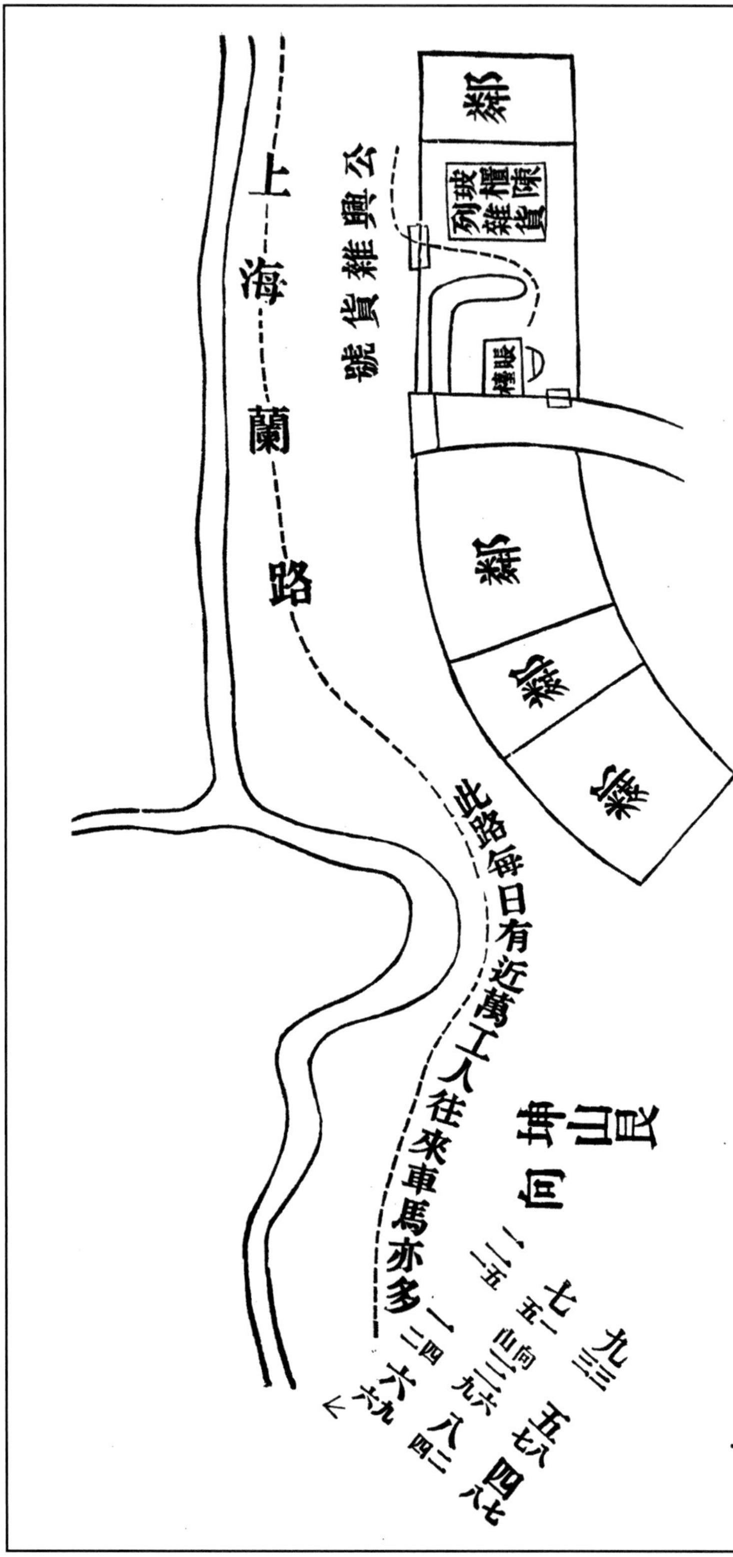

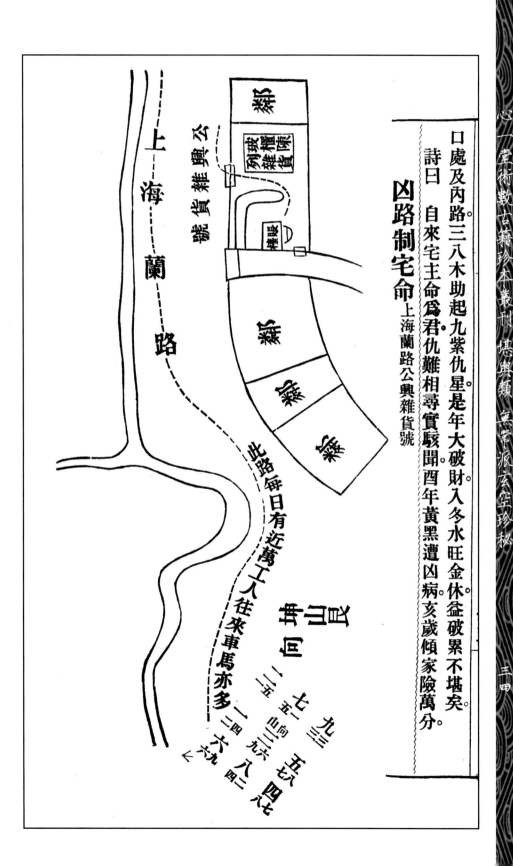

公興雜貨號。係厚生紗廠職員集資所辦。民國十二年孟夏。因職員有解散之勢。此店關門。秋間又開。限期廉價。欲將底貨脫售。顧客甚少。未幾又閉歇。該號無後路。故向盤旺星到坤。雖有實無。猶幸大門走著一點生氣。然不敵蘭路北首冲來七赤破軍死氣。癸亥（即民國十二年上元末年）流年五入中。六到乾。破軍死氣得六金助威。成了交劍煞。四綠生氣自然無濟。且流年八到向。洩宅神九火之氣。遂致絕望。

詩曰　嗟彼公興雜貨號。可憐生路遇軍刀。（指七赤破軍也）癸亥流星洩向氣。閉門兩度不輕饒。

水命兒七個死因

上海華德路德大里穆宅。於民國七年戊午添一男丁。（名七官）是年一白值年。以故此兒爲一白水命。兒極清秀聰慧。人咸愛之。但該宅坐山飛星一白到坤。受向星八白土尅制。此兒本不宜居於此宅。且偏偏隨着乳媼住於右邊一間。一白受尅之方。民國八年己未。九紫入中。五黃到內路行動之坎宮。十月五黃入中。二黑病符到小兒臥室一方。於是月得重病。歿於初九日卯時。初九丙戌日。日白二黑入中宮。八土又到坤方。時白卯時九入中。五黃又到內路活動之方。遂致不起。年命值宅上山星受尅之方。爲致殤一因。住於受尅

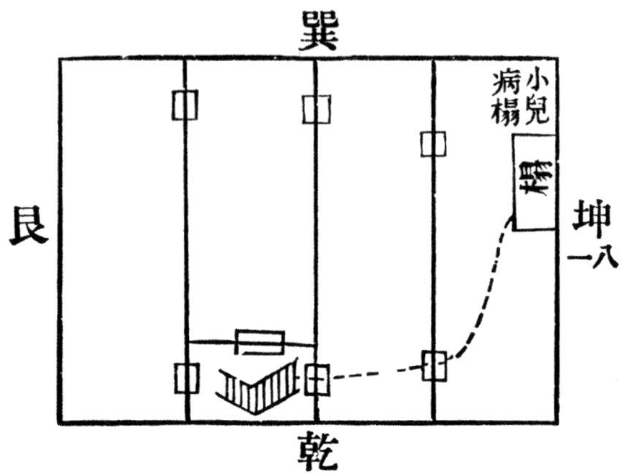

亥山巳向三運挨星圖

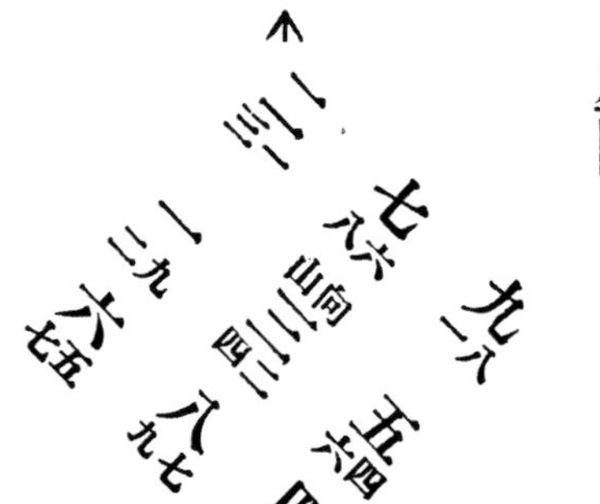

之方。爲二因。樓上氣口九七火星同宮。火助忌神八土之威。爲三因。年上五黃催命惡曜。又到氣口。爲四因。月令病符又到臥室。爲五因。日白八土又來坤方臥室助虐。爲六因。時白五黃又到內路氣口上。爲七因。苟預知之。避居他宅。或遷住他間。皆可得救。甚矣紫白生尅之不可不知也。

詩曰　山管人丁嫌受尅。更愁動處加黃黑。定數未嘗不可回。知機以外惟修德。

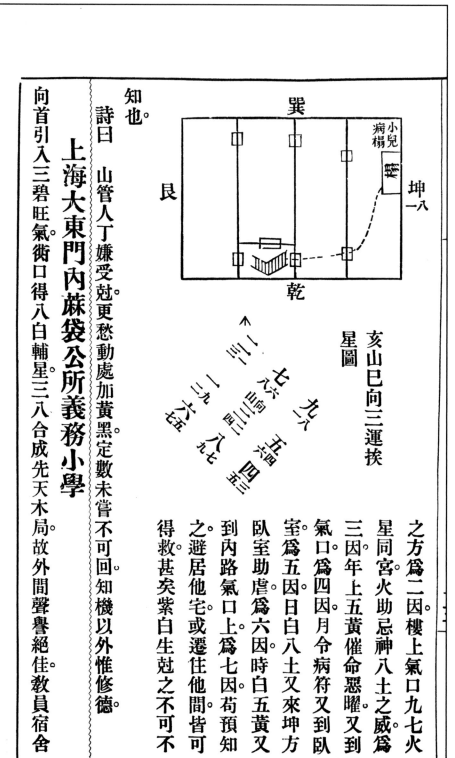

上海大東門內蘇袋公所義務小學

向首引入三碧旺氣。衖口得八白輔星。三八合成先天木局。故外間聲譽絕佳。教員宿舍

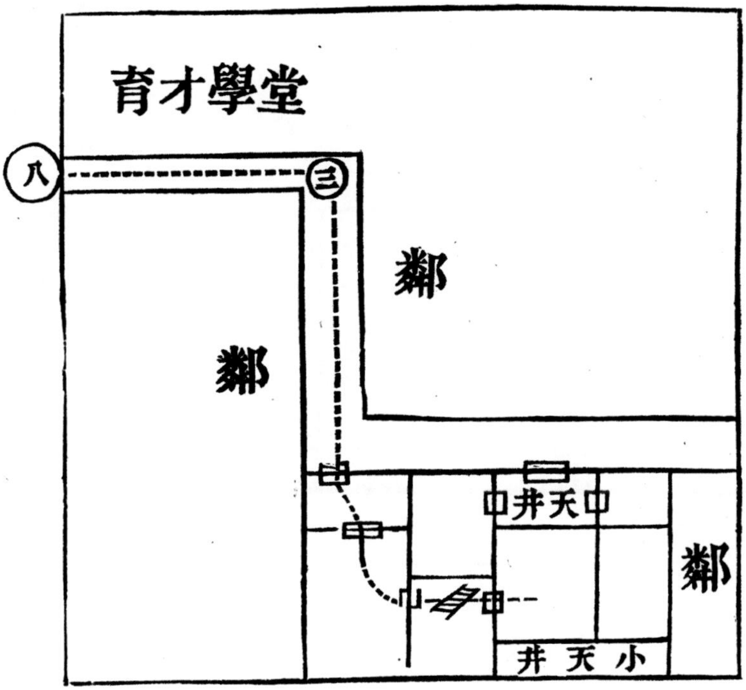

下層

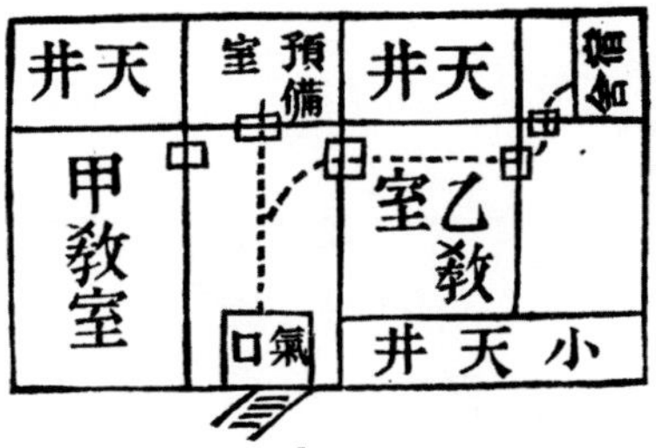

上層

子山午向三運挨星圖

二 七八	七 三三	九 五一
一 六九	山向 三 八七	五 一五
六 二四	八 四二	四 九六

吸收氣口四綠生氣。宜乎教務振作。有聲有色。震動遐邇也。

詩曰　大東門內小學堂。如何校譽震遐方。只爲三八先天木。木運之中來路良。再看西角教員室。氣口逢生姓字揚。小規模中大作用。天機占得不尋常。

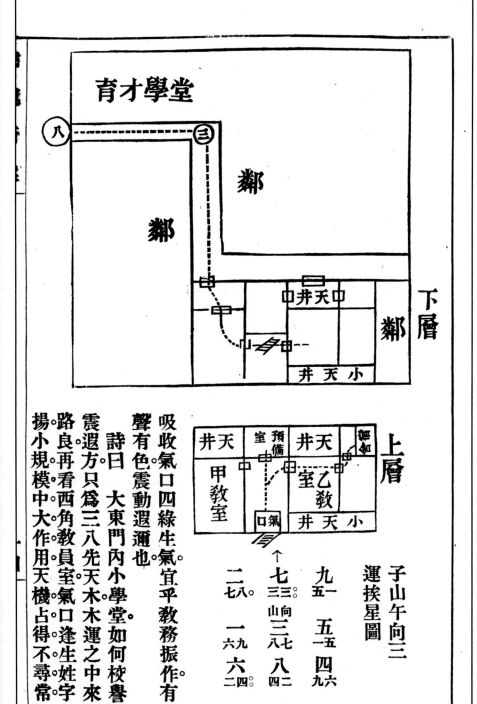

上海某金號

舊用丙山壬向。凡設號於此者。皆失敗而去。以向首三危於交劍煞。而外口廉貞惡土。又

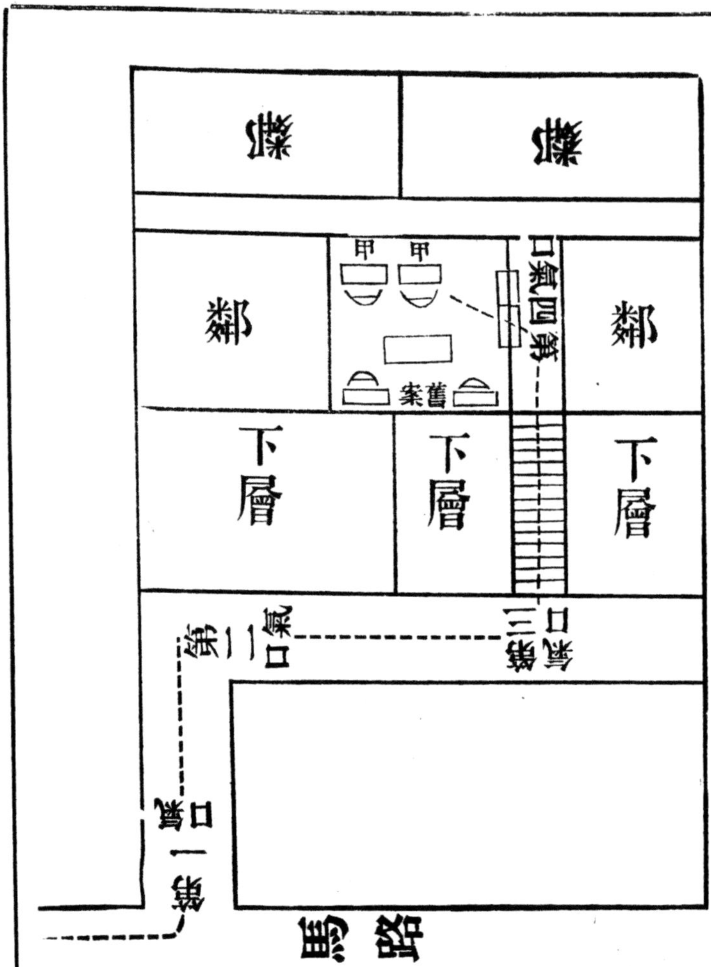

舊用壬向

二 九	七 四	九 二
一 一	山向 三 七八	五 六×
六 五×	八 三	四 七×

改用丙向

二 六	↑ 七 二	九 四
一 五	山向 三 八七	五 九○○
六 一○○	八 三○○	四 八

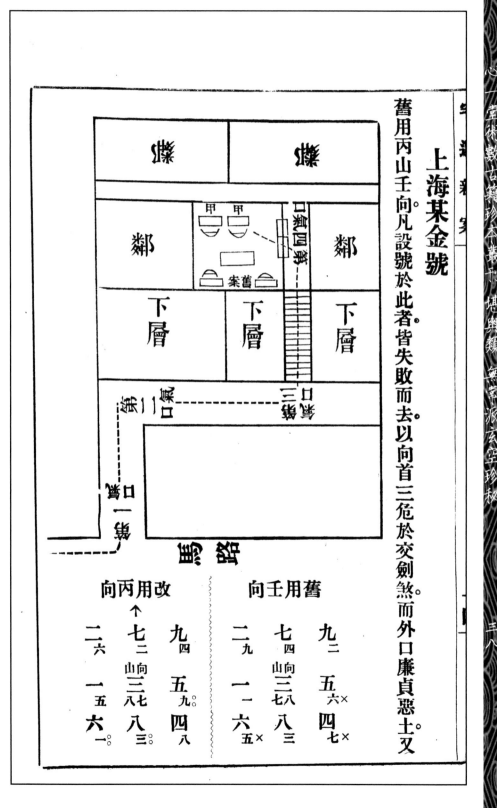

助虐故也。

友人某君欲設金號於此。囑予代爲布置。遂囑將辦事之案移于甲處。而改爲丙向。使氣口星辰節節生入外口一向內生第二三氣口三八木。三八木又隨同來客直上樓梯生第四氣口九。第四氣口九生坐前之二黑巨門土。果然捷得厚利。

詩曰　化煞爲生反掌間。重重生氣往內旋。果然著手開金庫。滾滾財源湧眼前。

推行佛化之暗助

上海蘭路佛學推行社

外路乾方冲動有力處。爲向上兌七所到之地。爲一白命人生氣之方。而樓上氣口。同在此兌七生氣方。更觀其路線循環變化。四九合出金曜恩星。二七合出火星。妬之而八白輔星居間調和。化妬爲助。六宮全被土金二氣所統馭。一白生人在此無聲無臭之地宜乎動合天機。三閱年來所植主張。風動全國也。

詩曰

試看佛學推行社。三閱年來震華夏。
一路生機擁護周。此功應分歸造化。

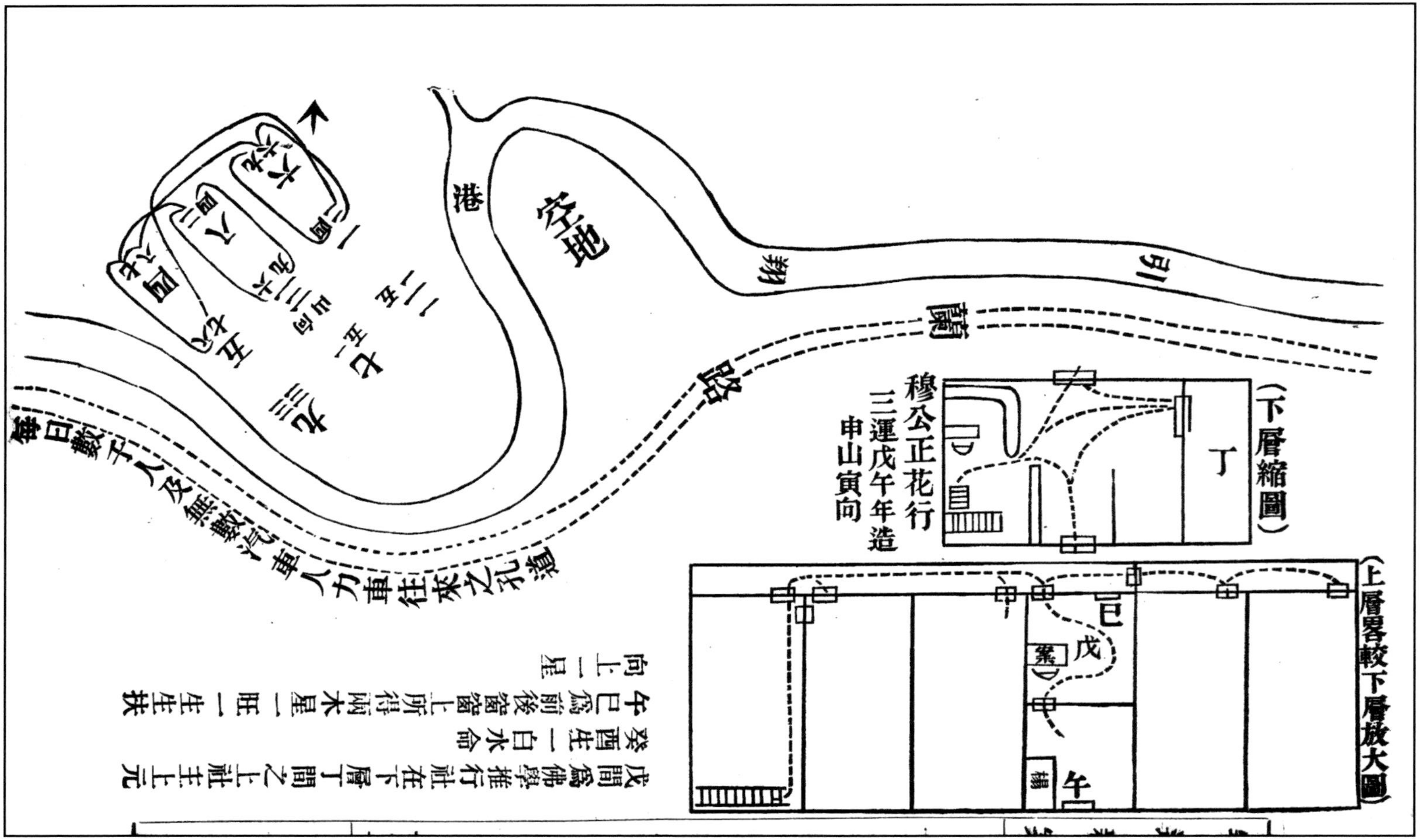

戊間爲佛學推行社在下層丁間之上社主上元
癸酉生一白水命
午巳爲前後窗窗上所得兩木星一旺一生生扶
向上一星

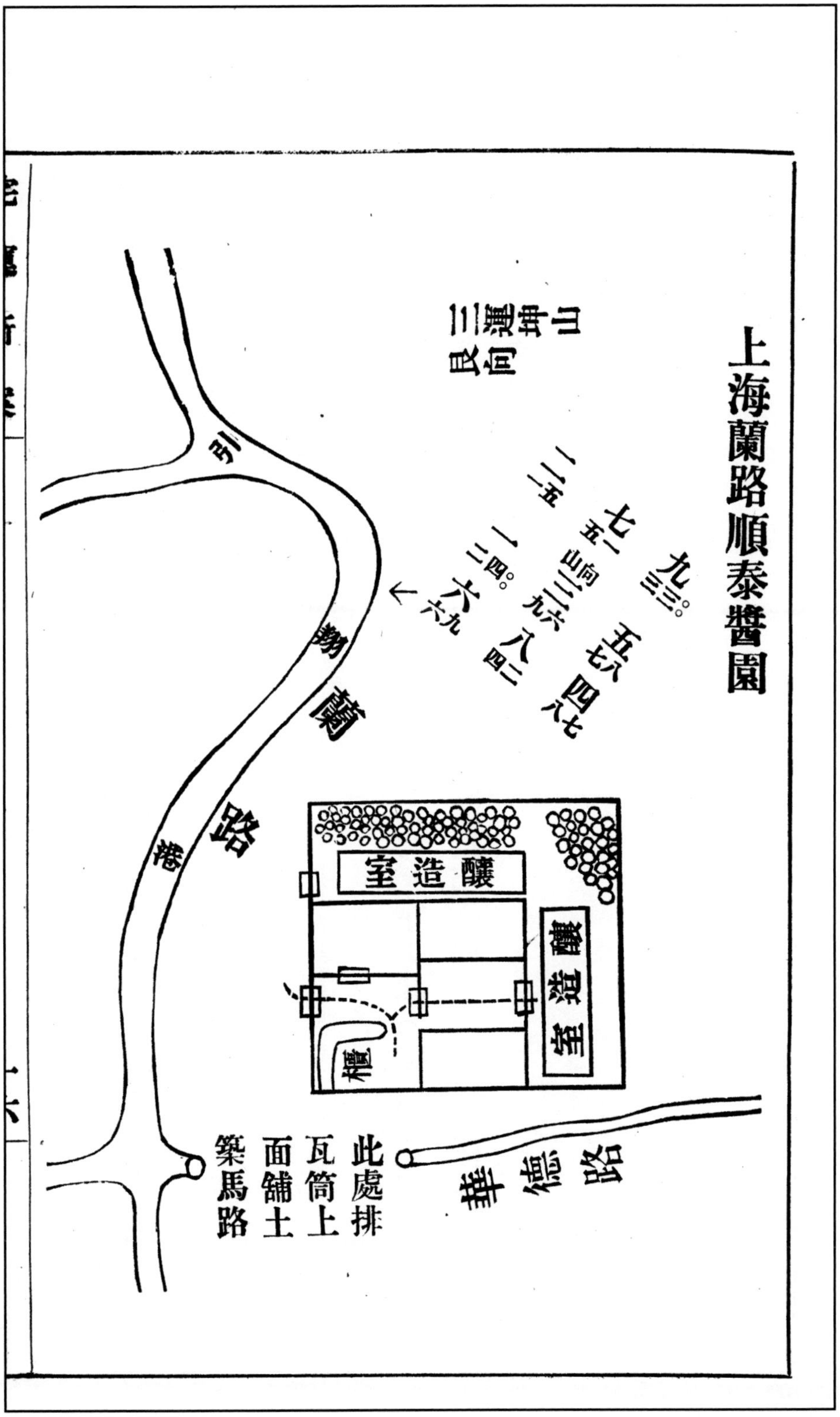
上海蘭路順泰醬園
山坤向艮
運三
釀造室
釀造室
櫃
蘭路
華德路
此處排瓦筒上面舖土築馬路

坤宮有三四里特朝之水。得向上旺氣。故生涯甚盛。震宮近照有三义曲水。得向上四綠生氣。後望頗長故營業逐年拓展。櫃中又引進前後生旺之風。故貿易非常發達也。

詩曰

水與風兮兩得宜。雙收生旺氣爲奇。
羡他暗裏承天助。釀酒工場得福基。

上海蘭路裕成醬園

裕成醬園。爲此地最先開業之醬園。距鬧市遠。而吸集主顧比各家爲多。彼有一種拿人法。凡主顧以銀洋向之購物。或向之兌換銅元。必比市上高抬十文。以此遠遠近近爲爭此一銅元之便宜。而有賓至如歸之狀。

詩曰

寅山坐後湧高牆。廻下坤方碧氣强。
看汝功成三運底。居然奪得醬園王。

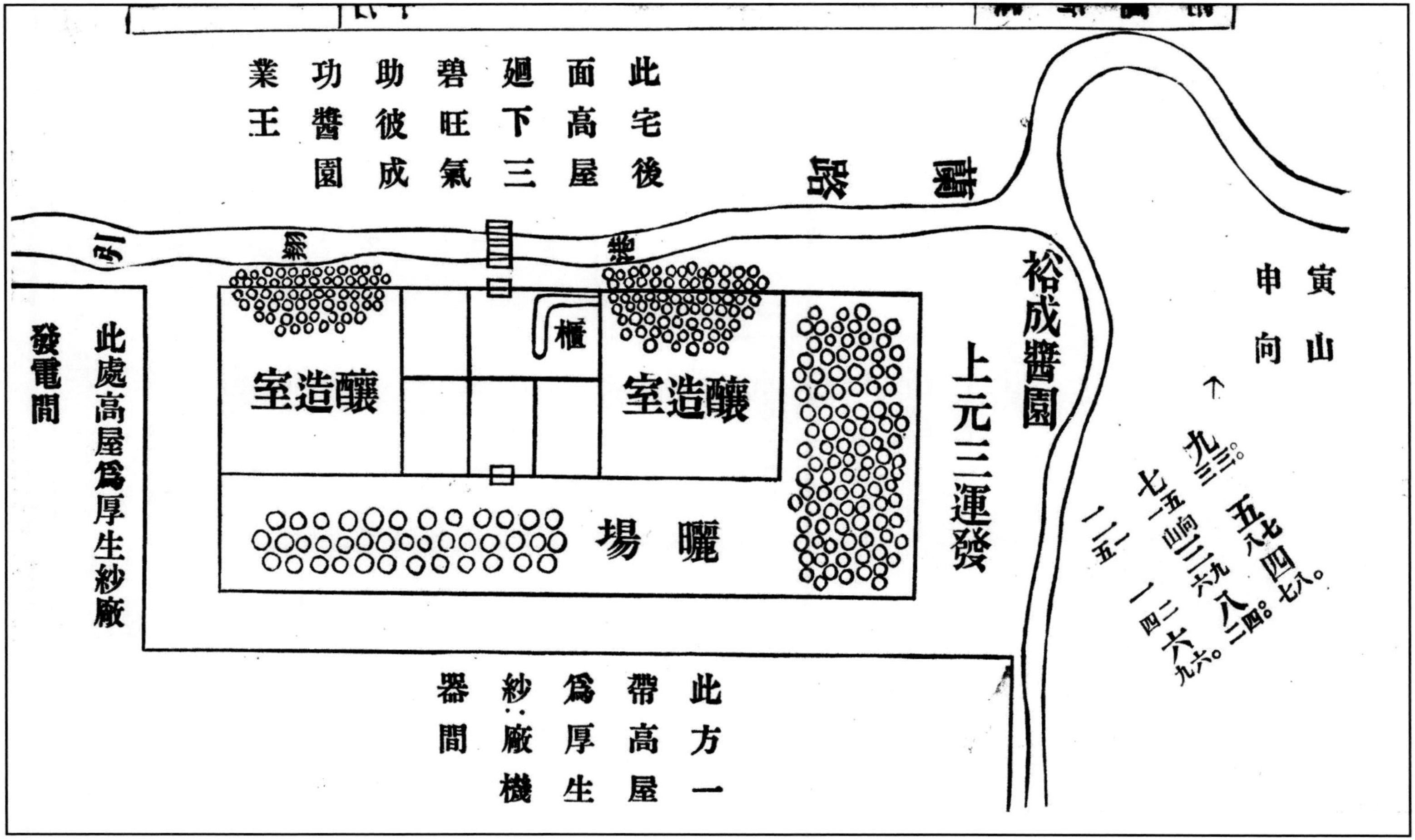
寅山申向
裕成醬園
上元三運發
蘭路
引
櫃
釀造室
釀造室
曬場
此宅後面高屋迴下三碧旺氣助彼成功醬園業王
此方一帶高屋爲厚生紗廠機器間
此處高屋爲厚生紗廠發電間

上海豫豐紗廠申賬房

雙開間子午兼
壬丙三度

二 七八	↑七 三三	九 五一
一 六九	山向 三 八七	五 一五
六 二四	八 四二X	四 九六X

慶順里

下層

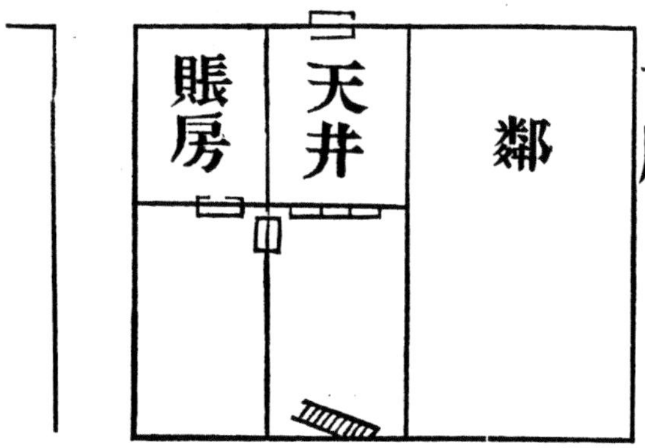

上層

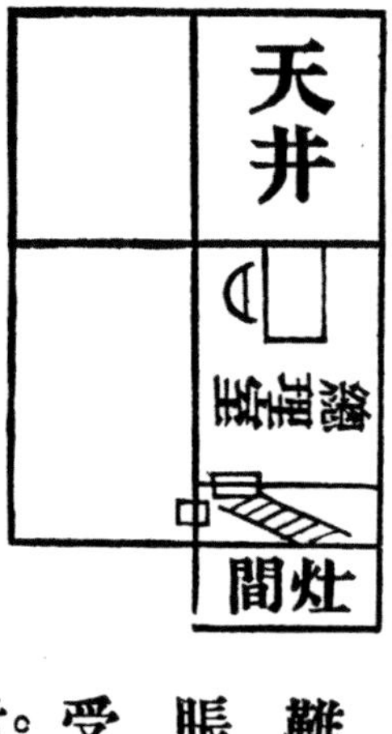

詩曰

向首旺氣本嫌促。更有灶間肆酷毒。一步樓梯退氣冲。陡教總理難駐足。賬房又受乾金尅。調濟甚難遂所欲。殺氣滿盤不可當。雲程萬里快遠矚。

灶火盜洩木氣
賚生二黑退氣

上海浦東楊思橋恆大紗廠公事房

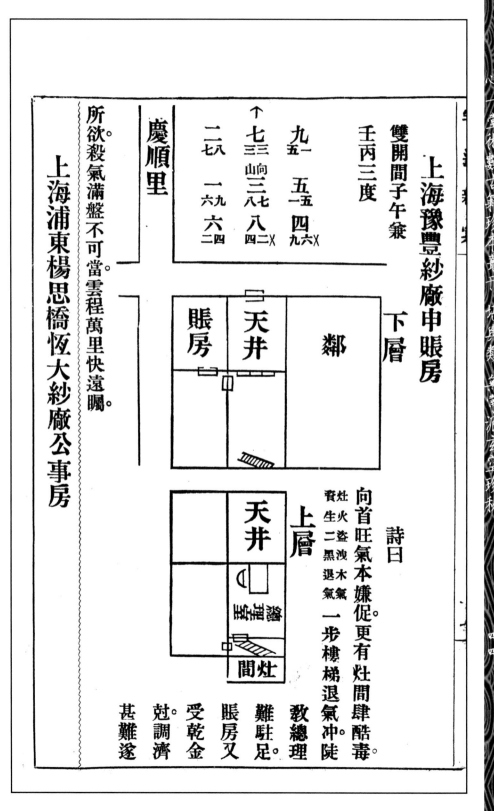

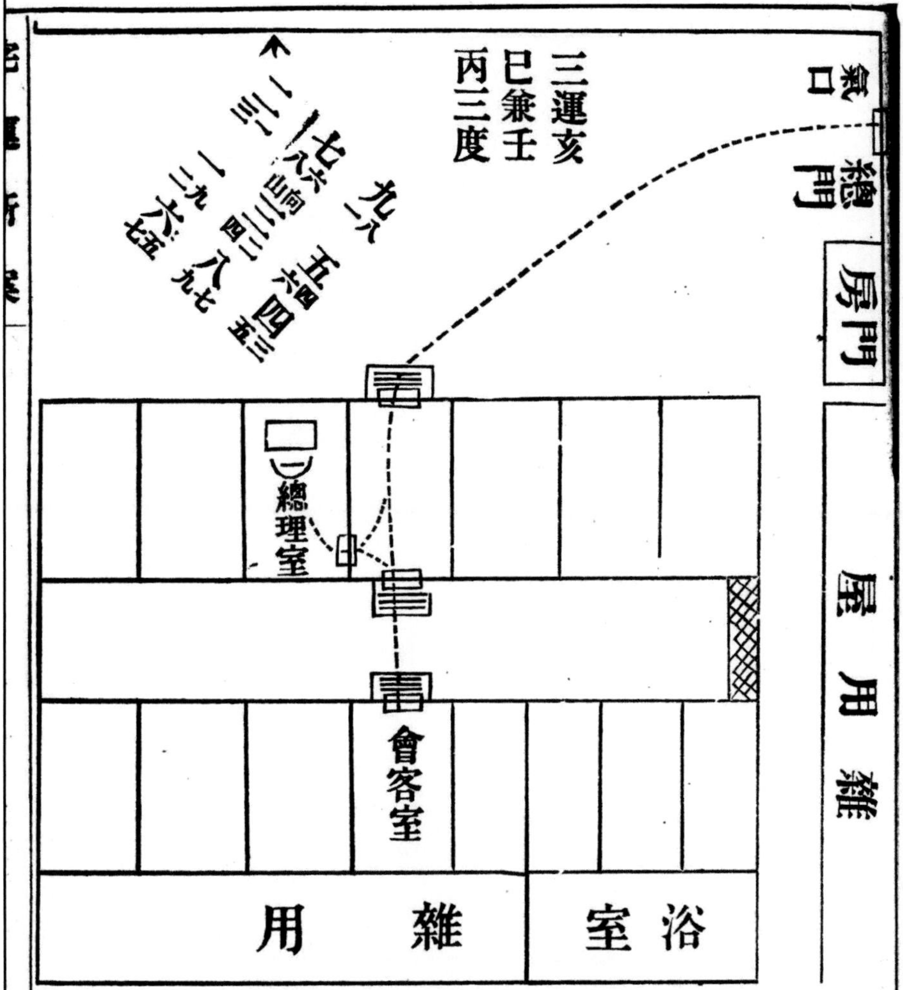

詩曰　恆大紗廠總理室。來路雖然走三吉。惜未吸收眞旺氣。亥秋救濟苦無術。

癸亥（民國十二年）流年七赤到兌。尅內路氣口巽木。木入秋而生機窒。九月黃土到兌助桀爲虐。故益不堪矣。于是時停廠歇業。

註　凡流年七赤所到之方。關係獨重。不可不留意。

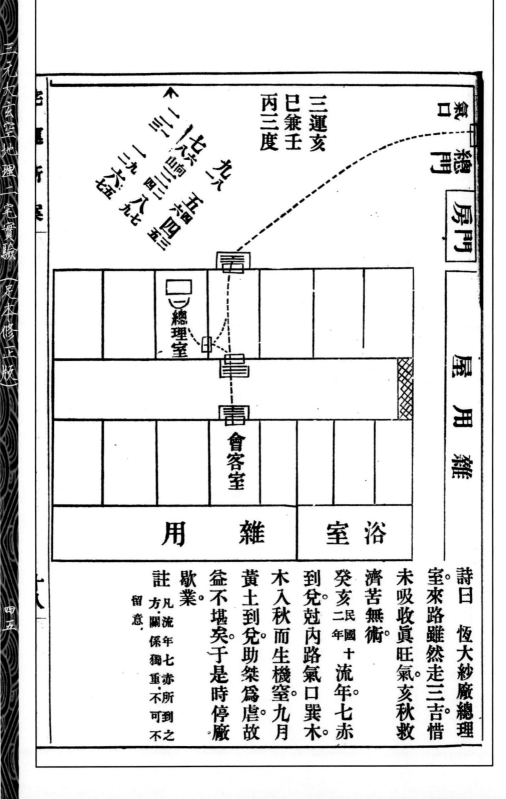

上海威賽路聶公館

宅之右邊爲馬路即上海提籃橋之威賽路亦名匯山路

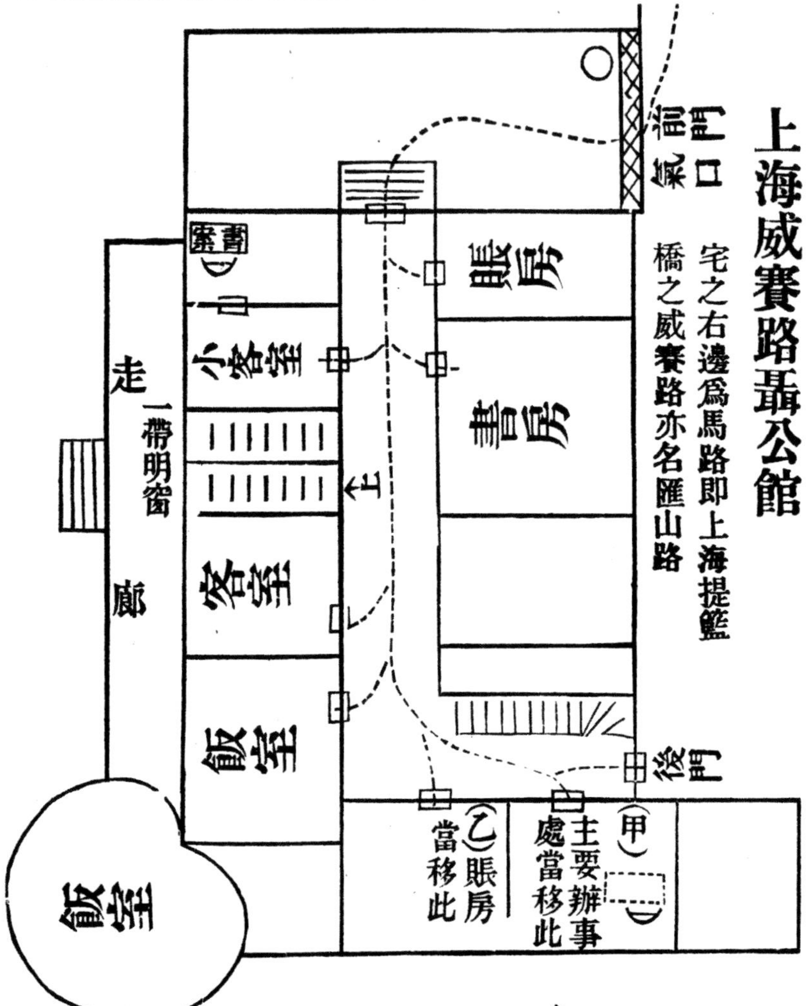

三運艮山坤向

全宅星氣本吉。惜受外路兌金之尅。主有憑藉陰人之力。口辯之巧。而來剝削。且木被金傷。則肝經受病。胆經受虧。胆汁一弱。

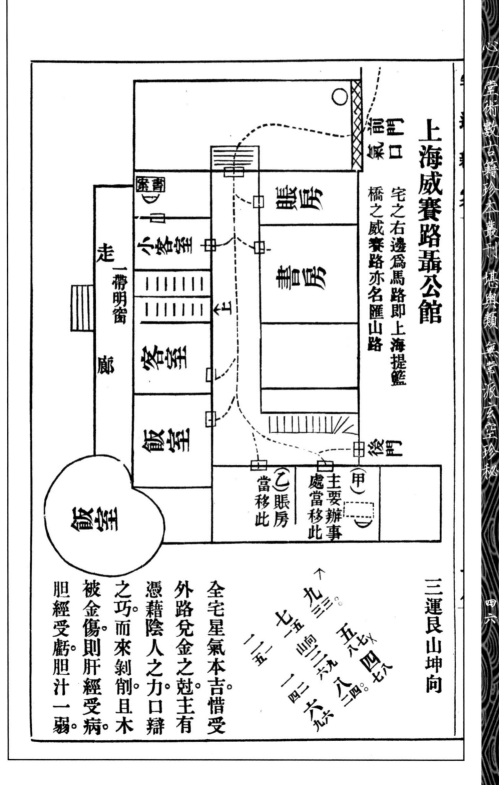

胃化力亦不足矣。

前門○處置儲水器以資解救。主要辦事處與賬房。當移於甲乙二室。因甲子年即交四運。藉以吸取離宮五黃生氣也。

詩曰

滙山路上聶公館。坐艮向坤對碧天。可惜兌金占外路。助凶最怕癸亥年。（年白七赤又到兌）

無錫吉大亨雜貨舖

初設 光復門外 三運 庚山甲向

九（七）	七（五）向山	二（九）
五（三）	三（一）（五）	一（八）
四（二）	八（六）	六（四）

(司)

詩曰

光復門外吉大亨。前朝甲木後坐庚。開張未幾多耗折。辛酉夏間病一場。（○乾兌方雖有生旺氣。若無門路活動。流年七赤入中。五月四綠入中。五黃二黑到向。）

後遷東門亭子橋邊丙山壬向

九 二	五 六	四 七
七 四 （山向）	三 七八	八 三 （向）
二 九	一 一	六 五

詩曰

後來遷住東門去。亭子橋邊壬向艮。前後雙收生旺氣。驟然家計轉榮昌。該宅幸離宮有空地通風．坎宮行人冲動．得人來風．凡零星主顧．步步送風入店．坎離交媾．此旺彼生．溫飽之來．如是如是．

上海華德路德大紗廠

三運丙壬兼巳亥

九 二一 四八	五 六六 九四	四 七五 八三
七 四八 二六 （山向）	三 八四 七二	八 三九 三七 （向）
二 九三 六一	一 一二 五九	六 五七 一五

離宮有二里許特朝之水。坎宮有四里許特朝之水。民國四年乙卯夏五月開車。是年四綠入中宮。九紫到向。十月花棧失火。是月八白入中宮。四綠到向。四綠為巽風。本廠坎宮本有九七火盜洩木元。又逢流年火到。加以月令巽風煽動。炎炎之火。不可撲滅矣。公事房為全廠主腦。惜旺氣所在處。排了便所。終年關閉。尚幸吸得四綠生氣。總算不惡。

癸亥年五黃入中。九紫火到離宮。將巽木燃燒生氣洩盡。廠運危殆。此爲開業以來最不幸之年。

詩曰　雙木飛臨照水邊。無如妖火燃其前。更加年月來風火。巨萬金錢化作烟。

上海北京路淸遠里一號

騎縫山向半陰半陽。靈機混亂。祥不勝殃。如入霧裏。如墮陷坑。反吟復吟。（星到本位爲復吟・到對宮爲反吟・呻吟爲愁嘆失望之聲・宅舍得此最爲不利・）中心憂傷。如眉灼火。去此方良天空海濶。任我高翔。

德大恆大兩紗廠批發所

三運甲庚卯酉半陰半陽向

㊣

二 四六 九二	七 九一 五六	九 二八 七四
一 三七 八三	三 向五 山一	五 七三 三八
六 八二 四七	八 一九 六五	四 六四 二九

詩曰　大本營何下半陰。進退維谷實驚心。諸家虧累同遭劫。五里霧中失縱擒。悲笳八路咸吹起。最壞莫如反復吟。數百萬金大貿易。因無天助困於今。

三元大玄空地理　二宅實驗卷一

第一章　陽宅

梁溪懺悔學人著
同邑無相行人校

榮巷某宅　無錫

前二進老屋。雙開間。一運建築。壬丙兼子午山向。後二進新屋。三開間。三運庚申（民國九年）建築。壬山丙向。老屋總氣口在全宅之巽宮。所得星晨爲四七六五。在二三運間。屢殤小口及少年人。民國九年添築新屋後。諸人悉居第三進樓屋。長房居東面二間。其出入門路適在宅之中心離宮。按坐坎之屋爲坎宅。宅命屬水。（坐乾向巽爲乾宅。宅命金。坐坤向艮爲坤宅。宅命土。餘類推。）以金爲恩星。水爲比旺。土爲仇煞。向上排來。總氣口得坤土。坤在二運爲天醫、福德。大利丁財。失運爲病符、死氣。且爲坎宅仇星。門路逢此。主腹疾、水虧。女丁欠寧。一門多病。是故入宅後。剝雜無已。更加灶壓艮方山星五黃上。火門向離。生起巨門頑土。助桀爲虐。因此全家病魔紛繞。民國十二年癸亥。五入中。九火到向。八月四入中。八土到向。忌神愈得勢。宅命

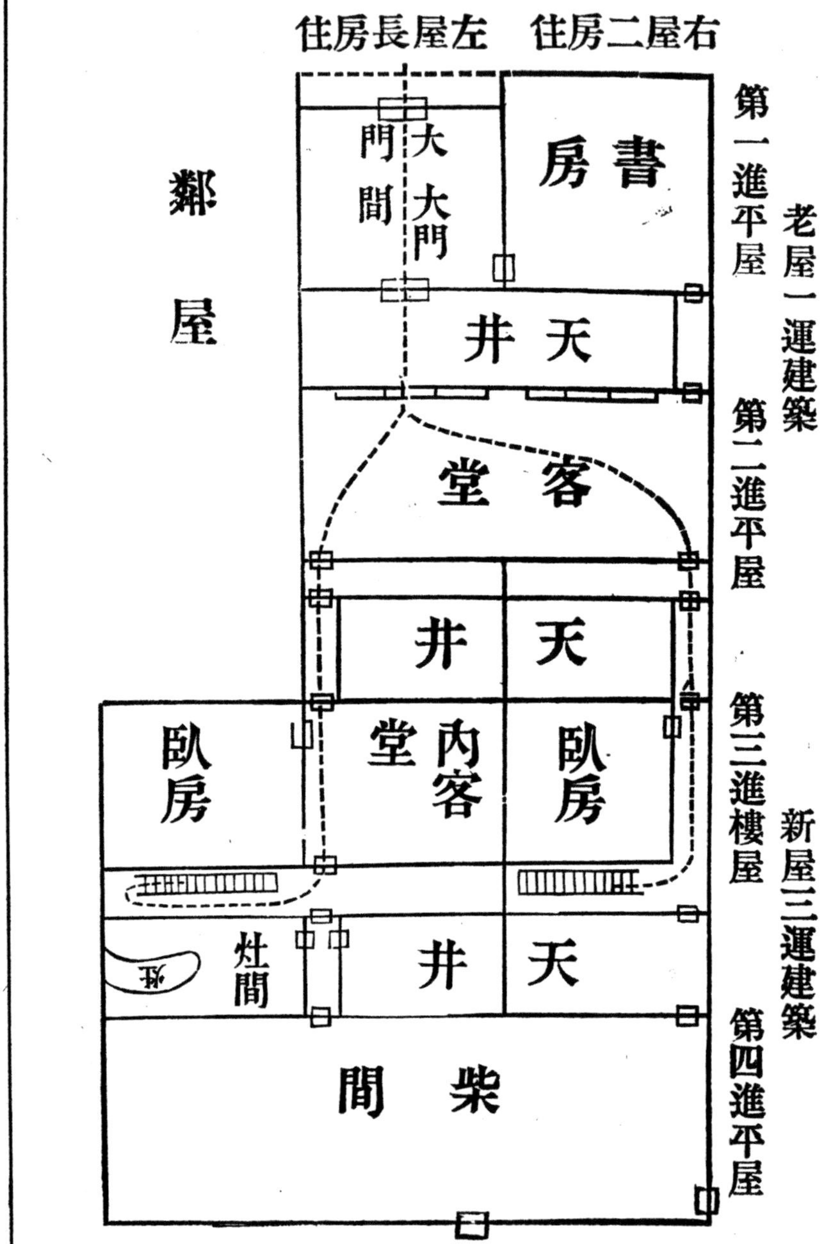
左屋長房住
右屋二房住
鄰屋
大門間
大門
書房
天井
客堂
天井
臥房
內客堂
臥房
灶間
天井
柴間
第一進平屋
第二進平屋
第三進樓屋
第四進平屋
老屋一運建築
新屋三運建築

前進運丙子
二一壬兼午

↑

九 七四 五六	五 二九 一一	七 九二 三八
八 八三 四七	山向 一 六五	三 四七 八三
四 三八 九二	六 一一 二九	二 五六 七四

後進運山向
二三壬丙

↑

二 九六	七 四二	九 二四
一 一五	山向 三 八七	五 六九
六 五一	八 三三	四 七八

愈遭磨折。上元庚申生孫女不幸夭殤。（九月初三日巳・時倘在八月節內・）十一月一入中黃土到向。宅主下元癸亥生人。於是月二十二日病歿。目下長房祗存一子。（上元辛丑生）已患肺癆病多年。明年歲次丁卯。（民國十六年）年白一入中。五黃到向甚可憂也。余囑其在丙寅年內將現居之樓屋中宮改建。使局運變換。則總氣口轉死衰爲旺氣。更移灶位於坤方。火門向離。則木生火。火生土。土生金。金生宅命坎一水。轉愁爲喜。反掌間也。二房居西面一間。出入門路在坤宮。値向星四綠所在。乃三運之生氣。四運之旺神。財運有望。惟嫌山星二黑會合。巽木尅坤土。老母不利。癸亥年五入中。二黑土到坤。正月二入中。八白土到坤。宅命受制。二房子上元壬辰生。於是月十八日夭殤。主母上元丁卯生。亦於是月二十四日病歿。觀此二宅。可知宅命受尅之凶危矣。

新市橋惠宅 無錫城內

雙開間二進。前進平房。後進樓房。前進賃出開設圓桶舖。酉山卯向。一運內建築。一二運

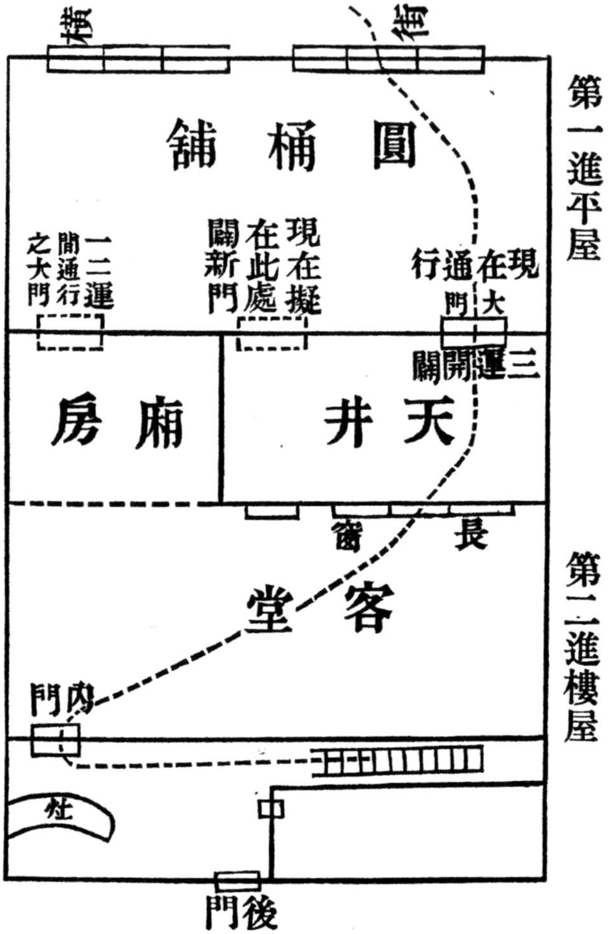

一運酉山卯向

四 九二	← 八 五六	九 四七
六 七四	一 山向 三八	五 八三
二 二九	三 一一	七 六五

間進出大門闢在艮宮。二運內財運豐盛人口與旺。蓋大門吸到二黑旺氣也。三運初年將大門移往巽宮。財運衰退。後輩兄弟二人。均在二十餘歲時相繼夭殤。幷殤小口兩位。後遷

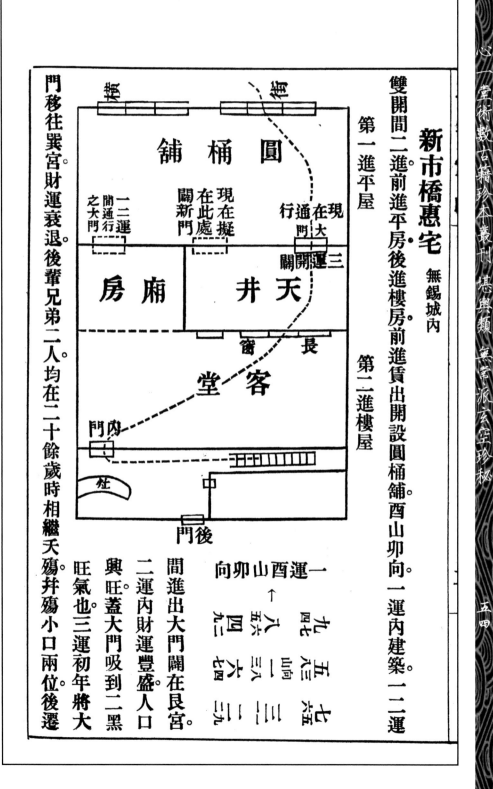

入某房西亦殤小口二個。目下兩房祇存一子。家境亦甚寒苦。查其衰退之因。在總氣口排着七赤凶曜。死氣損丁之因。蓋在大門七四金木相剋也。現囑其改闢震門。吸引向首六白吉氣。倘主人能聽從余言。不難轉禍爲福也。

城內大河上汪宅 無錫

一進三間。三運丙山壬向。癸亥年遷入。左房爲上元庚子生男丁。一白水命臥室。內門在坤宮。按是間居艮震二宮。土水相剋之方。一白水命原不宜居此。更加坤方氣口二黑土來剋水。民國十四年乙丑年白三碧入中。九紫火到坤。生起二黑凶土。立秋後月白八入中。五黃土又到坤宮。氣口二黑土至艮宮榻位。一白水重重受剋。庚子生人遂重病不起。右房上元甲辰生男丁。六白金命臥室。乙丑秋間住入。內門闢在巽宮。適值九六火金相剋。不利六白命宮之人。且主血症。丙寅年年白二黑入中。一白水到巽。正月起。甲辰生人即患吐血症。三月加重。因月白九入中。八土到巽。土剋水。水剋火。火剋金。所謂重重剋入者此也。元空秘旨。重重剋入。主立見死亡。幸八土是吉星。且生扶六金。故尚無礙。倘六九月五二凶土飛臨。恐凶禍不免。余囑其馬上遷居避之。

汪宅承氣圖

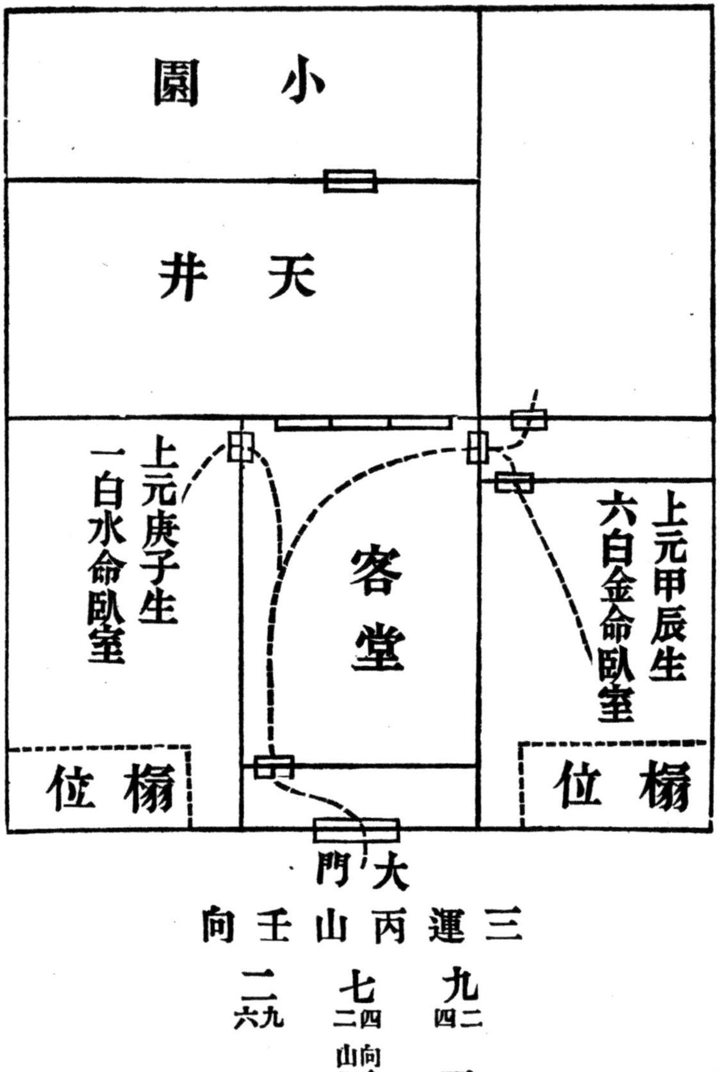

雪堰橋吳宅 武進

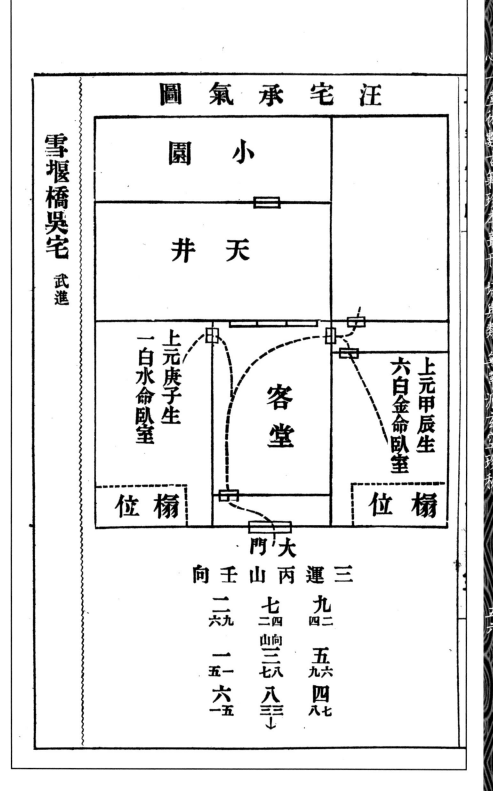

巽山乾向。三運民國九年庚申建築。三間一進樓屋。宅前有橫河。被草屋遮蔽。樓下總氣口。挨着廉貞惡土。癸亥年太歲到向。宅主病亡。長子上元甲申生八白土命。住於樓上右

樓下承氣圖

樓上承氣圖

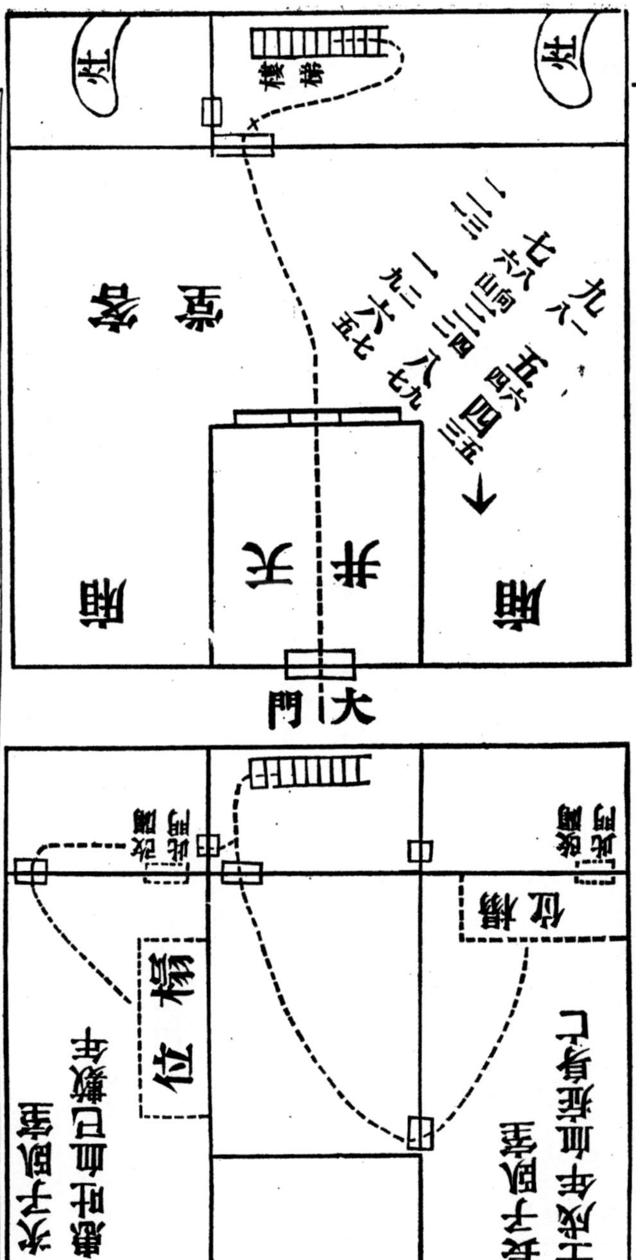

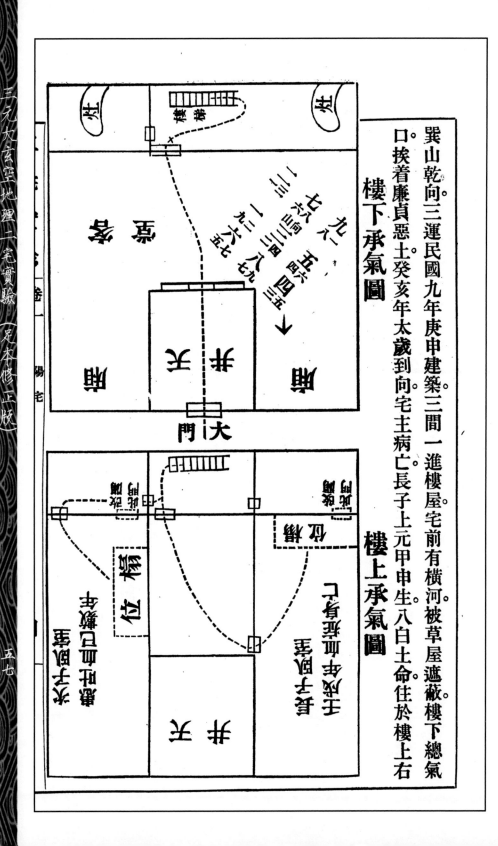

邊一間房門在坎宮。適逢九七火金相尅。應主血症及肺肝等疾。壬戌年太歲臨向。年白六入中。七赤到向。二黑到樓上右房氣口。長子血症身亡。長孫左目失明。次孫雙目俱盲從肝疾上致盲至乙丑年病夭。次子臥左房。亦患吐血症。已歷數載。按向首廉貞在失運時。原主凶惡多病。樓上右房氣口九七相剋。原主血症。更來流年二黑病符助之。再加向首流年破軍飛臨。凶勢猛烈。自然凶禍難逃。左房氣口在震宮。二黑病符上。自應疾病纏綿。補救之法。宜將兩室私門移置離宮。承接輔星吉氣。庶可凶禍永免。

榮雪梅先生住宅 無錫榮巷

雙開間三進。前二進平屋。後一進樓屋。三運建築。壬山丙向兼子午三分。大門在坤上。門前有大池塘。元空五行。坤方四二交會。元空秘旨云。山地被風。吹還生風疾。是故入宅後。主人即患風木症。逐年加重。查宅主上元癸酉生。一白水命。其臥室在第三進樓下震艮土水相尅之方。不利一白水命。而偏偏住在該處。臥室私門在坤方。所得星辰與大門同。坤上四二。最怕大池助凶。更逢外戶私門。均承是氣。故宅主臥室。風疾難逃。而宅主復值一白水命。住於一白受尅之方。故一白命人獨得風疾。又四爲三運生氣。四運旺氣。故其家財運甚佳。民國十四年乙丑年。白三入中。九火到坤。將巽木化成黑土病符。病益沉重。漸失

三運壬山丙向兼子午三分

二（九六）	↑七（四二）山向	九（二四）
一（一五）	三（八七）	五（六九）
六（五一）	八（三三）	四（七八）

知覺。丙寅年二土入中。五土至艮宮榻位。八土至坤宮氣口。九火至震宮臥室。（助五土尅水）一白水受尅太甚。病更加重。余在丙寅仲春見之。囑其移居右室。（即內客室）惜病入膏盲已難挽回。七月五土入中。八土至艮。九火至向。（生向首二黑土）二土至坤。病遂不起。

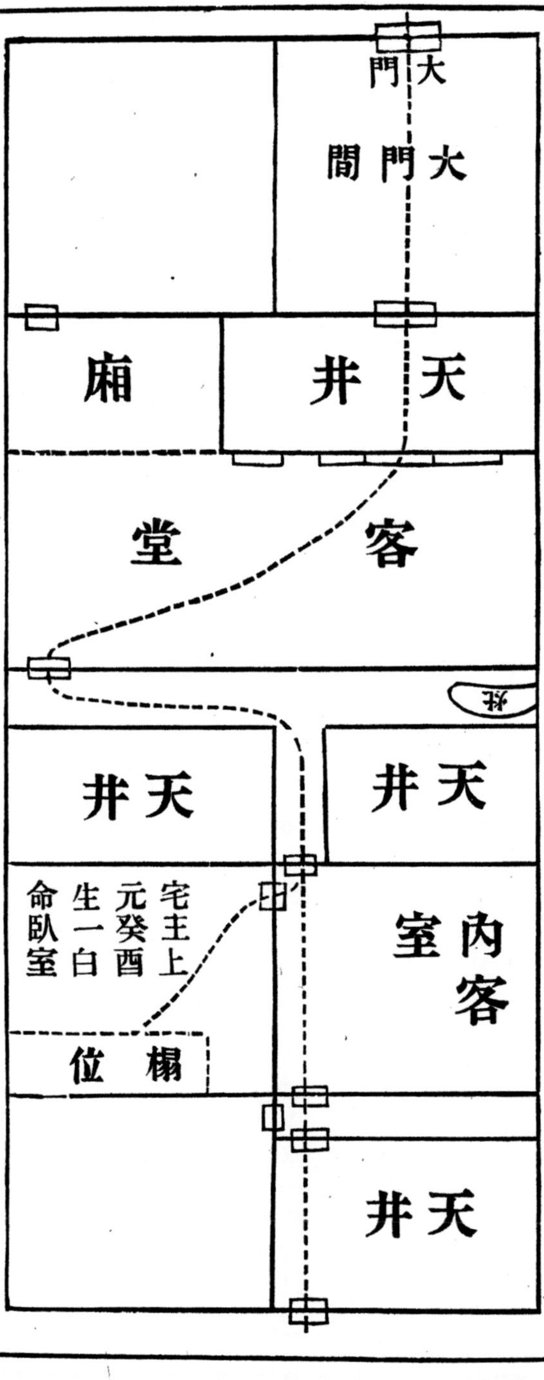

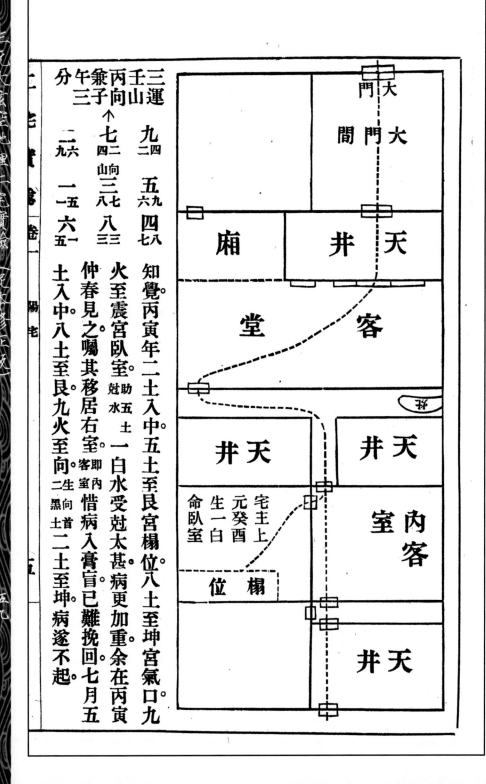

蘇州閶門內永豐莊

子午兼癸丁山向。何運建築。已不可追攷。往昔生涯平淡。及三運中葉。全宅大修理。立極更變。生意驟盛。獲利豐厚。按其元空五行。向上排龍。三碧令星到向。坤宮大門總氣口。飛

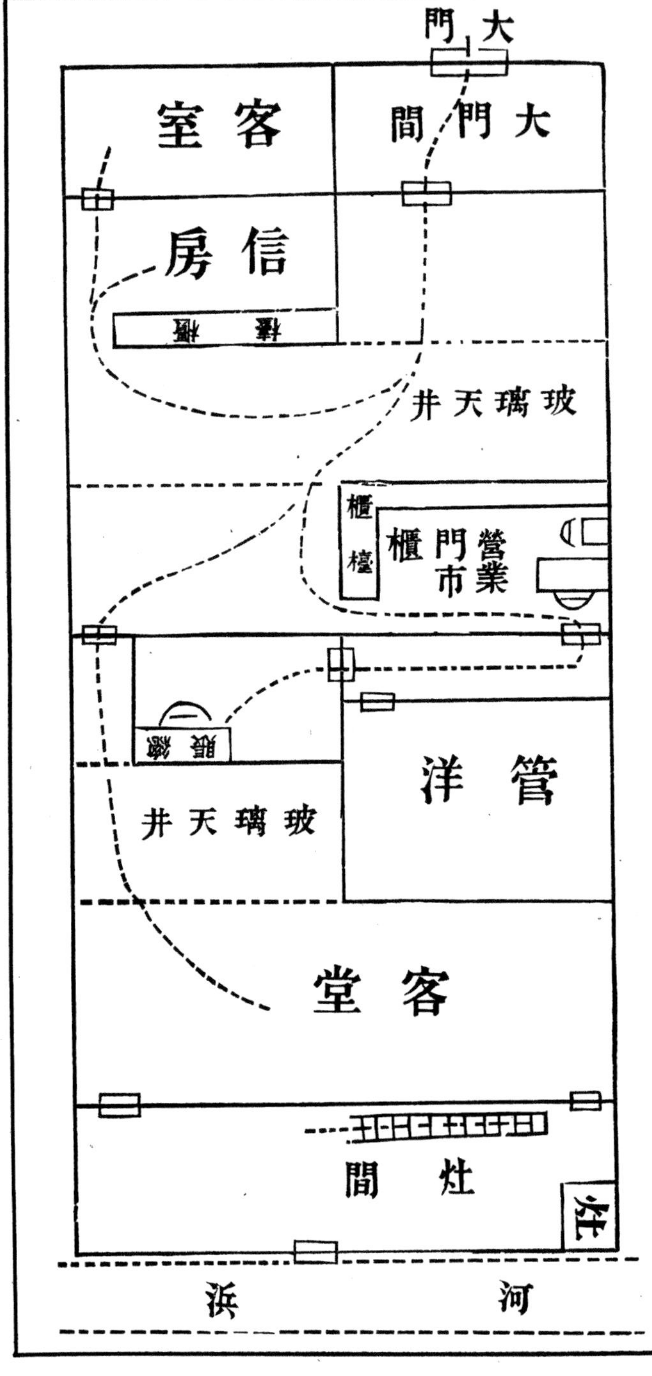

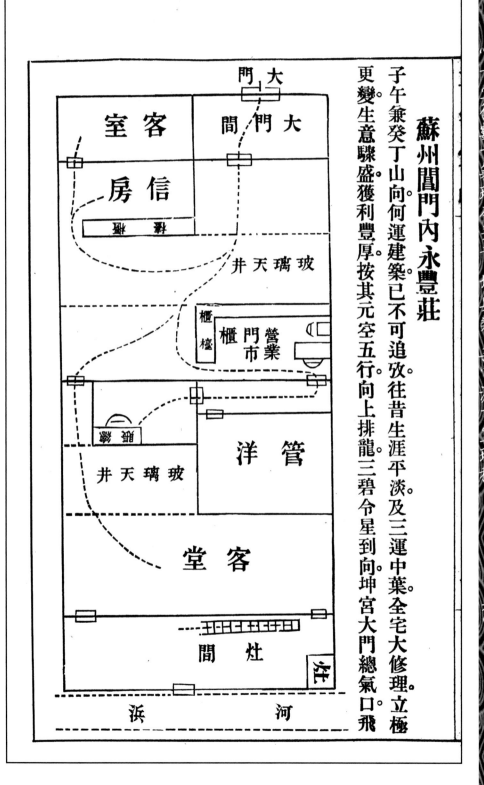

三運改造子午兼癸丁圖

二 七八	↑ 七 三三	九 五一
一 六九	山向 三 八七	五 一五
六 二四	八 四二	四 九六

着一白貪狼吉星與向首相生。與宅命比和生入、比和皆主吉利。門市櫃直對大門。吸足三碧旺氣。轉艮折入四綠生氣。生旺齊收。宜其生涯驟盛矣。

洞庭東山孫康如先生宅

石橋頭孫宅。三運民國七年戊午建築丑山未向。入宅後全家病魔纏繞。剝雜無巳。主人屢請各地堪輿名家設法補救。均莫衷一是。有囑其遷居者。有主張改闢兌門者（在右廂兌宮二黑上闢門）。余於丙寅仲夏應友人之約至洞庭。承友人囑代補救。因將其致病理由及補救方法。詳列於後。藉資研究。

按坐艮朝坤之宅。為艮宅。宅命屬土。以火為恩星。木為仇星。該宅大門終年關閉。平時出入。皆在離宮便門。是方挨着元空五行向星巽木。適為艮宅仇星。尅制宅命。此為剝雜多病一因。便門巽木在三運為生氣。至四運為旺氣。生旺二氣皆主財運亨通惟與山星坤土會合。坤為老母受尅於巽木。主宅母不利。此為剝雜多病二因主人上元同治十一年

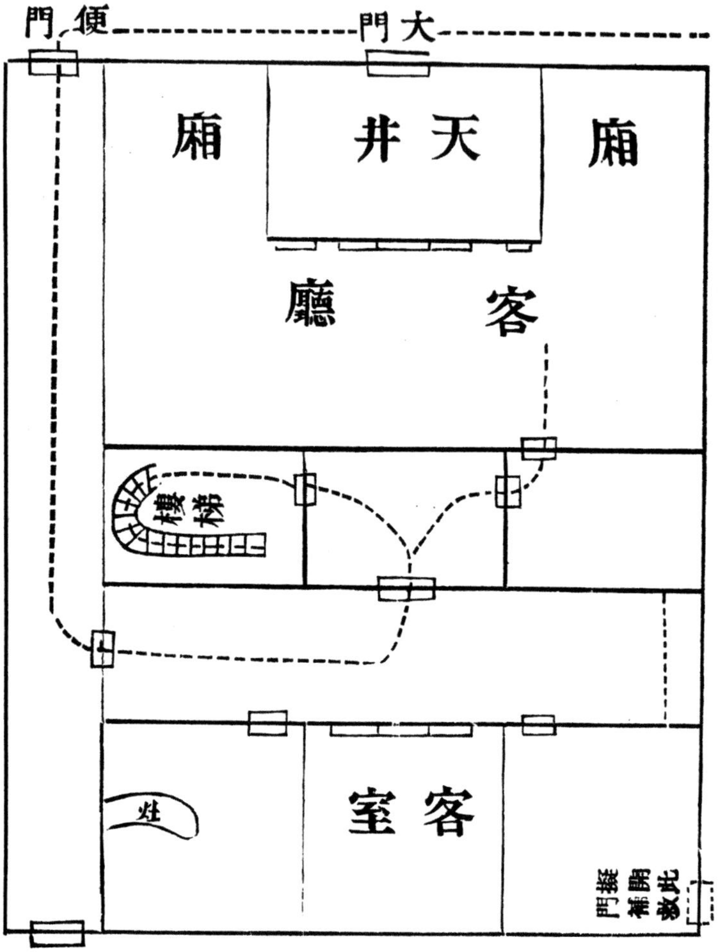

壬申生二黑土命。便門四二木土相剋不利宅主此爲剝雜多病三因向首六白乾金與便門四綠巽木相剋。木爲肝。受金剋肝疾不免此爲剝雜多病四因後戶佈着三碧震木。來路由便門引入至震宮折入後戶。震上佈着七赤兌金。金來剋木。肝氣之病必矣。聞夫婦連年均患肝氣痛症。此爲剝雜多病五因。樓上左臥室。（夫婦先居此室）私門在兌方。佈着二黑坤土。在二運得

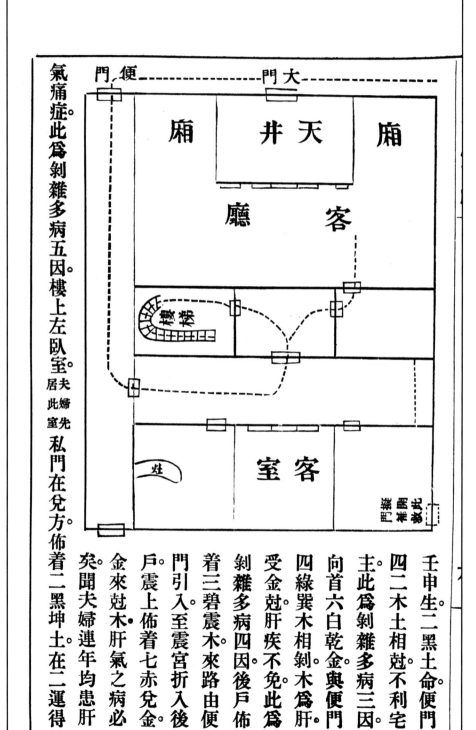

樓上承氣圖

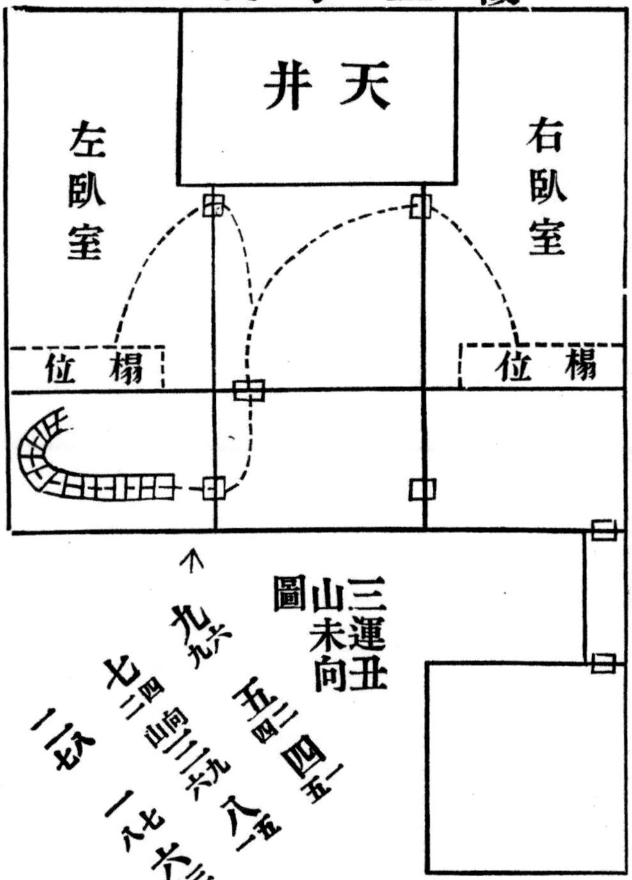

之爲旺神。可以發福。在失運遇之爲病符。氣口得此。無論何命宮。逢年月二、五、七、九。惡曜到時。不免疾病。此爲剝雜多病六。因後夫婦移居右室。私門在離宮四二木土相剋之方。不利主婦及主人二黑土命。此爲剝雜多病七。因有此七因。自然疾病連綿。剝雜多端。補救之法。宜速閉離上便門。在坎宮另闢新戶出入。取五黃戊土。扶向首乾金。壯宅命艮土。且今交四運。五黃爲生氣。斯戶一舉三得。不難百福駢臻。千祥雲集也。樓上私門宜一列承坎氣。惟一白命人不宜居此宅。

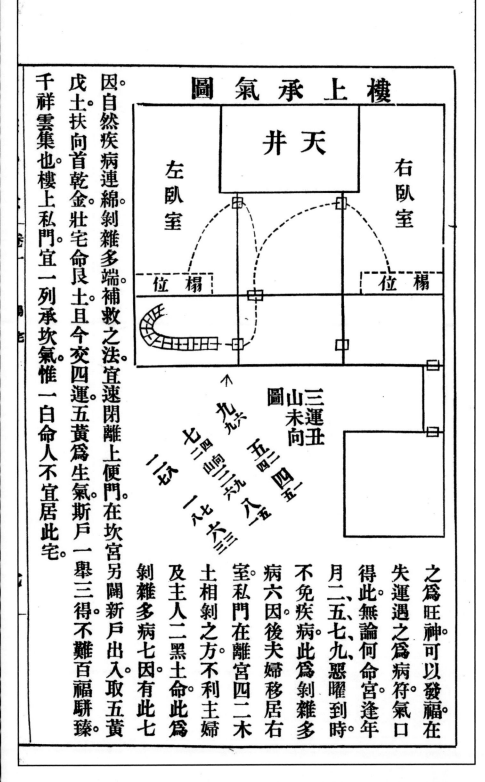

前州沈宅 無錫

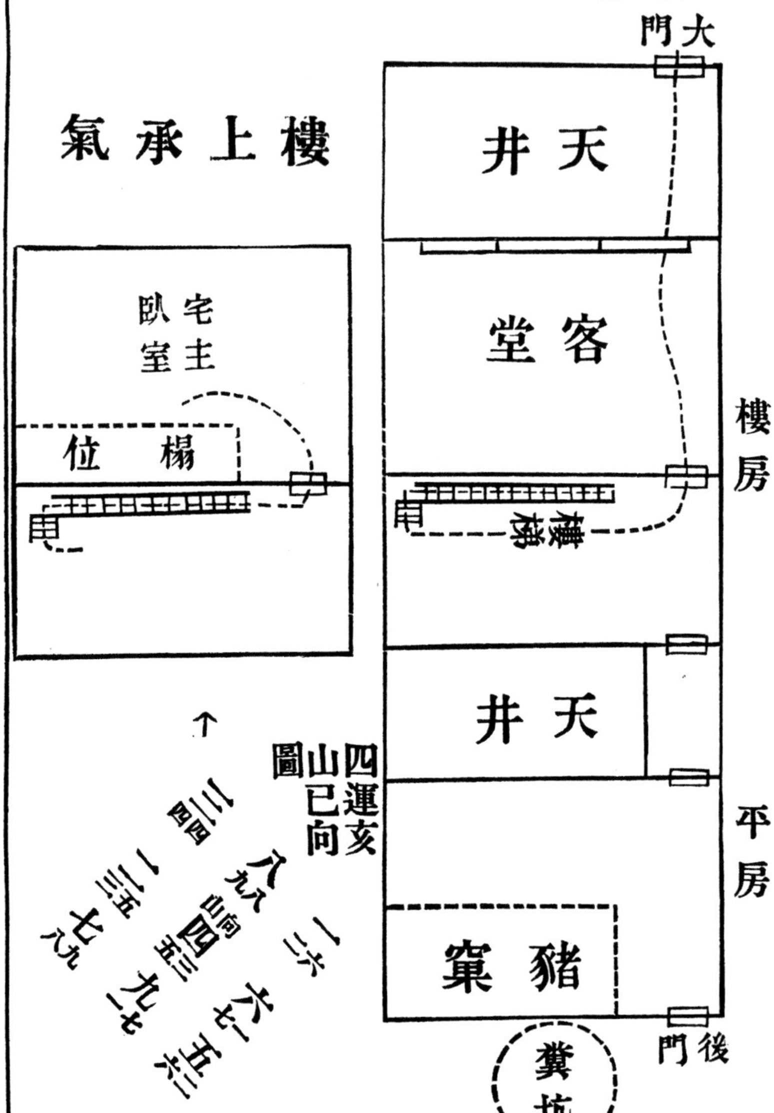

亥山巳向。四運民國十四年乙丑十二月建築。十二月初七日丑時上樑。宅後正中乾上鑿一糞坑。經云乾為天門莫作坑。主傷

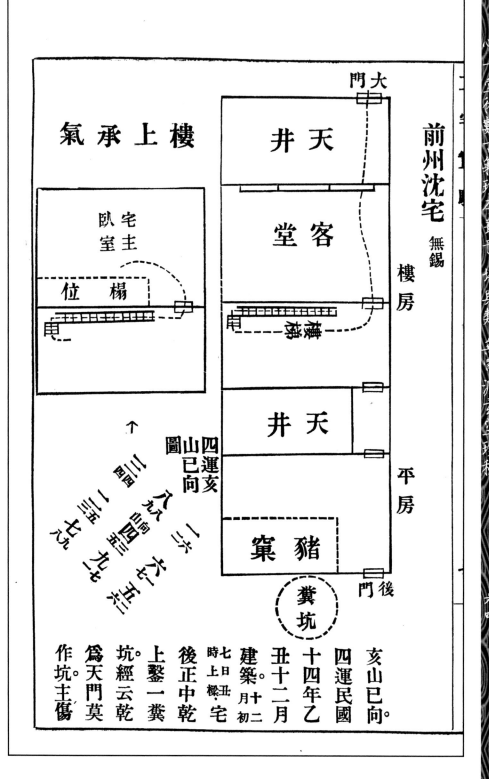

宅主。三合法以西北為乾。鐵板不移。元空法之乾則無定位。四正四隅位位可以稱乾。是宅元空五行山上龍神適六白乾金到坐山。是乾方復値乾金飛到。乃眞眞之乾也。乙丑臘月完工。入宅丙寅正月。宅主卽病。延至六月而歿。宅主上元同治八年己巳生五黃土命

山海關路十號榮寓 上海

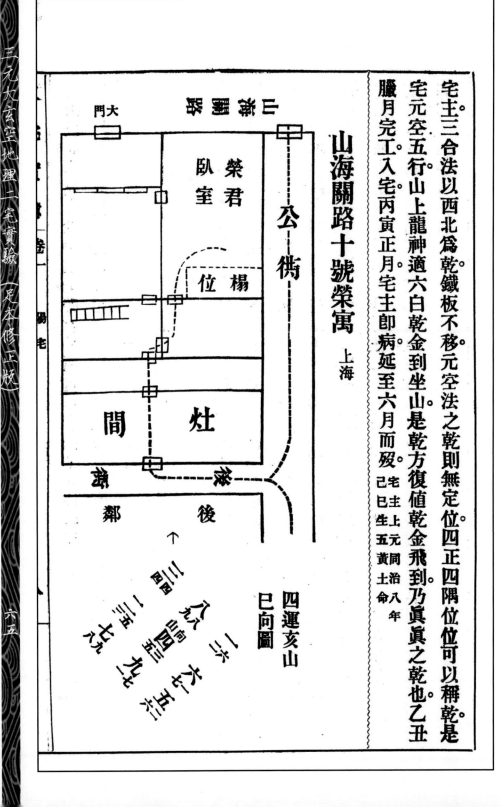

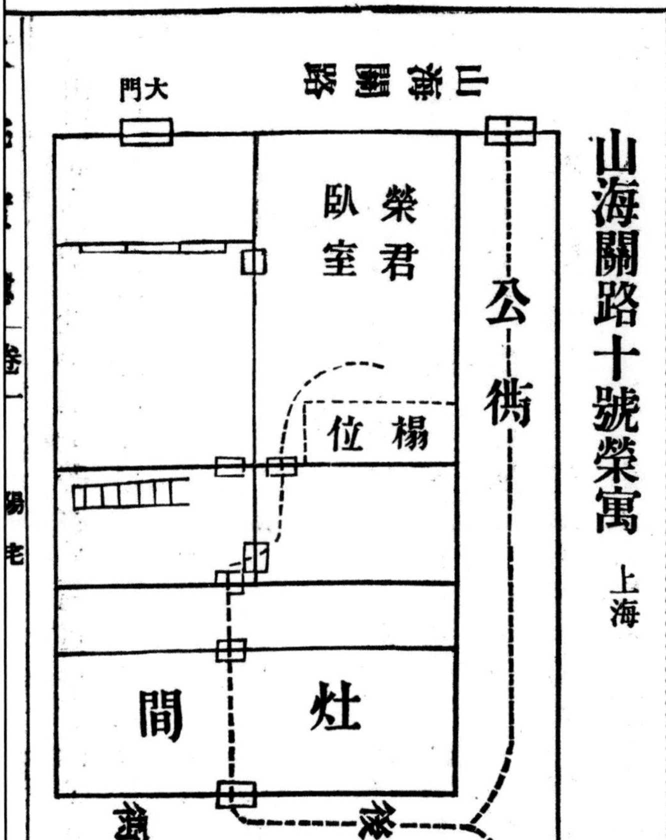

四運亥山巳向圖

亥山巳向。四運乙丑年建築。榮君於丙寅年春間遷入。住居樓下右邊一間（餘屋他姓住）外戶及內門來路。均在震宮。是方元空五行向星五黃。爲四運之生氣。且與宅命乾金相生。吉宅也。惜榮君日常由後戶出入。查後戶在坎宮。是方佈着向星兌七破軍。丙寅年二黑入中。七赤到坎。六月六白入中。二黑惡土到坎。助凶。榮君於是月經營棉紗業。虧耗甚巨

洞庭東山朱宅

是宅在石橋村純德堂內。全宅甚宏敞。此圖祇就朱姓所居者。下元九運立極。朱姓於四運民國十四年乙丑四月遷入。未遷入前。該宅已空多年。故依照入宅之運推算。艮山坤向。入宅後全家多病。而以肝病爲獨多。宅主爲尤甚。查其總氣口在離宮。元空五行挨着六三金木相尅。木爲肝。受金尅則木壞肝傷。此肝病之所由來也。又六三相尅。不利三碧命宮之人。宅主上元同治十年辛未生。適值三碧木命。是故宅主疾病獨甚。灶位在震宮。火門向巽方。適向星二黑病符所在。二爲土。助以灶火。凶勢猖狂。全家多病。全在乎此。補救之法。宜將灶門向坤。吸當元旺氣。在總氣口方。置水缸。畜養黑魚。藉以化金生木。苟能如此。不難轉殃爲祥也。

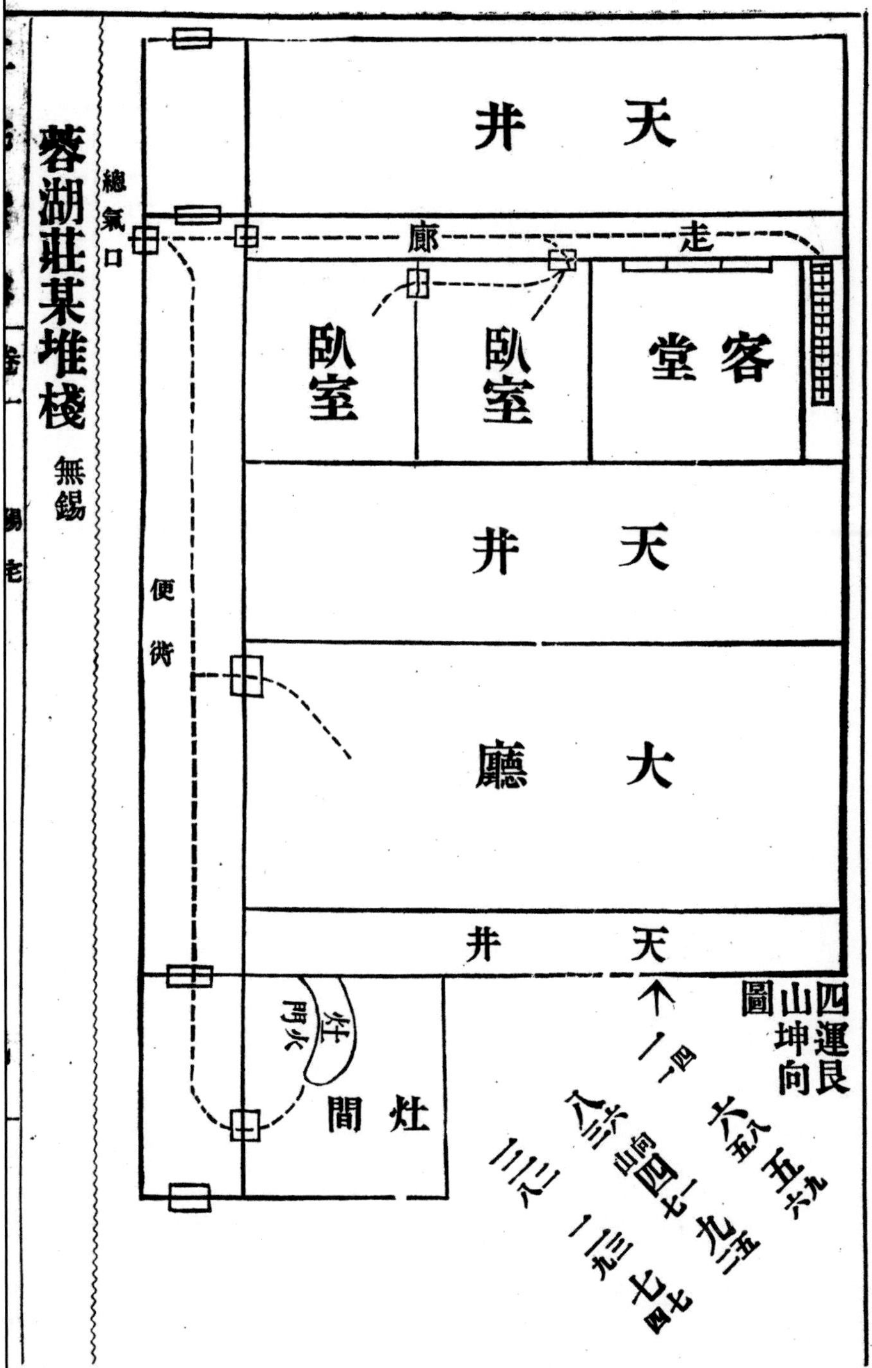
蓉湖莊某堆棧
無錫
總氣口
天井
走廊
臥室
臥室
客堂
天井
便衖
大廳
天井
灶間
灶火門
四運艮山坤向圖

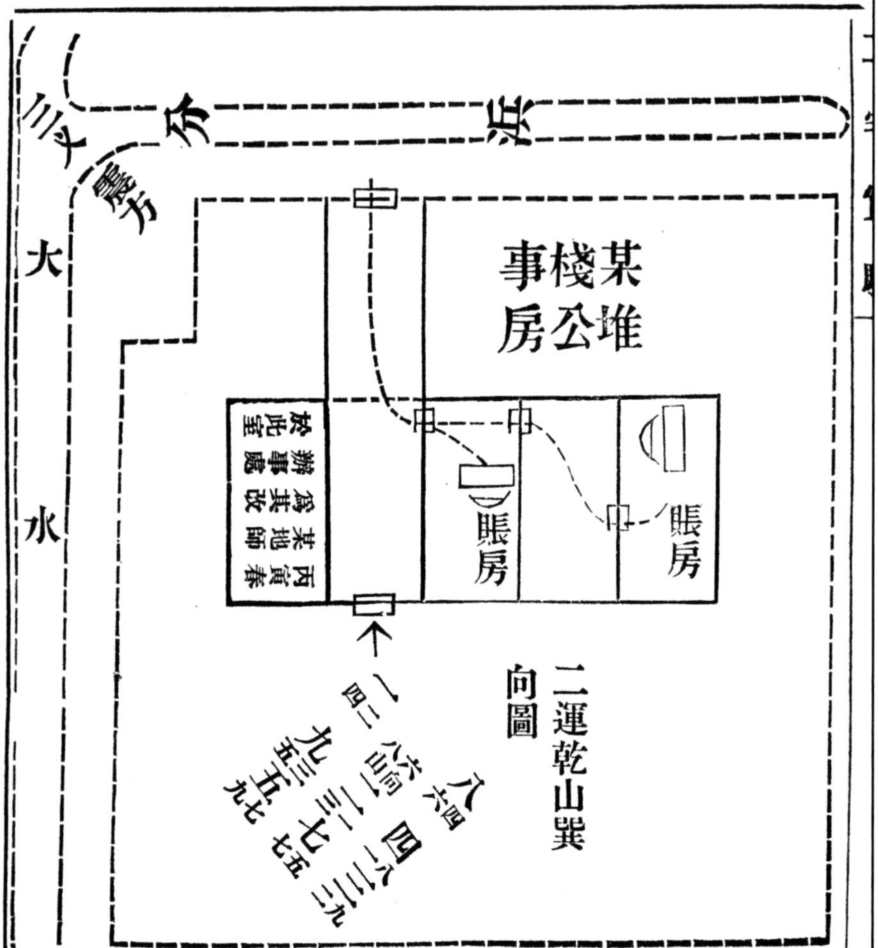

某堆棧公事房乾山巽向。二運建築。二運入宅開業。三運換主。宅內未斷人跡。三運間生涯隆盛。年有盈餘。按元空五行向首雖承二黑衰氣。惟外戶吸到震宮最有力之三叉旺水。內室賬房辦事處門路在震方引進三碧旺氣。宜其發祥於三碧運矣。交四運。三碧衰退。甲子乙丑以來。連年虧耗。乙丑立秋後發生命案。致口舌破財。統觀全局。四運無發展希望。丙寅民國十五年仲春。某地師爲其改辦事室於左屋。雖能吸引離兌二宮六八吉氣。然宅外衰水環繞。小吉敵衆凶。何異螳臂當車。余囑主人仍移辦事室於原處。將公事房屋頂改造。則八方星辰更換。衰死之氣一變而生旺。全收四運希望。由此更勝三運也。

西管社馮宅 無錫

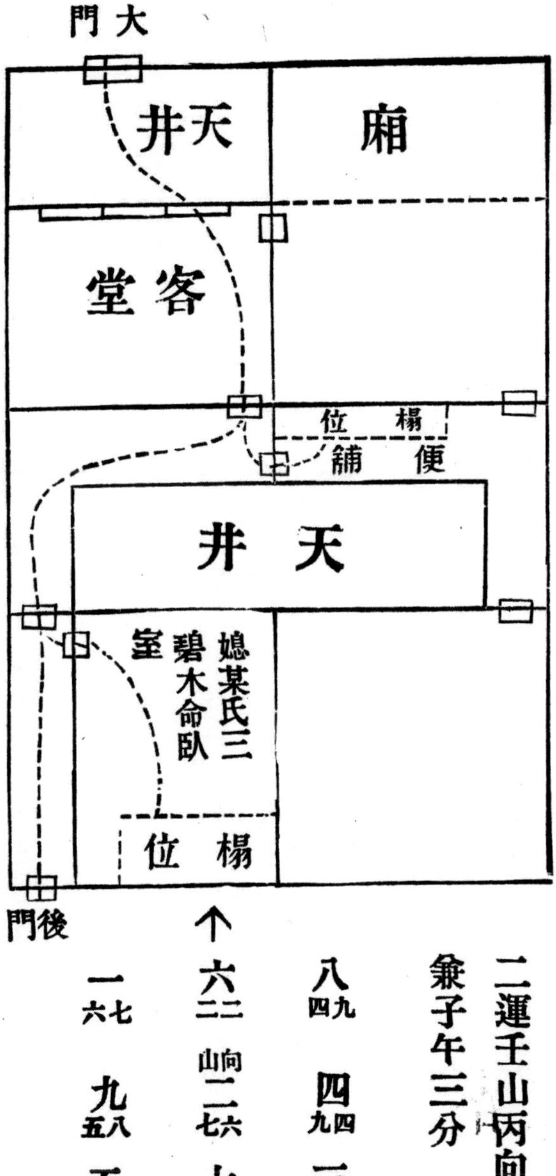

二運壬山丙向
兼子午三分

一 六七	↑ 六 二二	八 四九
九 五八	山向 二 七六	四 九四
五 一三	七 三一	三 八五

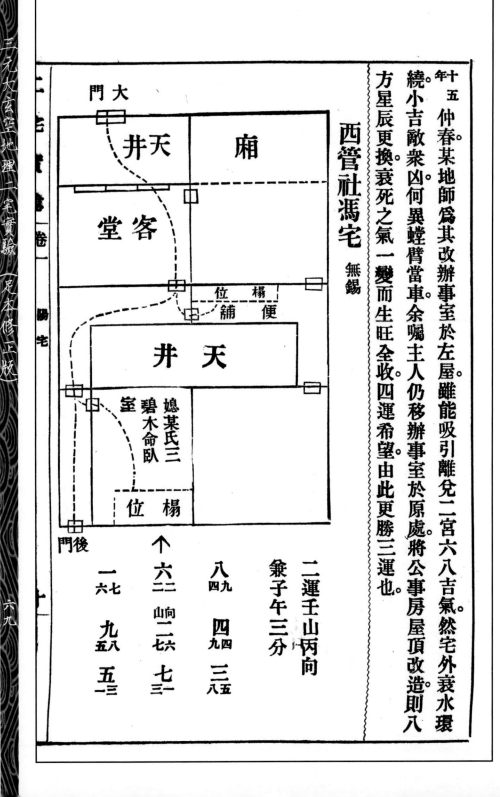

二運建築壬山丙向兼子午三分。大門在巽宮。適值七六交劍煞。二運迄今。全家多剝雜。財運不甚得意。幸後門得三碧在三運間。尚有慰心處。媳某氏上元戊戌生。三碧木命。其臥室私門在巽宮。所得星辰與大門同。民國十四年乙丑年白三碧入中。二黑凶土到巽。九月月白六入中。五黃惡土到巽。某媳患傷寒重症。後移臥前進右間便舖。交十月始愈。

按七六屬金。不利於木。年月又到二五惡土。助虐木命之人。宜其重病矣。

上海山海關路榮宅

亥山巳向兼壬丙五度。三運建築。榮氏在民國十年（三運辛酉）向某姓購下。即於是歲修理入宅。乙丑（民國十四年）以前。主人臥室在左間。乙丑年起移居右間。大門常年緊閉。日常由後戶出入。主人夫婦均食洋煙。煙榻設在右間臥室後背。一日夜二十四小時內平均有十四小時在煙室。（親朋往來。皆在煙室聚會。）是故煙室關係獨重。後戶為總氣口。在全宅之坎方。煙室承氣層層由坎方引入。元空五行巳向排龍。兌七破軍到坎。兌為金。為少陰。其形尖銳。其味辛辣。故入宅後。陰人掌權。（主人一切作為。全憑其妾之言行施。）其接物待人。無非辛辣手段。更受許多陰人之累。虧耗甚重。且兌為秋旺。於下元初運。於今三四運遇之。旺氣受制。自多不利。更加巽離

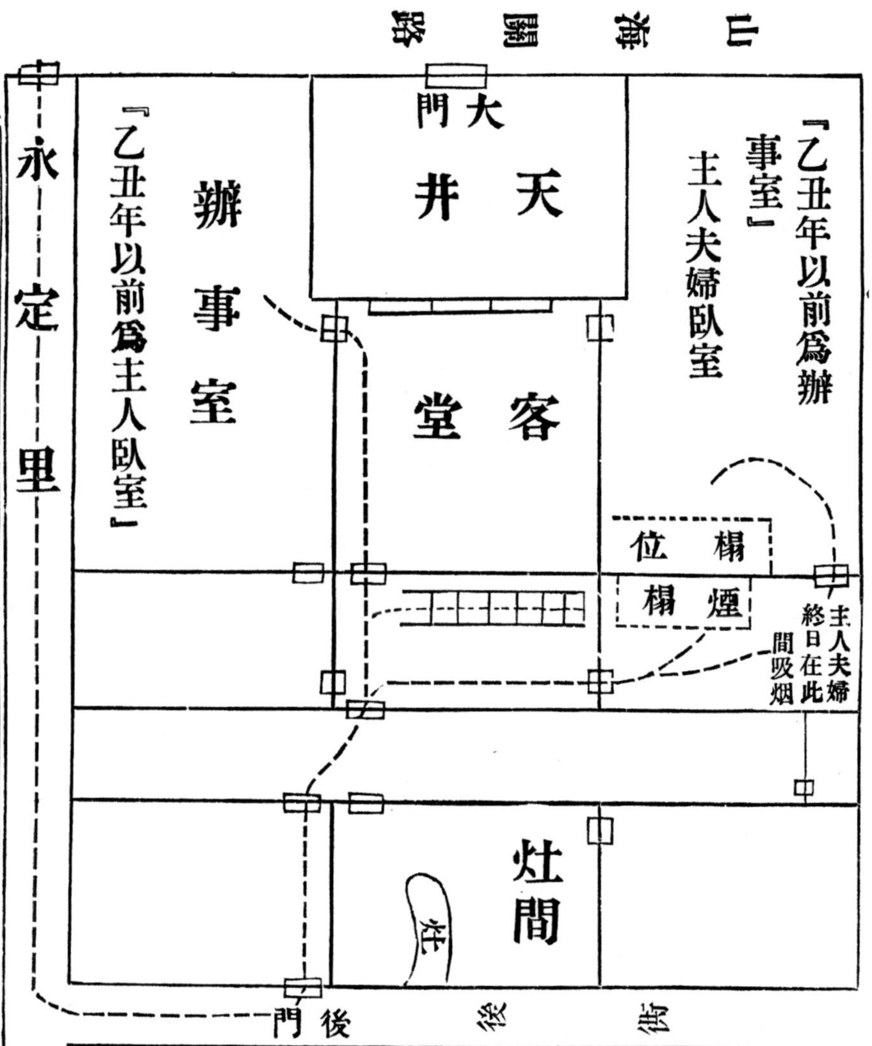

卦氣混亂。龍神交戰。祥不勝殃。是故入宅以來連年敗退。延至乙丑歲底數十萬家資化為烏有。反致負債纍纍。丙向排龍震三祿存到坎震為木。為肝。與兌

三運亥山
巳向兼壬
丙五度

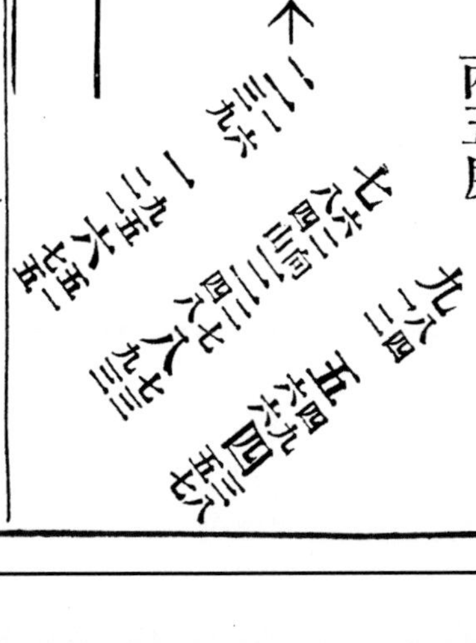

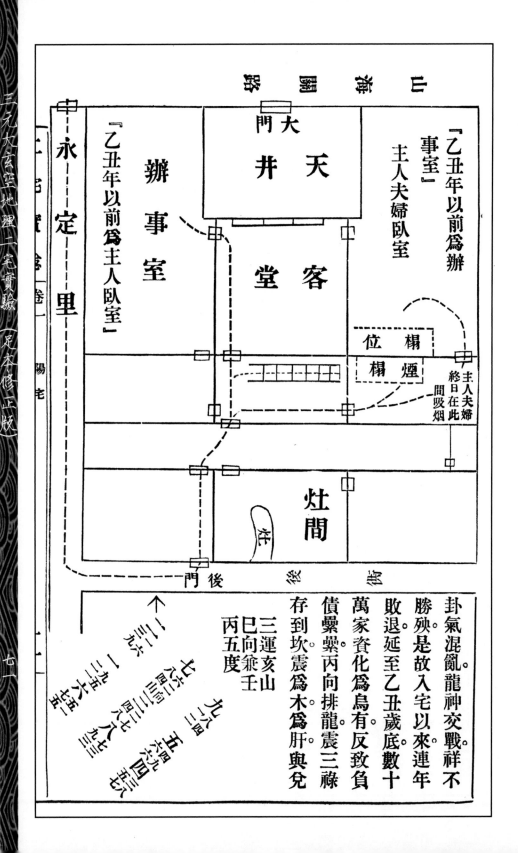

會合。受金尅而木壞肝傷。肝疾不免。主人夫婦入宅以來。常患肝氣痛病。然在三運震木當旺。猶可與破軍一敵。交四運。民國十三年甲子第一年震三失運。剝雜更甚。本歲丙寅流年。二黑入中。七赤破軍臨坎。自二月起。主人肝病加重。延至五月而歿。六月女主又病歿。竟至烟消火滅。破產告終。七月西樓查姓房客。又喪少年一人。是皆由於總氣口破軍疊臨使然。灶頭火門向震，生扶五黃戊土，亦主多病不利，破軍之關係人事如此。可不畏哉。主人上元乙亥生，主婦上元甲戌生。

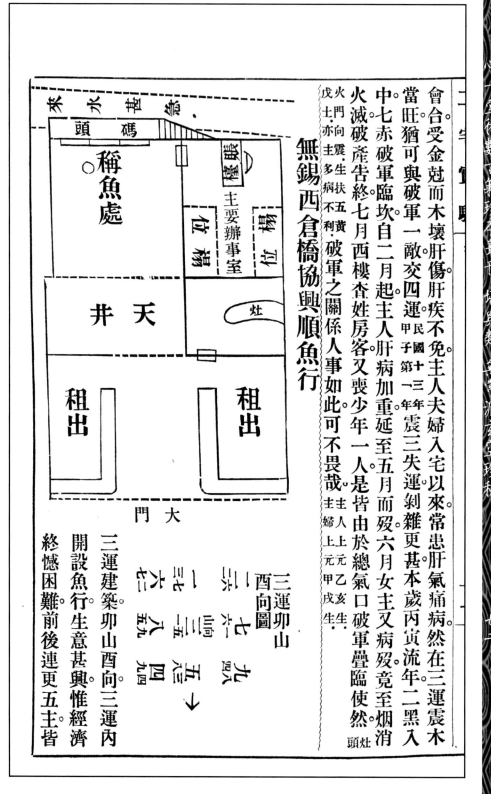

無錫西倉橋協興順魚行

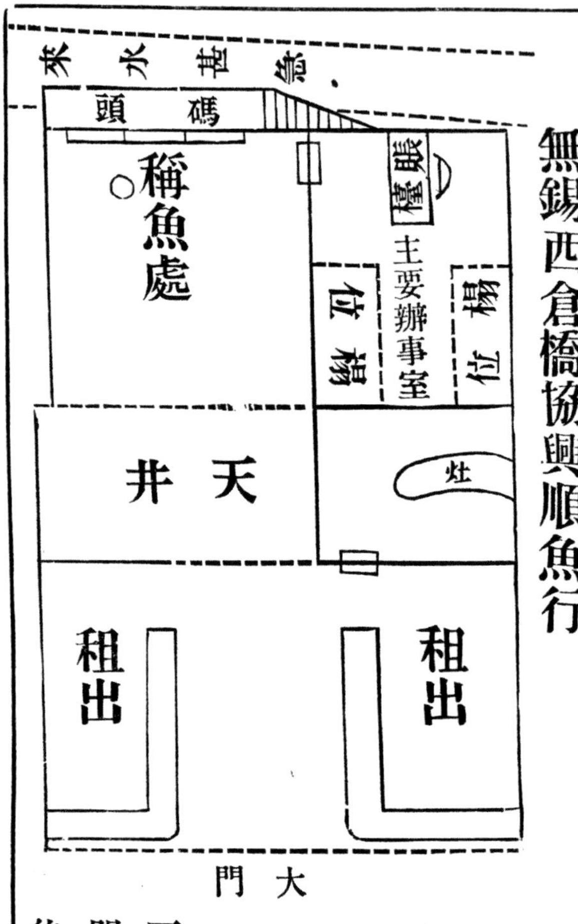

三運卯山酉向圖

一 二六	一 三七	六 七二
七 六一	三 山向一五	八 五九
九 四八	五 八三	四 九四

三運建築卯山酉向。三運內開設魚行。生意甚興。惟經濟終憾困難。前後連更五主。皆

負債纍纍失敗而去。按向首雖得祿存旺氣。無如坐山水裏七赤凶金尅制。故經濟常覺不能週轉。艮宮由西門吊橋衝來急流。遇二黑衰星所在。主要辦事處吸足衰死之氣。向首一吉。不敵衆凶。是故連戰連敗。又坐山水裏七三金木相剋。故前後五主皆患肝氣痛症。

石塘灣潘宅 無錫

二運建築。丁癸兼午子山向。宅命屬火。來路在艮宮。得元空五行向星巽木。爲離宅恩星。

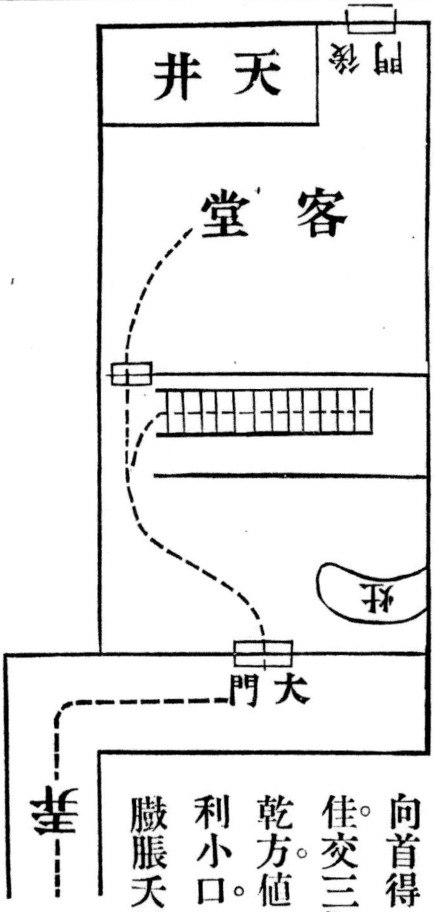

向首得巨門旺氣。二黑運內財運大佳。交三運退財。主房在樓上。房門在乾方。値六七會合。所謂交劍煞也。不利小口。生四男二女。祇存一女。均是臟脹夭折。又有墮胎數起。

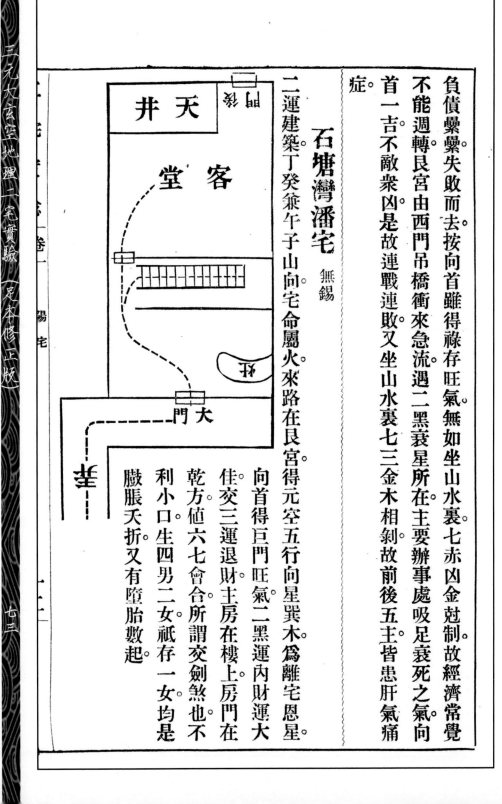

樓上承氣圖

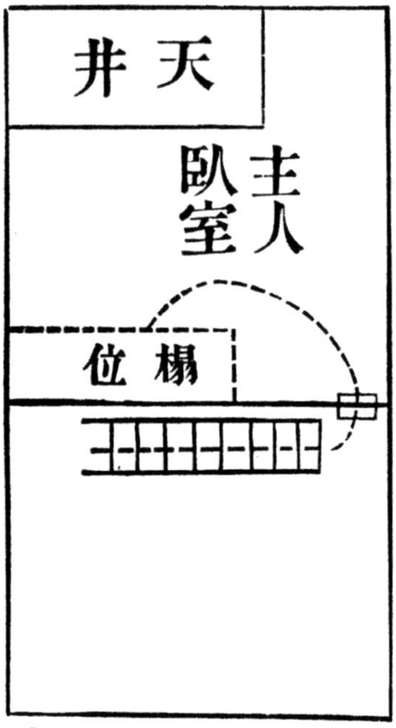

二運丁癸兼子午山向圖

一 五八	六 一三	八 三一
九 四九	山向 二 六七	四 八五
五 九四	七 二二 ↓	三 七六

上海福新第三麵粉廠三樓臥室承氣

公事房乾山巽向。三運建築未開業。至四運丙寅年民國十五年換主大修理。四月入宅。應照四運推算。照隨間論間排來離方臥室。指圖中所繪凶房出入氣口在坎宮。是方佈着元空五行向星七赤破軍。扶梯引氣。復從乾方二黑病符上來助桀爲虐。丙寅流年二黑入中。又逢七赤到坎。流年七赤到氣口最凶。六月六入中。七到乾宮扶梯間來氣之方。二黑病符到坎宮氣口。是室所居五人。相繼患病者四人。以右面二榻爲最凶。左面前一榻獨免。以其地位偏在一隅。惡氣未吸到也。

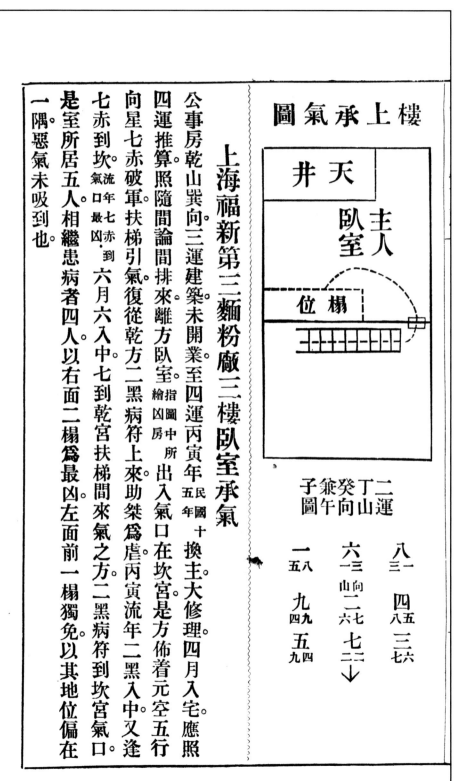

馬山許宅 武進

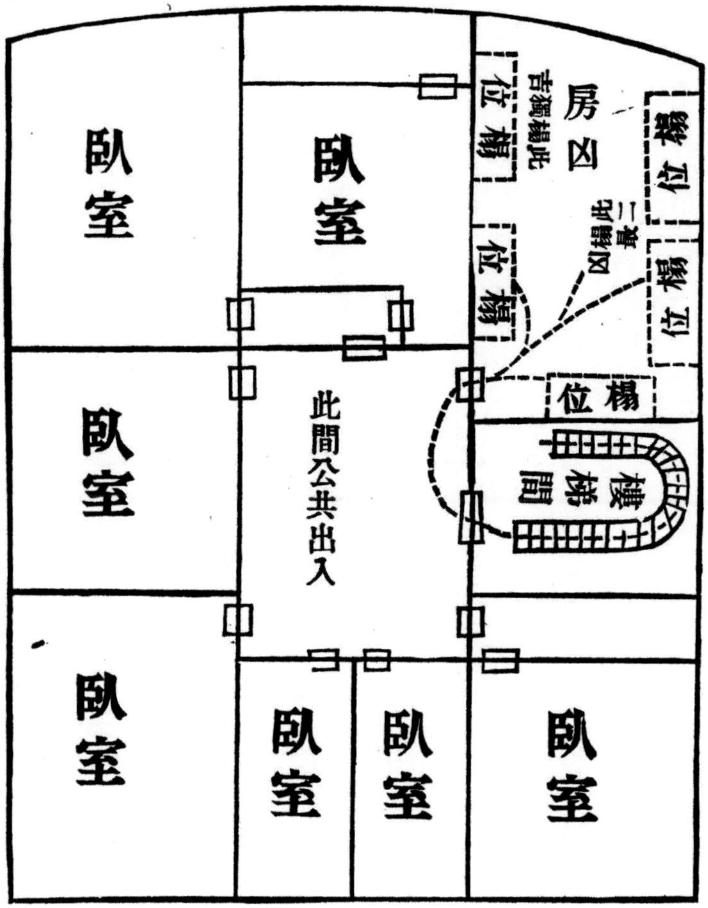

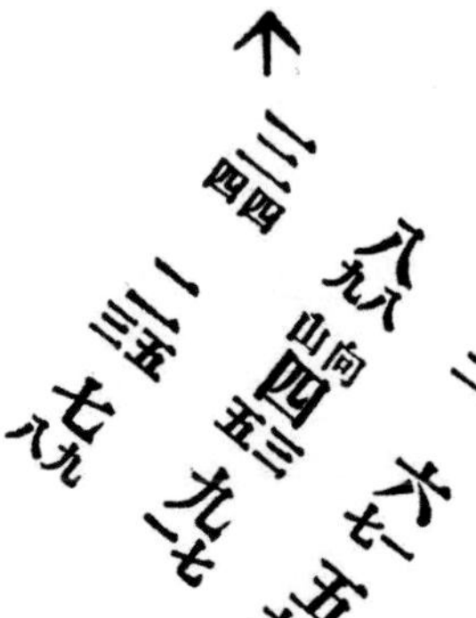

四運乾山巽向圖

二運壬山丙向圖

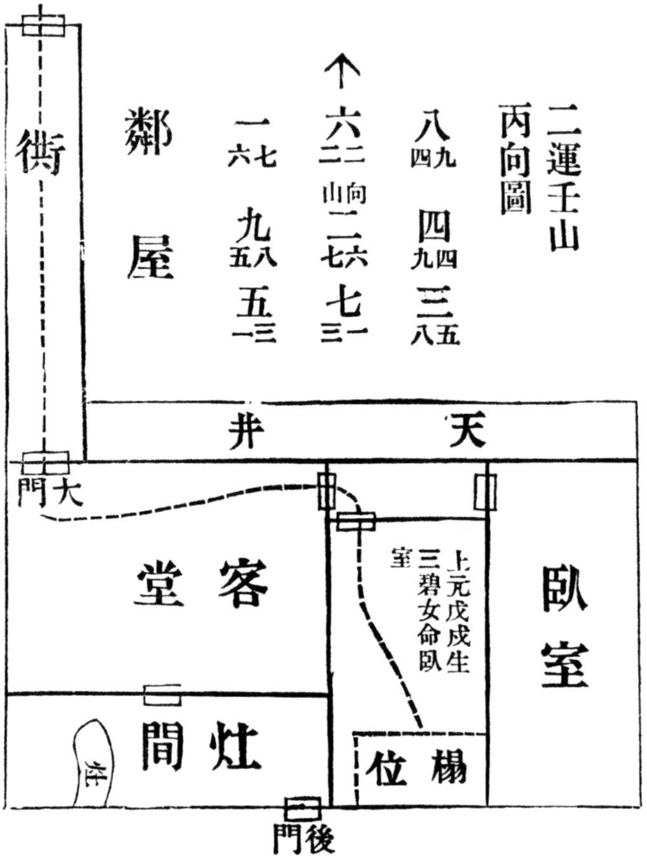

二運壬山丙向。大門及臥室私門均在巽宮。適值七六交劍煞所臨。民國十一年六白入中。五黃惡土到巽助凶。上元戊戌生三碧女命。於是年重病身故。總氣口遇七赤、最爲凶險、幸後戶一白洩之、倘有少分安逸、然家境已蕭條不堪矣、

又一馬山許宅　武進

三運壬山丙向。震艮二宮五黃土尅一白水。上元戊寅生一白女命。適居是方。外戶內戶

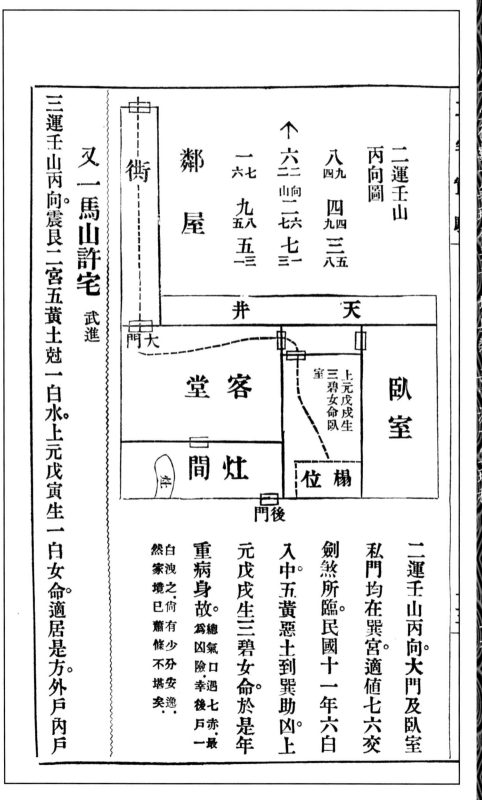

黃宅樓上臥室承氣

太倉瀏河

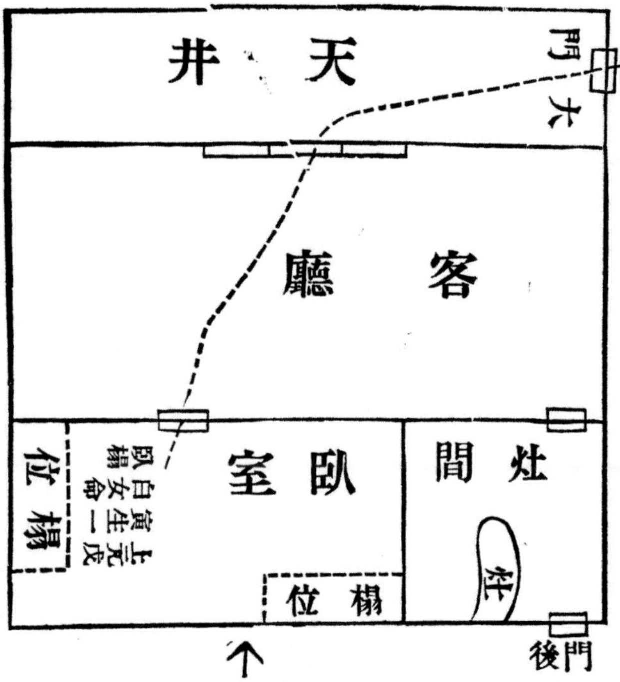

三運壬山丙向圖

二 九六	七 四二（山 向）	九 二四
一 一五	三 八七	五 六九
六 五一	八 三三	四 七八

氣口均在坤宮。排着山星巨門土。向星四綠木。夫榻位既在一白受尅之方。門路再逢土尅木洩。一白水命危險萬分。丙寅流年（民國十五年）二黑入中。五土至艮。九火至震。（扶土尅水）八土至氣口。正月又是二土入中。五土至艮。九火至震。八土至外內戶來路動處。一白水受尅重重。一白女命自立春起。患重病。延至二月身亡。（苟預知之。移居右面一榻。定數未嘗不可回也。）

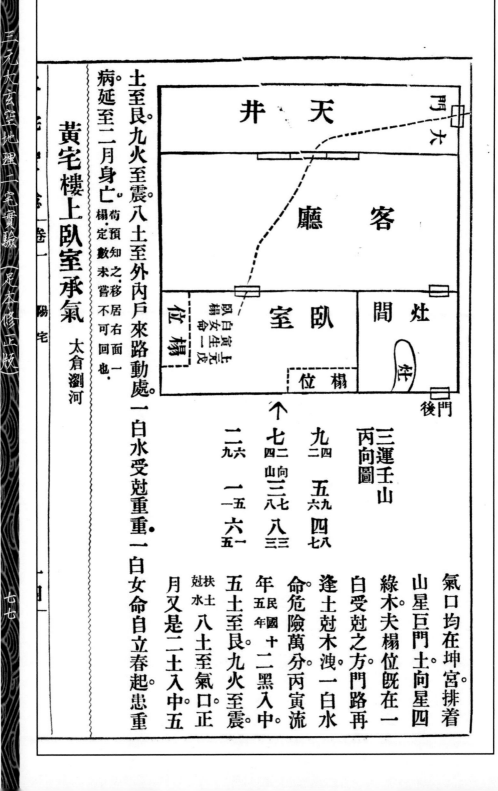

巽山乾向。一運建造。二運換主大修築入宅。主房私門在兌宮。總氣口在離宮。由樓梯引

黃宅樓上臥室承氣圖

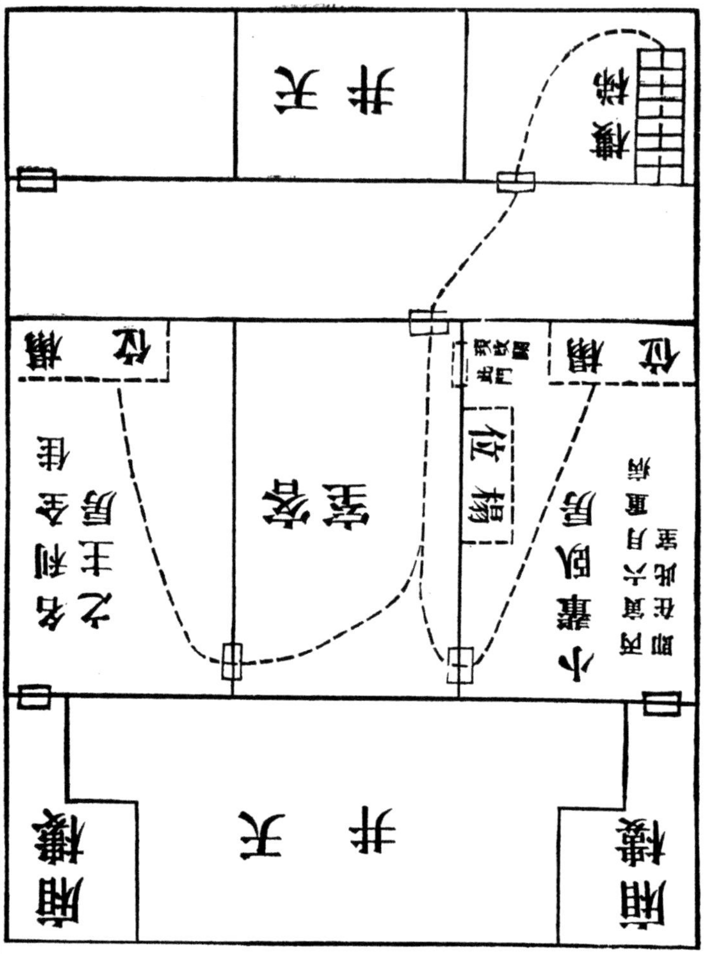

二運巽山乾向圖

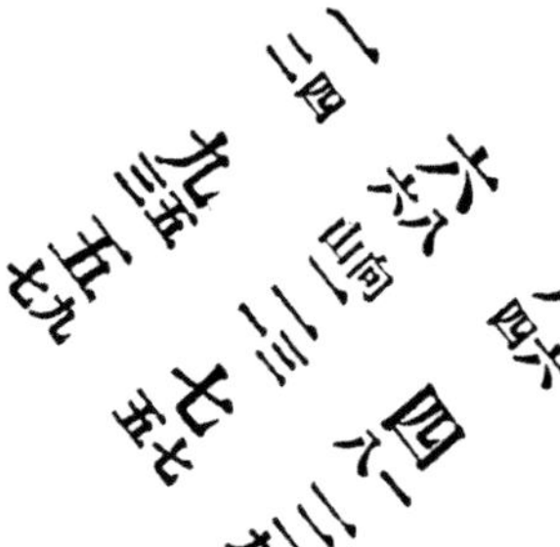

入經過坤宮而入私門。元空五行向星八土在樓梯引氣之離方。六金在過氣之坤方一水在

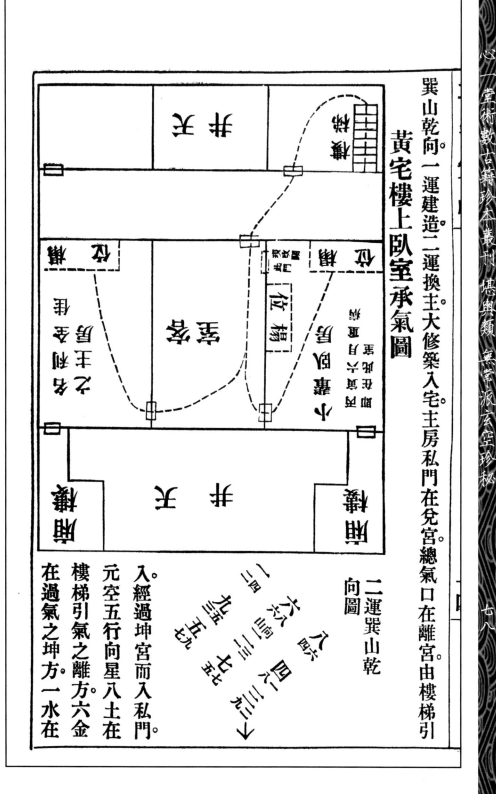

私門入氣之兌方八六一。既係三吉。復爲重重生入。元空秘旨云。位位生來。連添喜氣。是故臥此室者名利全佳。被選爲邑中董事。小輩臥室私門在坎宮。破軍七赤上。住此室者病魔纏擾。剝雜不安。最近事實如丙寅（民國十五年）流年二黑入中。七赤到坎。六月六白入中。二黑到坎。住此室者重病頗危。現已改闢震門。吸取五黃生氣。將坎門封閉。藉以趨吉避凶

滬南倒川街四號張宅 上海

壬山丙向。三運建築。向首飛着二黑。衰退之星。（陽宅重向。專指向星言。）斯向於三運不宜。而張君遷入後。事事順利。步步成功。名利均佳。蓋向首雖背時。而其門路處處得宜。如大門與樓上臥室私門。吸到六白吉氣。與宅

樓下引氣圖

命金水相生此爲一吉。後戶在乾方引入八白吉氣。平時常由後戶出入連同三碧旺氣直上樓梯。此爲二吉樓上總氣口在艮方引入一白吉氣。此爲三吉。一六八本稱三吉更加三碧旺氣配在門路動處。自然名利全佳矣。

樓上承氣圖

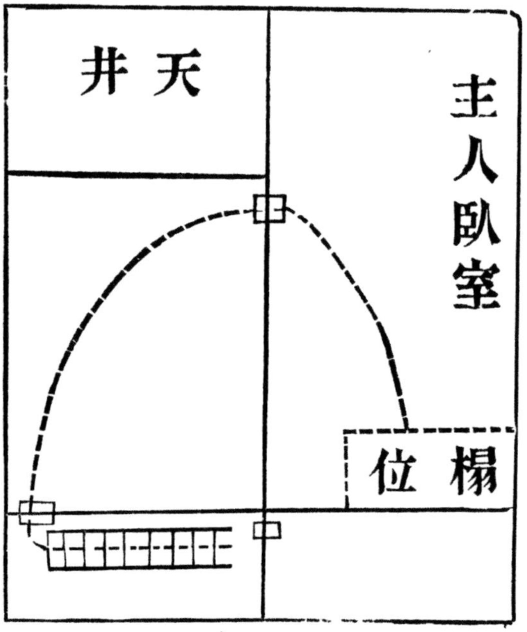

三運壬山丙向圖

二 九六	七 四二 山向	九 二四
一 一五	三 八七	五 六九
六 五一	八 三三	四 七八

何宅出寡婦者

揚中何家巷

九運甲山庚向。揚中未遭紅羊兵刧・該宅自九運遷入迄今・未斷人跡・故照九運排算・ 三運中住居左房者。事事順利。因大門私門在艮方。引入一白吉氣也右房大門私門在坤方五黃上。民國十二年癸亥五入

中二黑病符到
坤。是年右房三
碧命（上元戊戌生）男
主病歿。紫白訣
云黃遇黑時出
寡婦。信非虛也。
宅後貼近長橫
池。在巽震艮三
宮。挨着向星三
碧、四綠、八白。故
三四運之間財
運極佳。

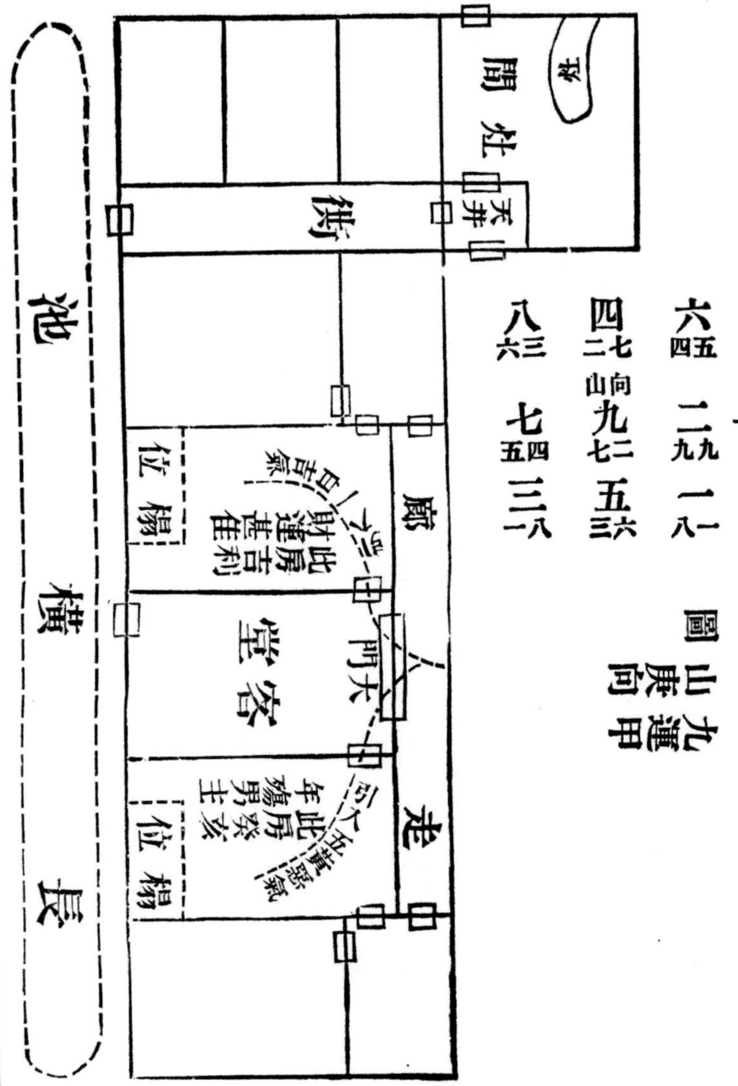

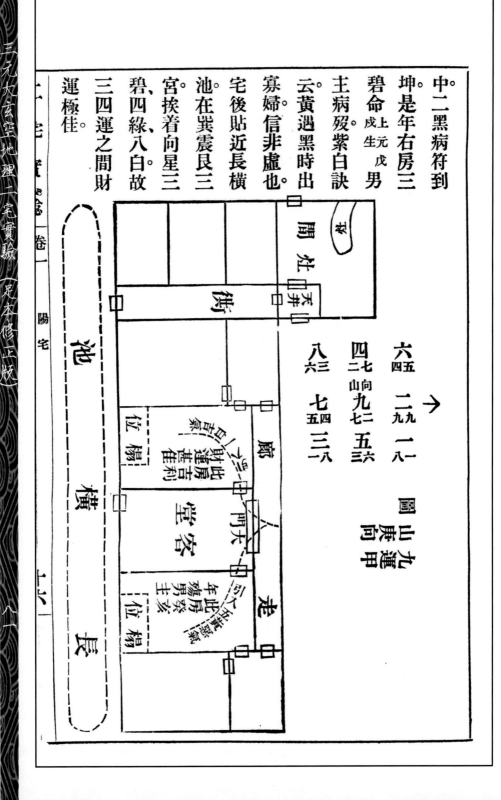

何宅丁財大利者

揚中何家巷

二運甲山庚向。初住右室。私門大門在坤方。承着七赤凶氣。後門在巽方。引入五黃惡氣。因此剝雜多病。後移居左室。丁財大利。查左室私門大門均在乾方。

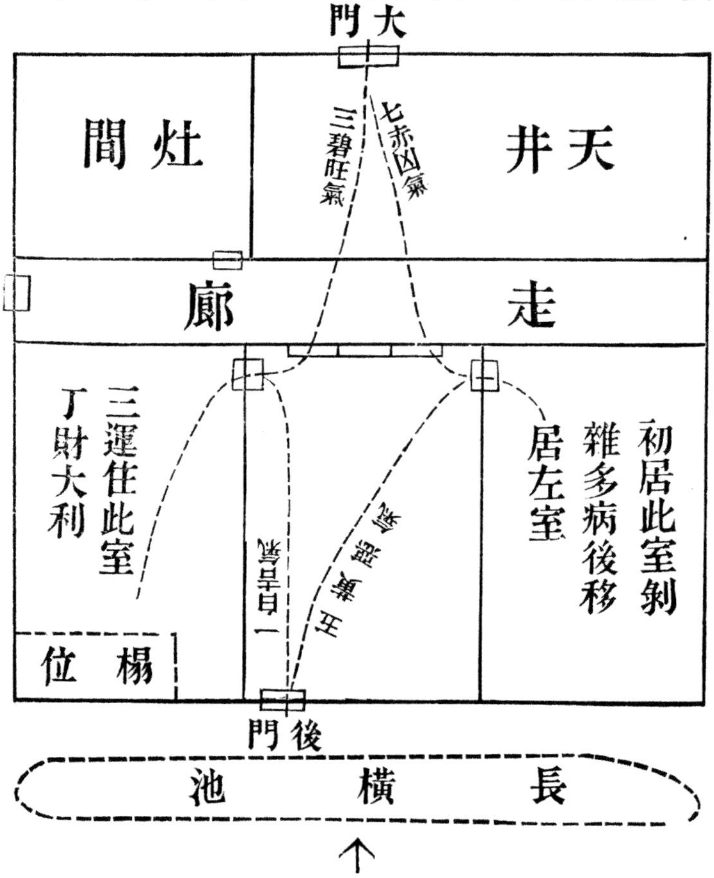

二運甲山庚向圖

八 七六	四 二二	三 三一
六 九四	山向 二 四九	七 八五
一 五八	九 六七	五 一三

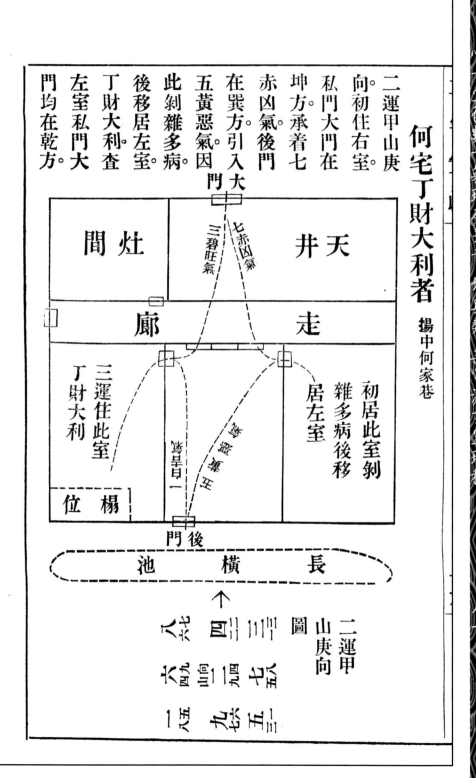

三運間引入三碧旺氣。是應丁財並佳。更加艮方後戶一白助吉。自然百事順利矣。

何宅損小口者

揚中何家巷

一運甲山庚向。宅後貼近池塘。佈着向星一白、二黑、六白。總門來路在乾方。佈着四綠。自一運迄今。財運一路順利。左室主房私門及外門來路。全在乾宮。是方向星四綠與

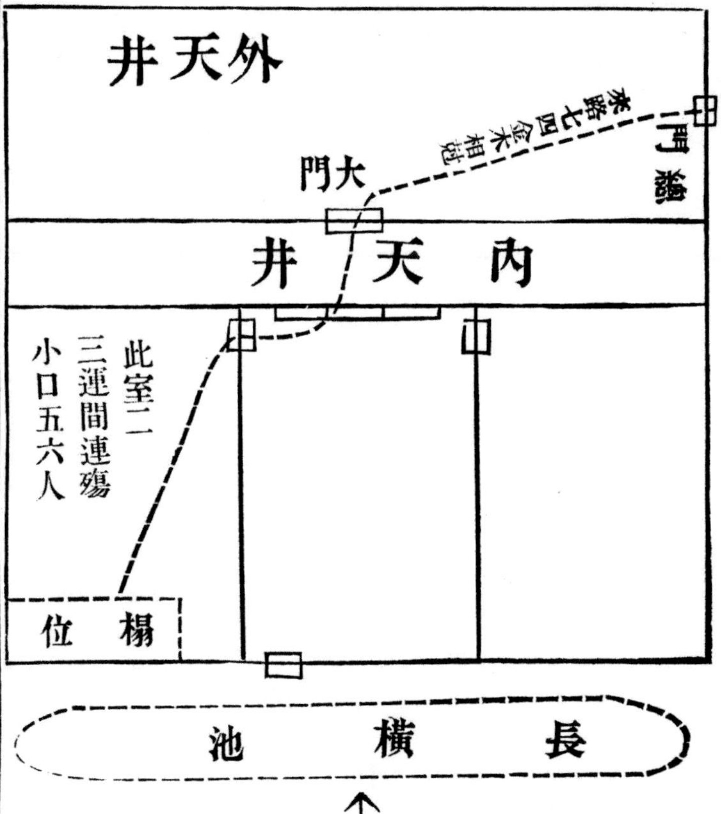

一運甲山庚向圖

七 九二	三 五六	二 四七
五 七四	山向 一 三八	六 八三
九 二九	八 一	四 六五

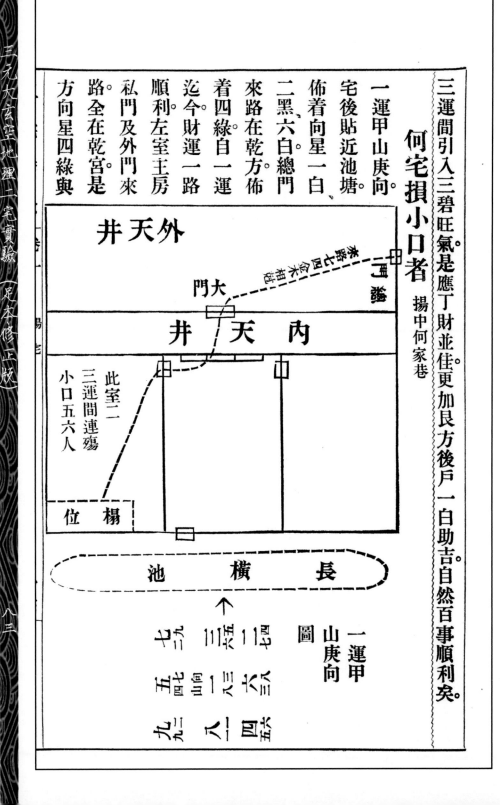

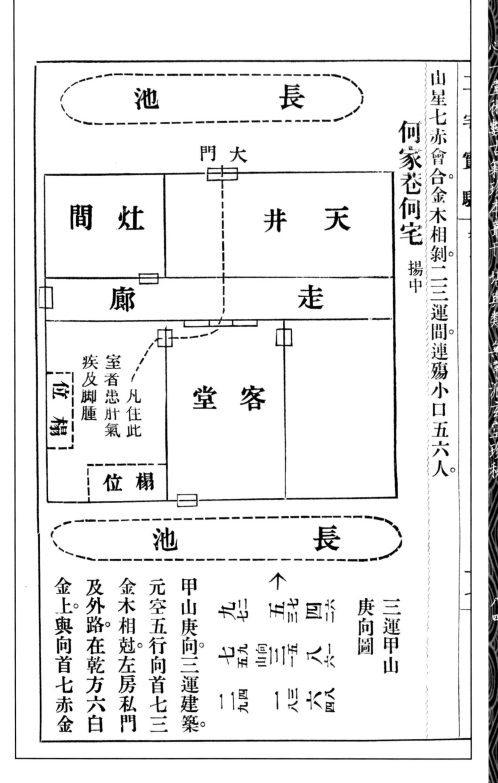

何家巷何宅

揚中

山星七赤會合金木相剋。二三運間連殤小口五六人。

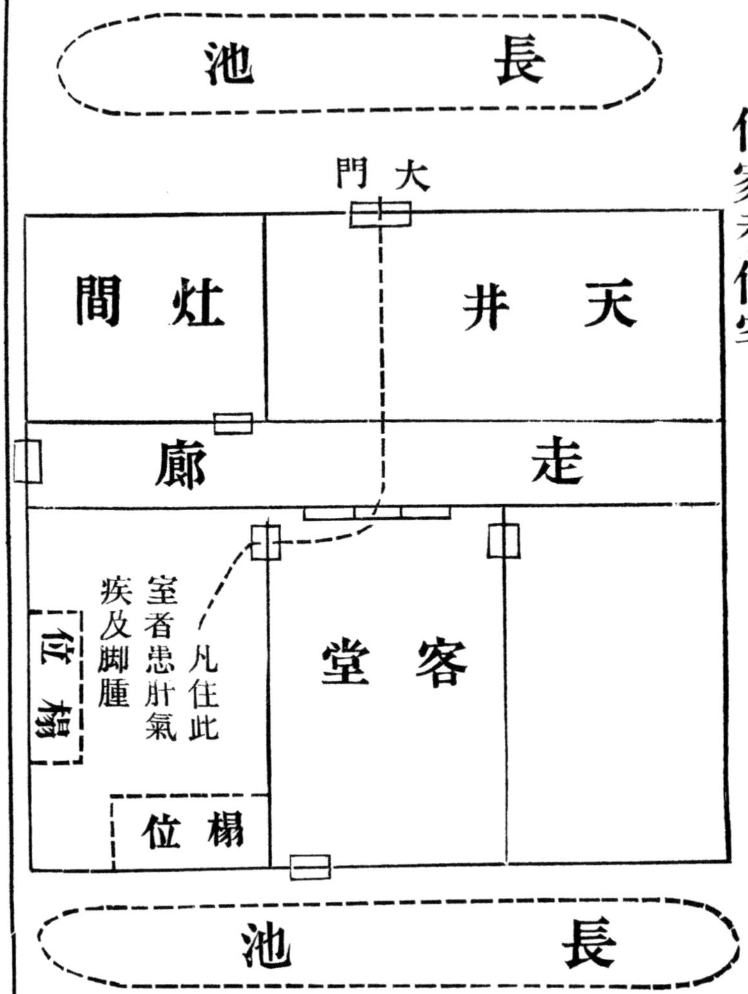

三運甲山庚向圖

↑

九 七二	五 三七	四 二六
七 五九	三 一五 山向	八 六一
二 九四	一 八三	六 四八

甲山庚向。三運建築。元空五行向首七三金木相尅。左房私門及外路在乾方六白金上。與向首七赤金

同尅宅命震木。(坐東朝西之屋為震宅·屬木命)·按木為肝。為足。故住在左室者均患肝氣痛及足腫病。

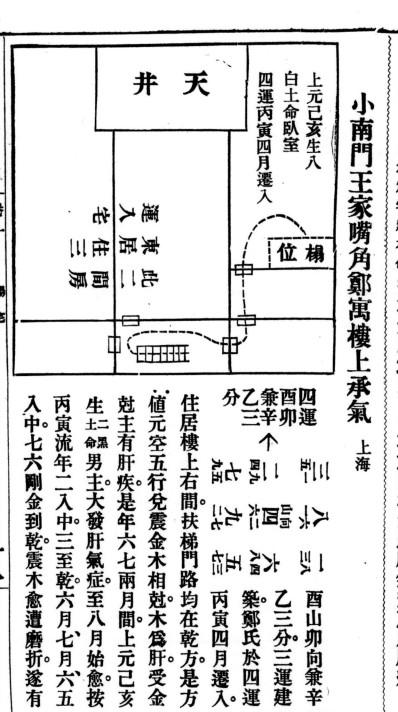

小南門王家嘴角鄭寓樓上承氣　上海

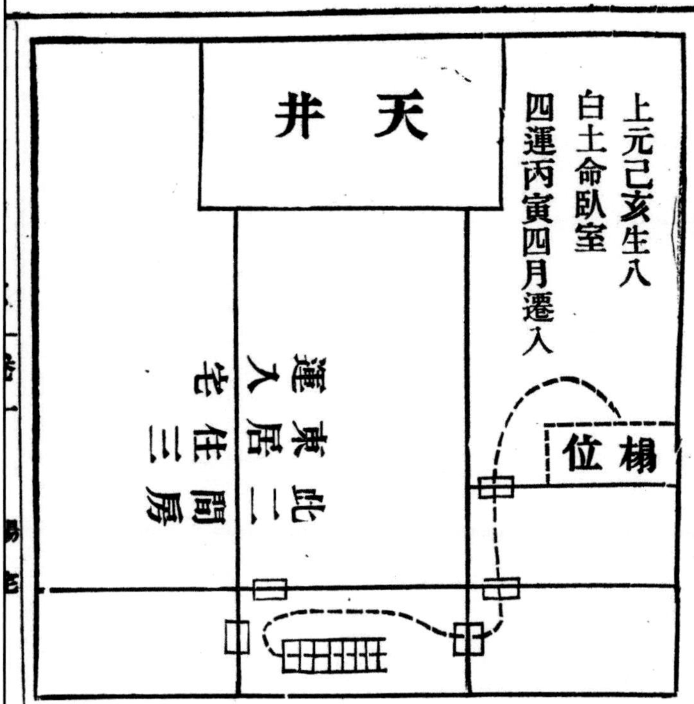

四運　酉卯　兼辛乙三分

七 九五	二 四九	三 二五
九 二七	四 山向 六二	八 一六
五 七三	六 八四	一 三八

酉山卯向兼辛乙三分三運建築。鄭氏於四運丙寅四月遷入。住居樓上右間。扶梯門路均在乾方。是方值元空五行兌震金木相尅。木為肝。受金尅主有肝疾。是年六七兩月間上元己亥生(二黑土命)男主大發肝氣症。至八月始愈。按丙寅流年二入中。三至乾。六月七月六五入中。七六剛金到乾。震木愈遭磨折。遂有

肝疾勃發之應。余囑其在乾宮來氣之方。儲水畜養黑魚以調解之。

小南門東黃家衖鄭寓 上海

癸丁兼丑未三分三運初年建築。鄭氏於四運乙丑年遷入。未遷入前。已斷人跡數月。故照四運排算。大門在

樓下承氣圖

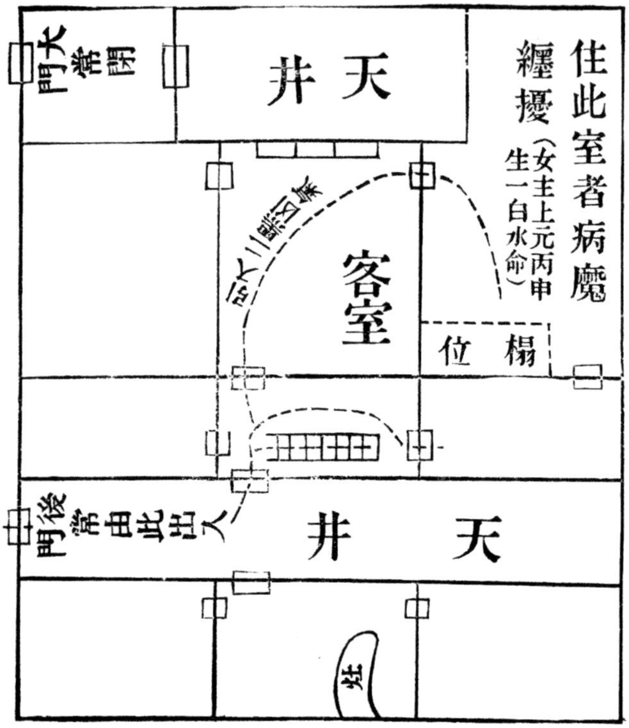

樓上承氣圖

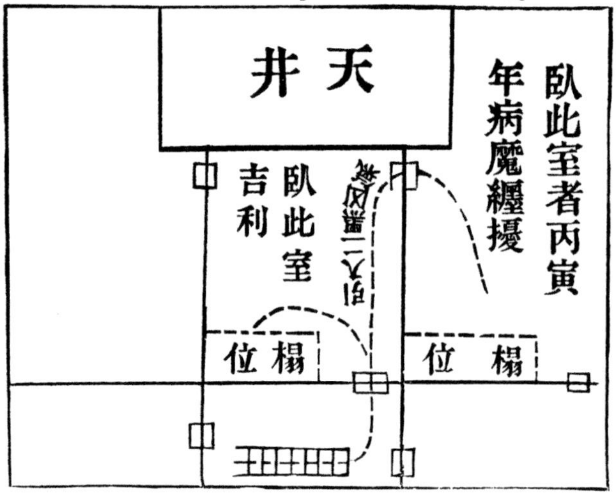

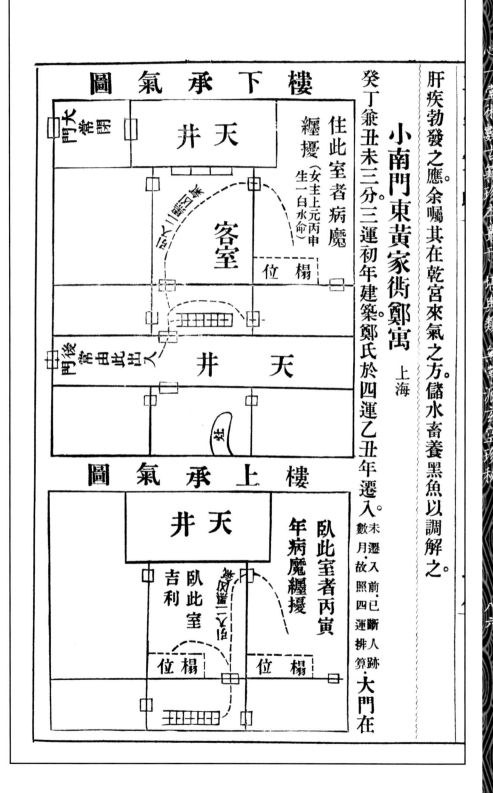

四運癸丁兼丑未三分

	↑	
三（一七）	八（五三）	一（三五）
二（二六）	山向 四（九八）	六（七一）
七（六二）	九（四四）	五（八九）

巽宮。後戶在艮宮。大門終歲緊閉。常由後戶出入元空五行後戶挨着向星二黑。二爲土尅制宅命又爲病符。主腹疾多病及女丁欠寧。久則并有水虧等症。是故全家剝雜多病。右間上下臥室氣口在巽宮。排到七赤凶金。更承艮氣黑土生之。益肆其焰今歲丙寅二黑入中。復逢黃土至艮助虐。是故此二室病魔纏擾輪流不已。樓上中間。氣口在乾宮。爲老母臥室。丙寅年未染病。

無錫三平罐頭素食廠 在稍塘橋

乾山巽向甲子。民國十三年四運初交 春間建築。夏間開工製造罐頭素食。未及三月而失敗。乙丑春間集資再舉。又失利。連年兼事種植亦遭虧耗。考其原因。雖由於主事者缺乏經驗。然於地理上亦有深理在焉。按乾巽山向。於四運最爲當旺。其大門適值四綠令星。便門得五黃生氣。主要辦事室吸足生旺二氣。應主百事並佳。而反疊遭挫折。驟覩之使研究地理者幾疑術之不驗。查其向首距離里許。有蒼山橫臥若屏。巳巽上尖峰聳峙。是宅在田野中。四週

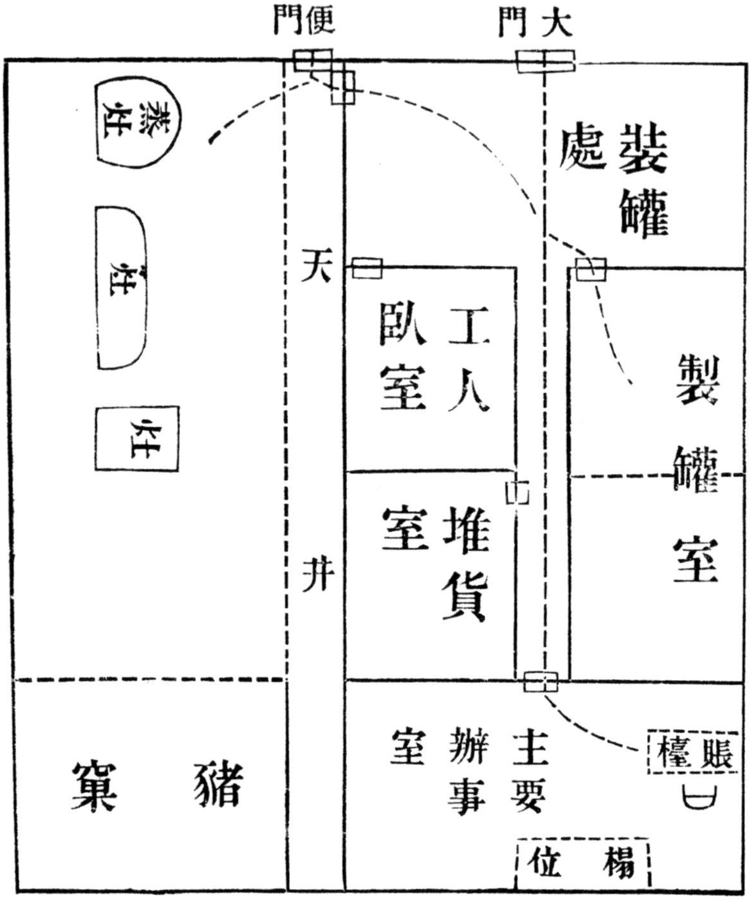

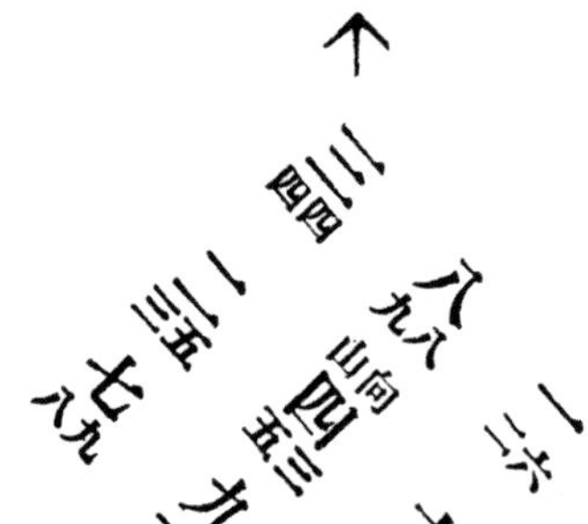

四運乾山巽向圖

無遮蔽·向首并有小池·

按尖者爲火形。足使向上巽木洩氣。此爲致敗一因。又火尅宅命乾金。亦爲

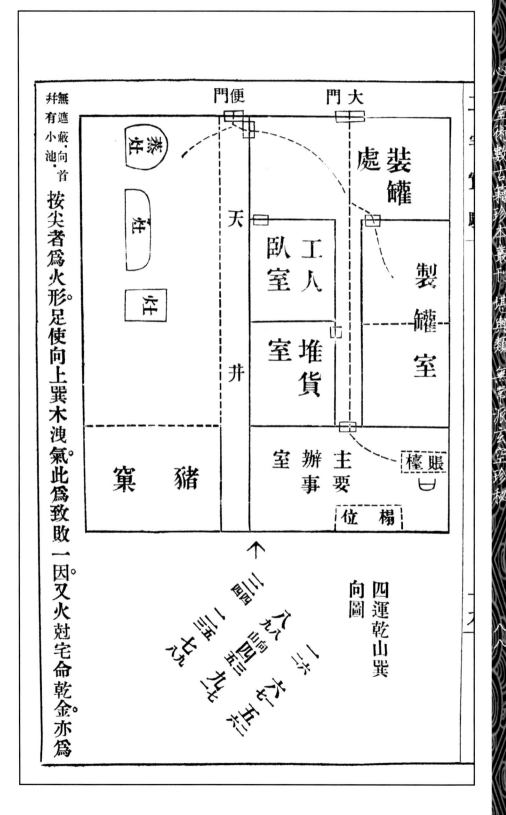

致敗一因。觀此可知宅外形勢關係非輕。而向首則更甚也。是宅山向。爲著者手定。但注重於門路。未顧及宅外形勢。遂有連年失利之應。願研究是學而爲自他謀建築者。內而門路。外而形勢。宜靜心審察。庶免意外之挫折也。

榮巷某宅 無錫

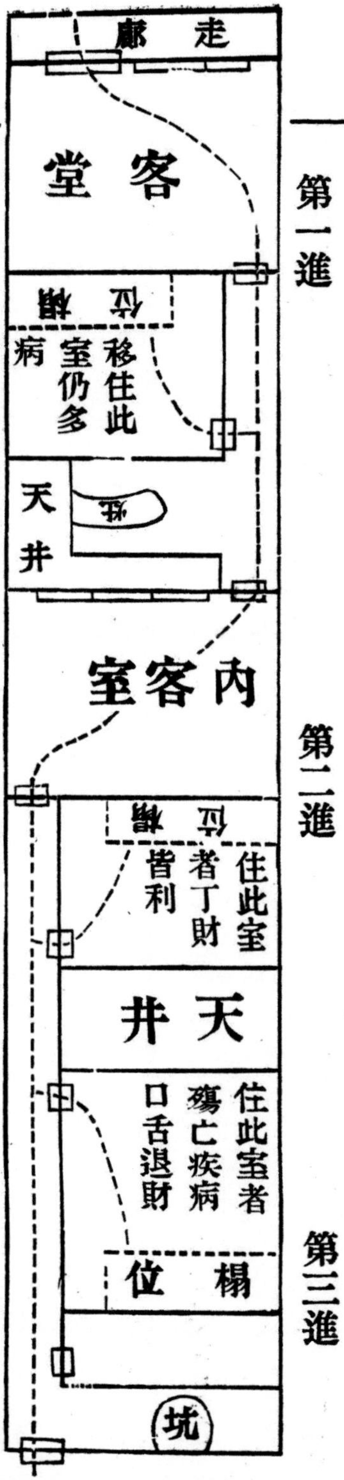

二運壬山丙向圖

一 六七	六 二二	八 四九
九 五八	二 七六（山 向）	四 九四
五 一三	七 三一	三 八五

一開間三進。二運壬山丙向。二黑令星交會向首第一進內室門路在坤上。是方元空五行四九生成。爲先天之金。與宅命坎一相生。又向星九紫生扶向首二黑。所謂生入者此也。

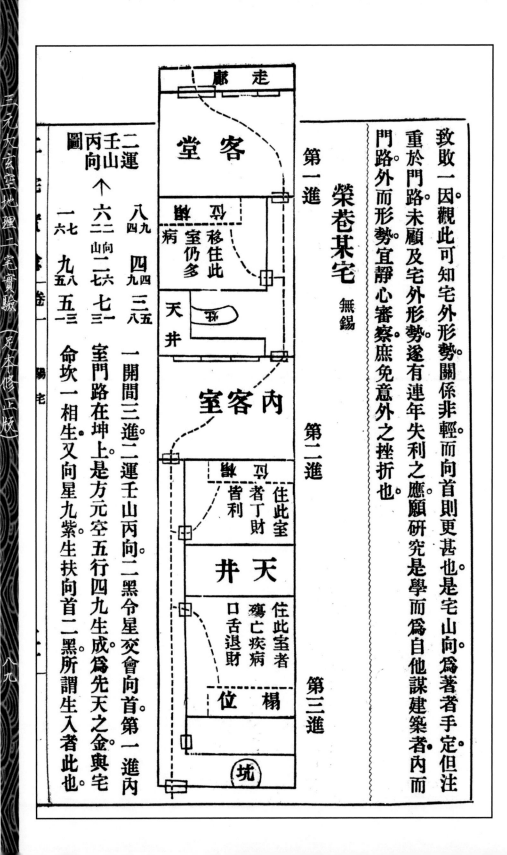

因此二黑運中。財運頗佳。第二進臥室私門在艮方。排到向星三碧。更與山星一白會合。水木相生。二三運間居此室者。連舉四男。進益甚佳。（因三碧在二運爲生氣·三運爲旺氣之故·）第三進臥室私門在巽方。逢七六交會。七六爲兌乾剛金。爲交劍煞。氣口得此。最爲不利。（七赤旺於下元初運·當運則利·失運則凶·）二運間此室出鰥夫。三運癸丑（民國二年）改爲長孫新房。口舌不絕。經商不利。病魔纏擾。（以目疾爲尤多）戊午年（民國七年）一白入中。九紫到巽氣口。火金相尅。是年發生重要口舌。（又丙辰年三入中·二至巽·臥此室之女主·呑金圖自盡·發覺得救·）男主經商大失利。（男主上元乙未生·六白金命·）并於是年冬季起。發生陰虧症。延至己未五月而亡。（年祇二十五歲）歿後其妻子仍居是室。疾病不已。庚申（民國九年）年八白入中。七赤凶金到巽。其子上元乙卯生。四綠木命。大病幾殆。（因氣口剛金重疊·故大不利木命之人·）此後如辛酉、壬戌、甲子、乙丑、等年。母子三人輪流患病。（以五二惡土到年爲最）不得已於乙丑年（民國十四年四運第二年）移居第一進臥室。其氣口在乾方。佈着向星廉貞惡土。（廉貞即五黃·爲五運之旺氣·四運之生氣·在四運初交遇之·尚無益也·）上元乙未生九紫命女主。仍疾病纏綿。遷出乃已。（按第三進臥房·若關閉巽方之門·另在艮方開闢新門·承接三碧木氣·凶禍自然立免矣·）又今歲丙寅。（民國十五年）年白二黑入中。五黃到艮。第二進臥室氣口適在艮方。十月。月白復逢二黑入中。五黃到艮。臥此室者（老母）重病幾殆。觀乎此宅。可知臥室氣口一星。關係獨重一室休咎。全憑此點判決。而流年之助凶助吉。更爲緊要。世之疾病纏綿者。當於此處深加研究也。

小楊巷楊洪根宅

無錫楊墅園

雙開間二進。子午兼壬丙三分。二運初年建築。出入總氣口在全宅之巽方。排着向星五

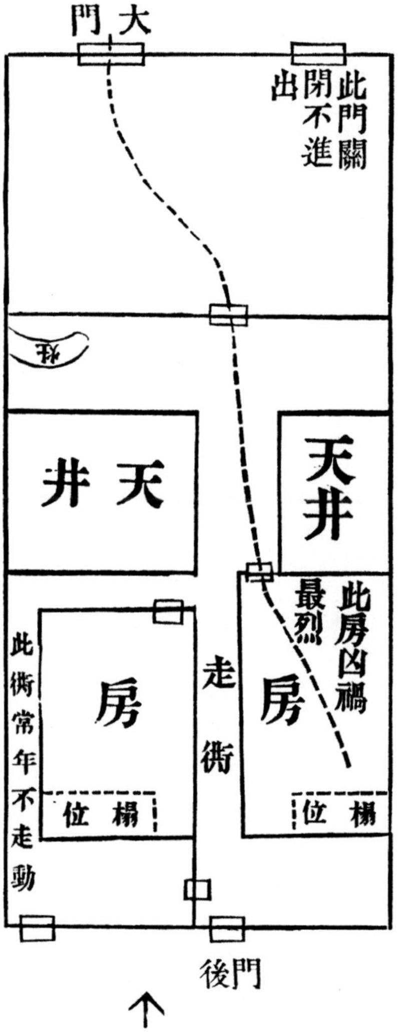

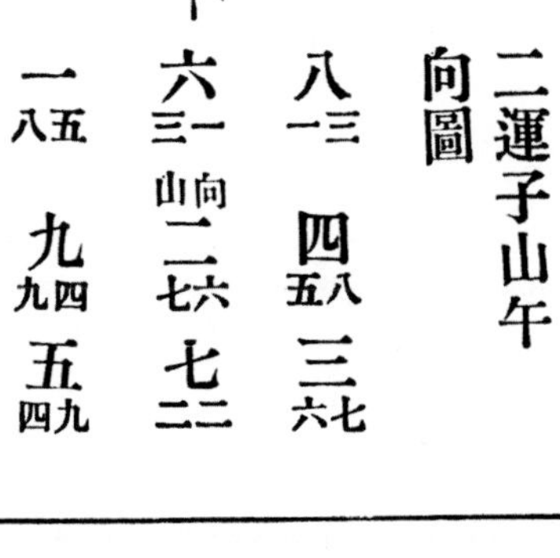

黃爲坎宅仇星。在二三運間爲死氣凶惡萬分。入宅後十年內連殤老幼十二人。皆癆症西北一房凶禍最烈。因其私門在巽方。引入重重黃氣。現此房洪根老母居住。上元辛未生終歲

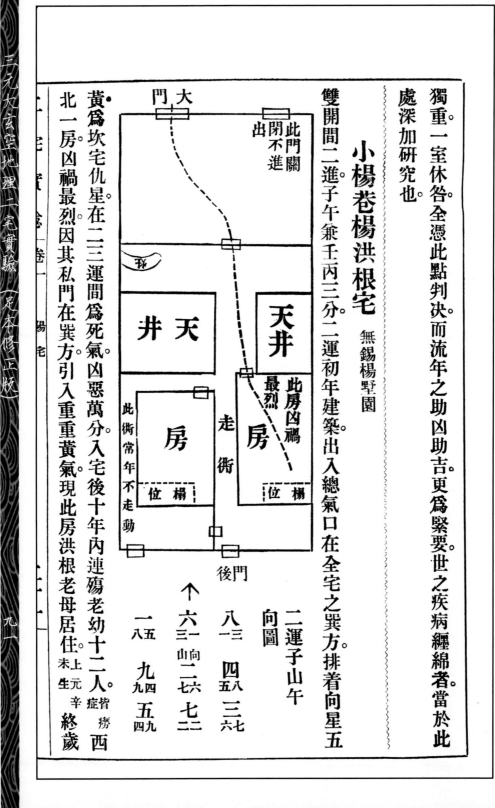

病魔纏擾。（筋骨疼痛症）民國十四年乙丑三入中二黑至巽宮總氣口。是年六月。洪根急病亡於滬上旅次。（洪根上元丙申生。五黃土命。其臥室是東北一房。）紫白訣所謂黃遇黑時出寡婦者此也觀乎此宅。可證實背時之五黃動必爲殃矣。

申新第五紗廠退財口舌之宿因及補救方法　上海華德路

該廠三運建設。四運換主重新開張。應作四運推算。全廠主要房屋均係丙向。廠外河流環繞。以坤乾二方水最活動最有力。是故該二方關係獨重。坤上挨着二黑死氣。乾方佈着七赤破軍。主退財口舌。（此爲退財口舌之第一大原因。補救非易。）丁卯流年。（民國十六年）七赤到坤。二黑到乾正所謂死衰處愈動愈凶也。故春間卽有大口舌發生。茲將逐一分說於後。藉供研究。

退財口舌之宿因

(一)北廠。　門路均在坤方流年破軍上。全廠總門在其乾方向星七赤上。此廠凶氣冲射最烈。故口舌較他部獨重。

(二)水亭。　高聳於廠房之中央。丁卯二月七赤入中宮。故大口舌在二月內發生。

(三)修機間。　門路在乾方七上。更有水亭高聳乾宮。故工人鬧事主腦。全由該處會議。

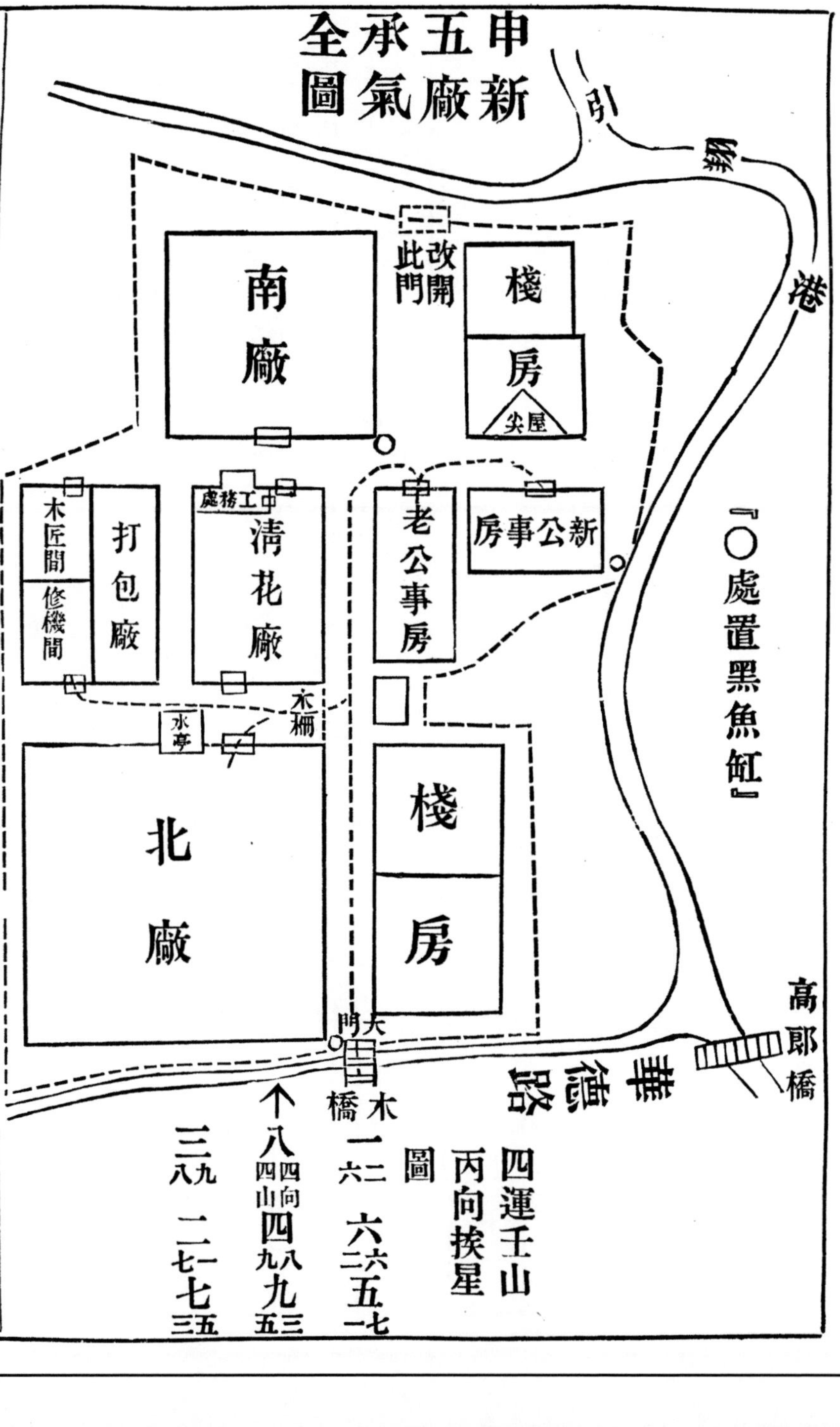
申新五廠承氣全圖
引
翔
港
南廠
改開
此門
棧房
尖屋
打包廠
木匠間
修機間
工務處
清花廠
老公事房
新公事房
水棚
水亭
北廠
棧房
大門
木橋
華德路
高郎橋
〇處置黑魚缸
四運壬山丙向挨星圖
一
六二
六
二六
五
一七
八
四四
山向
四
九八
九
五三
三
八九
二
七一
七
三五

老公事房會計室承氣圖

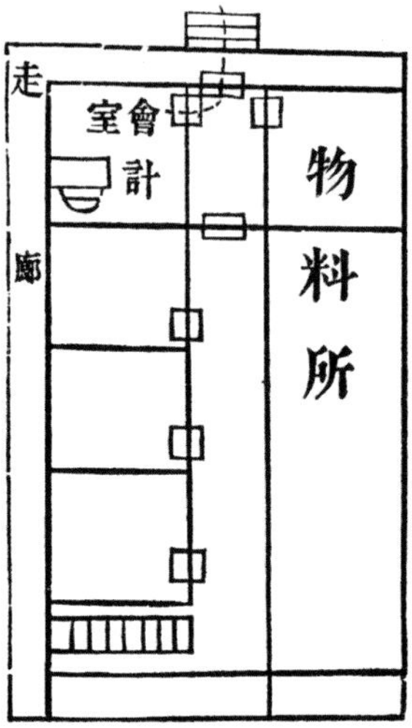

工務處承氣圖

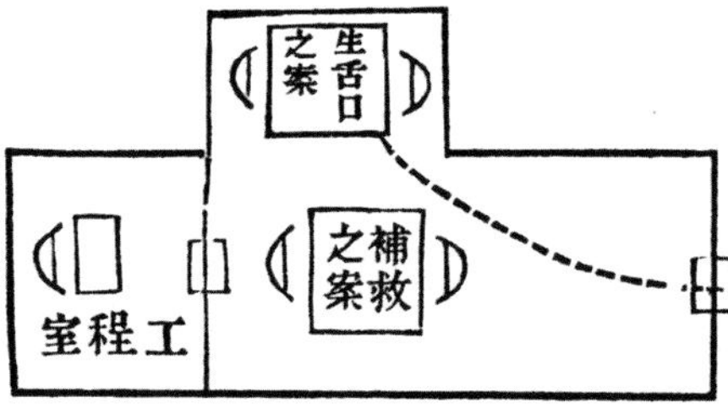

新公事房樓下承氣圖

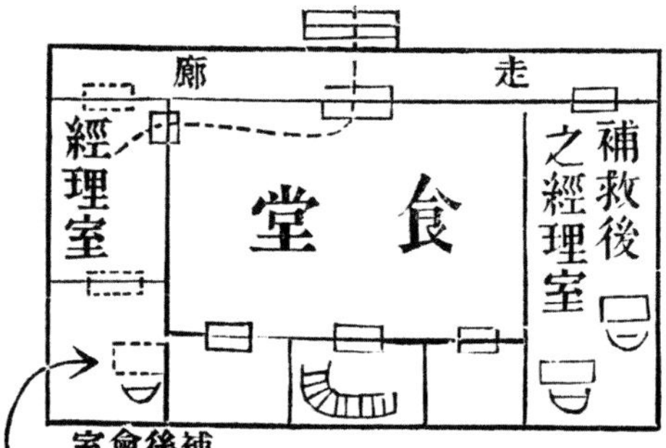

新公事房樓上承氣圖

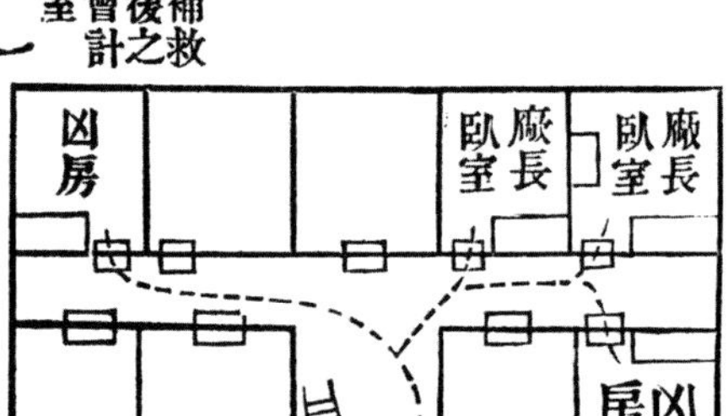

(四)工務處。　門路在座位之乾方七上。故出事之導火線在工務處。

(五)會計室。　門路在坤方背時之二黑上。故有營業不振之應。丁卯流年七到坤。更見坤上棧房屋尖。皆足助生口舌。

(六)經理室。　門路在坤方所得星辰及吉凶。同會計室。

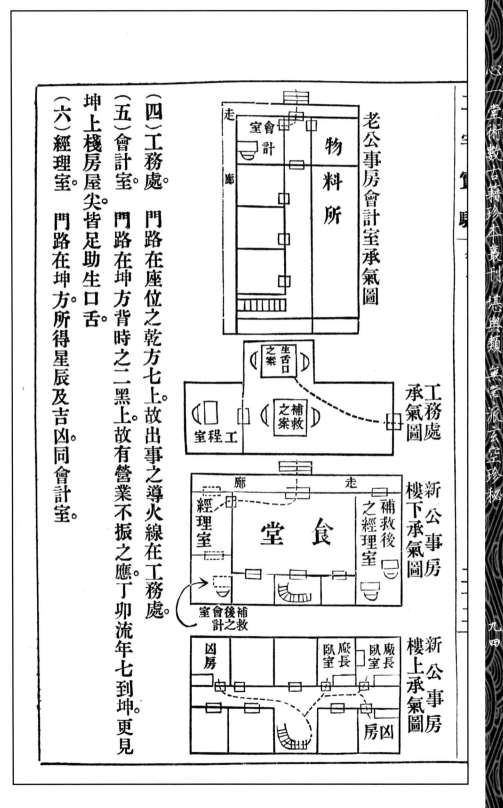

(七)新公事房。 向對棧房屋尖。尖者屬火。向首得四綠當令之巽木。逢火則燃洩。所謂生出是也。應主退財。

(八)新公事房樓上之凶室。 一在東南隅。其門路在乾方七上。一在西北隅。門路在巽方九紫死氣上。北窗見高郎橋橋洞。作開口狀。適在乾宮七上。其床位壬向。七到氣口。故該二室受禍獨重。

補救方法

(一)在新公事房之乾方。及北廠之乾方。各置一大水缸。蓄養黑魚。以洩乾宮破軍凶氣。『因破軍為金星。黑魚屬水。星此法尤師曾用以破縣署盜案。甚靈驗。』

(二)棧房屋尖釘一塊橫板。如  式板之上端。宜微曲如水浪形。板上漆黑色。因形曲與色黑。均屬水。與新公事房向上四綠巽木相生。可以化凶為吉。『白屬金。黑屬水。或漆白黑相間之曲紋。取金水相生意。』

(三)經理室移於新公事房之西邊一間。開離門。辦公案用丙向。藉吸當元旺氣。案位宜靠近北首牆壁。則引氣進深。吸氣充足。效驗易見。又是室向首有三四里之特潮。適逢旺氣所在大吉。又棧房西邊之牆壁。適對門上。有當令之界風吹來。更吉。

(四)會計室。將坤門關閉不用。改闢離門。惟地位嫌小。旺氣吸不足。宜將北鄰一間改爲會計室。將兩間中之腰牆。在正中闢一新門。完全由離方出入。賬檯置內間。用丙向。座位靠坎壁。對正氣口。如此吸足旺氣。營業定卜蒸蒸日上。若移於新公事房東邊一間亦宜闢離門。並將腰牆正中開闢一門。賬檯置內間。用丙向。座位亦靠坎壁。

(五)工務處辦公案用庚向。前對入口處之庚門。後坐工程室之甲門。吸收前後一六連珠吉氣。並案向旺氣與座後八白吉氣。

(六)廠長臥室。宜在新公事房二樓西南隅二室。因該二室。門路扶梯均在艮宮。五黃生氣上。惟爲時尚早。逢流年二五七到時。不免疾病纏綿。故宜用銅響鈴一個。白銅錢六個。串在一起。掛於房門上面。藉以洩土氣。壯宅命。否則己巳年卽有多病之應。此二室交甲戌後。應大利三十年。

(七)修機間將原有乾門關閉不用。改由離方木匠間出入。

(八)將北廠坤方之木柵關閉。改從離巽方路出入。

（九）將原有坎方總門關閉不用。另在老公事房南面開闢新門。用丙向。藉吸離方當元旺氣。幷避去工廠乾方破軍赤氣。門宜漆黑。惟改門後工廠之總氣口已在坤方。是本歲丁卯年年白破軍所在。宜在南廠之西北角上置黑魚缸一只以解之。至明春撤去。又本年八月及十月。或有小口舌發生。但八月已有魚缸解之。是非可免。十月則破軍入中。宜用小缸養黑魚。置水亭上解之。

如上補救後。明年戊辰九紫入中。一白到乾。四綠到向。五黃到坎。六白到坤。衆吉全在活動之方。是年當大有轉機。事事順利也。

滬南潘調卿先生發宅

一運癸山丁向。向得一白重疊。一白即坎。爲貪狼。上元之主宰。坎宅之旺神。用之最吉。樓上主人臥室。其房門在巽方。得六白吉星。與向首金水相生。抑合從外生入之妙。又合天地生成之數。樓梯在乾方。其來氣由乾而坎而艮而震而巽。所得星辰。爲四九二七六重重生入。巧妙已極。大門在坤方。得八白吉星。終歲關閉。恆從後戶出進。後戶在乾方。得四綠巽木入宅。後一路順利。至三運下十年。財運大旺。蓋後戶與樓上氣口。四綠生氣得力也。「潘宅樓下承氣圖」

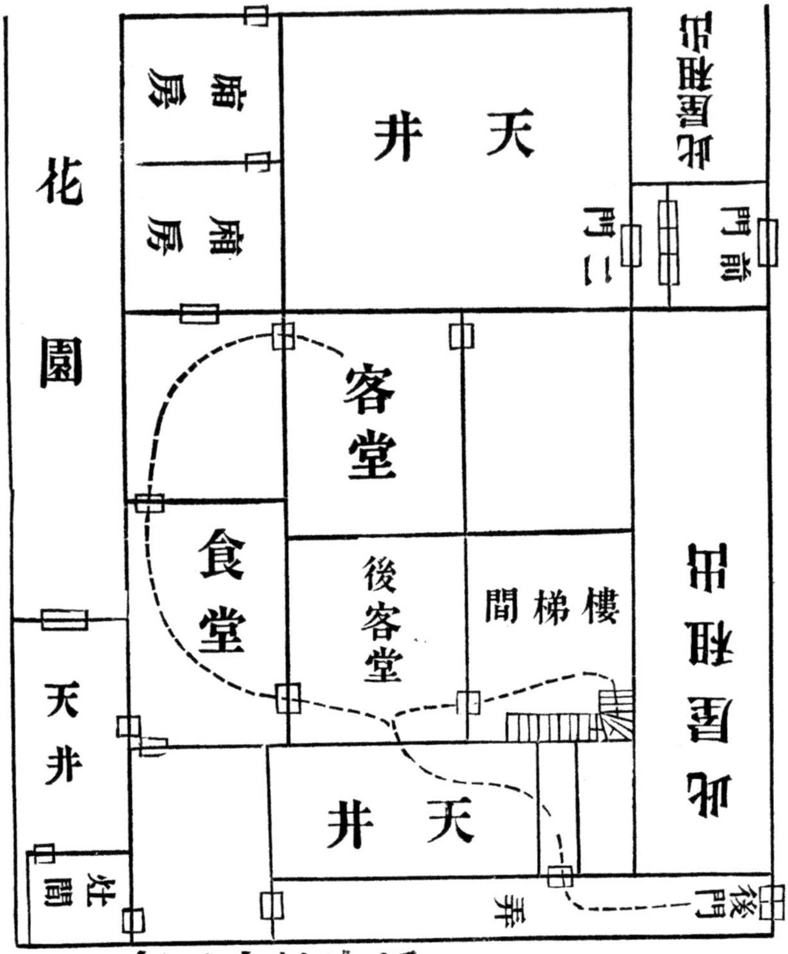

潘宅樓上承氣

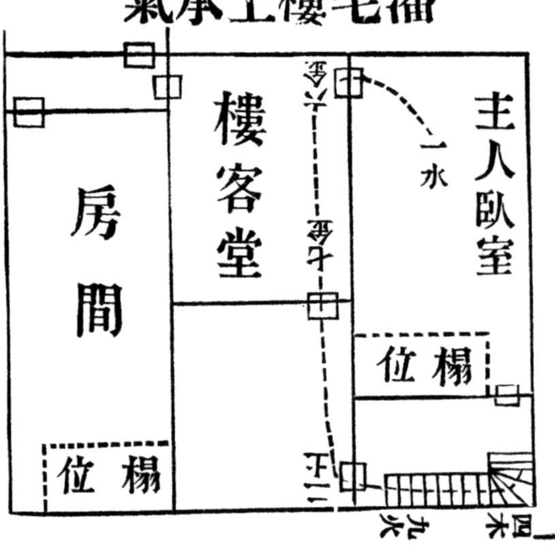

一運癸山丁向圖

↑

九 五六	五 一一	七 三八
八 四七	山向 一 六五	三 八三
四 九二	六 二九	二 七四

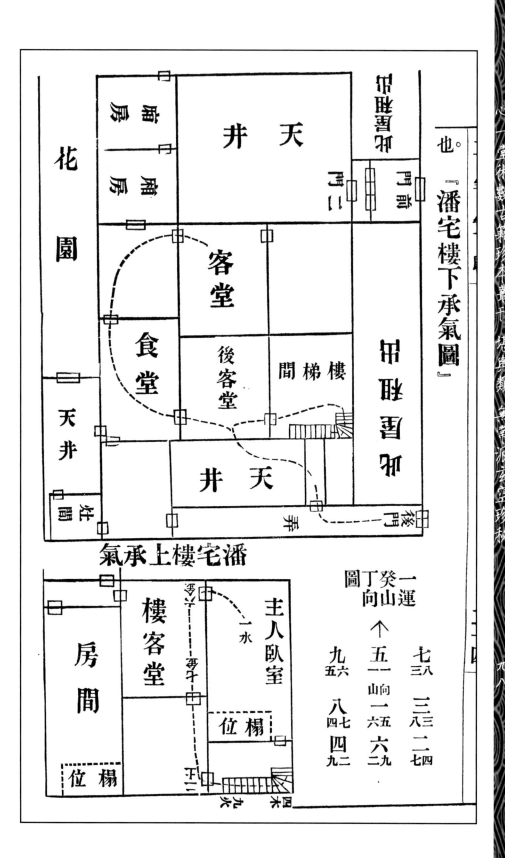

三元大玄空地理 二宅實驗卷二

梁溪懺悔學人著
同邑無相行人校

第二章　尅丁之墓

榮巷某君父塋　無錫橫山東麓

一運。酉卯兼庚甲山向。坐靠橫山大龍。身由坎入離。酉戌山峯。挨着山星一白二黑。故某君二黑運間連舉四男。人丁興旺。（凡山龍。山星生旺之星。挨到山峯高處。主旺人丁。）長子某上元甲申（光緒廿八年）生。八白土命。丙午湖水動處。適向星三碧木尅山星八白土。（凡向星尅山星。凶險甚烈。山星尅向星則無碍。）丙辰年（民國六年）三入中。七赤剛金到離。金尅木。木尅土。長子某竟於是年不幸病歿。經云重重尅入立見死亡。信非虛也。（若相尅之方靜而不動則無妨）巽宮七四九二會合。遇暗水屋脊。經云陰人滿地成羣。紅粉場中快活。無心道人解曰。四、七、九、二、為陰神。若諸星重疊於水口三叉。或值門方向首。主男女貪淫。長媳某氏。淫奔不節。蓋在乎此。離湖佈着向星三碧四綠。三運中生旺離湖三碧木。克八白土。致殤八白土命之人。淫邪在巽池七四九二。陰神會聚。

齊收主財祿興旺。山管人丁。向管財祿。凡向盤生旺之星挨在水裏。主發財祿。惜巽上暗水七九死氣爲忠故小輩經商遍埠。大有外間聲譽好。實際感不足之概。

著者之祖塋 無錫嶂嵫灣小山頭

三運艮山坤向兼丑未三分。山上排龍九紫死氣到山。主丁衰不振。幸艮峯不高。卯峯得四綠生氣。故三運末葉亦得連添數丁。離宮五里湖水圓明如鏡。著者於民國七年戊午添一男丁。因是歲一白值年。故是兒爲一白水命。不幸於來年己未三月十四日夭殤。查離方動處適值山星一白水受尅於向星五黃土。己未年九紫入中。四綠巽木到離。三月三碧入中。七赤兌金到離。重重尅入死亡立

離湖五黃土剋一白水。致殤一白命小兒。

見之說。於此更可證實。中宮九六火金相剋。著者上元乙未生六白金命。戊午流年一白水入中。四月五黃土入中。土剋水。水剋火。火剋金。著者於是時患傷寒重症。經月方愈。幸金墩不高。否則凶禍難免。兌宮酉上小池。佈着向星兌七剛金。與向首震三碧木相剝。木爲肝。受乾兌金剋。木壞肝傷。應主肝疾。著者父母與兄嫂（堂兄嫂）皆患肝氣痛症。蓋在乎此。向首遠見湖水汪洋。向上排龍。挨着三碧令星。應發福於三碧運中。著者三運內經商滬埠。進益尚佳。惜兌池七赤。離水五黃。死氣爲患。進益雖佳。破耗隨之。無限好境界。宛如曇花一現。南柯一夢。迨甲子交中元四運。碧氣衰退。著者誤從族中某長老言。辭去穩固職業。創辦榮氏義莊農場。未及一載而收場。此後遭遇。都不稱意。是亦數所使然歟。統觀全中宮九六火金相尅致傷六白命人。

局。可知墓地之關係人事。幾無微不驗也。

張村徐姓墓 無錫

田隴。三運艮山坤向。兌宮來水。橫過坤離二宮。午丁石橋丙上三叉分浜。一消離。一消巽。墓地距水甚遠。登穴見坤離水亮。扞後丁財兼優。因三碧令星交會向首水裏也。山龍生旺之山星要在山。向星要在水。田隴則與山龍不同。山向二盤生旺之星皆宜到水裏。則丁財二旺。所謂依水爲龍也。中宮向星九紫火尅山星六白金。坟墩堆做甚高。主人上元丁丑生六白金命。民國七年戊午年白一白水入中。水尅火。火尅金。重重尅入。遂於是年病亡。

附註 凡逢中宮向星尅山星之墓。坟墩宜低。其禍可以減輕。或覺幸免。

回祿。血症。殤女丁皆在艮水九七同宮。

大渲烏吉元祖坟 無錫

田隴。二運巳山亥向震水流兌在寅艮闊漾。至丑狹小。橫過坎宮。至乾三乂分浜。一向坎

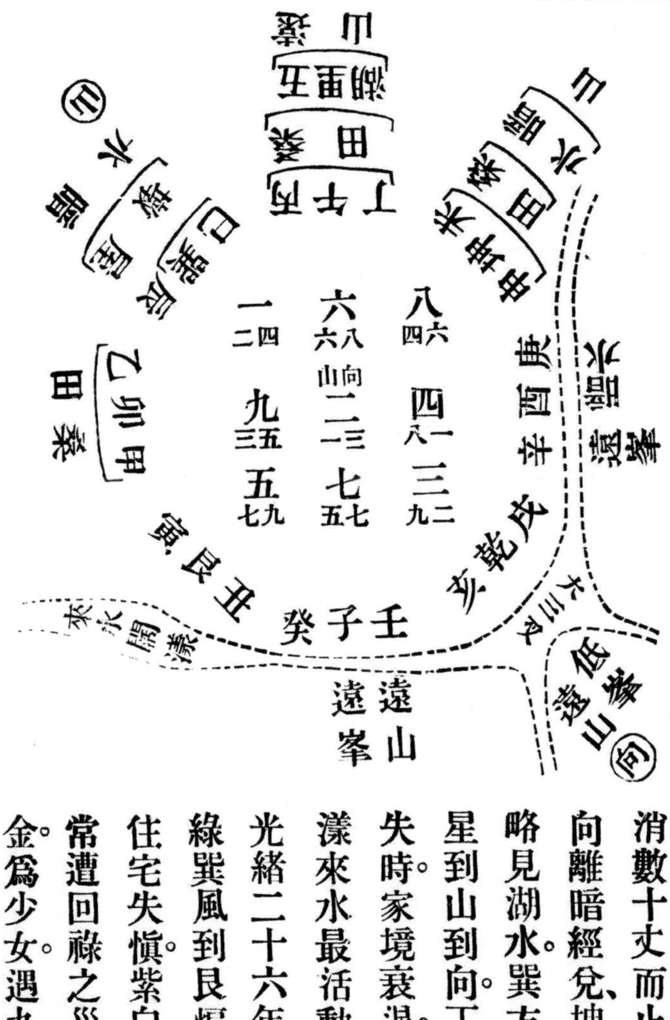

消數十丈而止。一向乾方曲消。一向離暗經兌、坤、而入五里湖離宮略見湖水。巽方暗水。二黑運中令星到山到向。丁財順利。三運二黑失時。家境衰退。一貧如洗。艮方闊漾來水最活動處。九七火星聚會。光緒二十六年庚子。一白入中。四綠巽風到艮。煽動火勢猖狂。遂致住宅失慎。紫白訣所謂九七穿途常遭回祿之災者此也。且七爲兌金。爲少女。遇九紫火尅主女丁欠

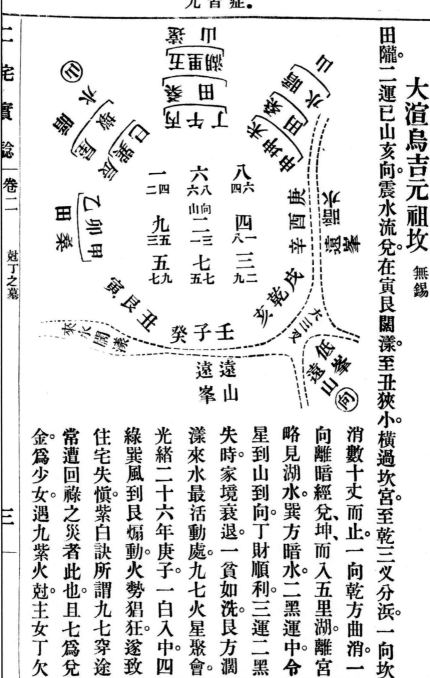

寧。少婦受殃。幷血症、癆病、等災。故吉元連生三女。皆未成養。其弟患血症而亡。弟婦及姪女亦在三運間相繼夭殤。觀乎此篇。益信坟墓之關係人事。如響應聲。欲免家室慘變者。當於此中深加研究也。

艮宮來路四綠木尅二黑土。致殤二黑命人。

著者先父之塋　無錫西管社

田隴。癸山丁向兼子午三分。三運民國十年辛酉秋間用事。穴後有橫路自東至西。艮宮來路冲動處。排着向星四綠木尅制山星二黑土。著者之弟卓雲上元光緒己亥生。二黑土命。扦後卓雲疾病叢生。連年纏綿。民國十三年甲子四綠入中。七赤剛金到艮。正月八白入中。二黑病符至艮。病驟沉重。風木失知覺。卒至不起。是亦重重尅入之一也。

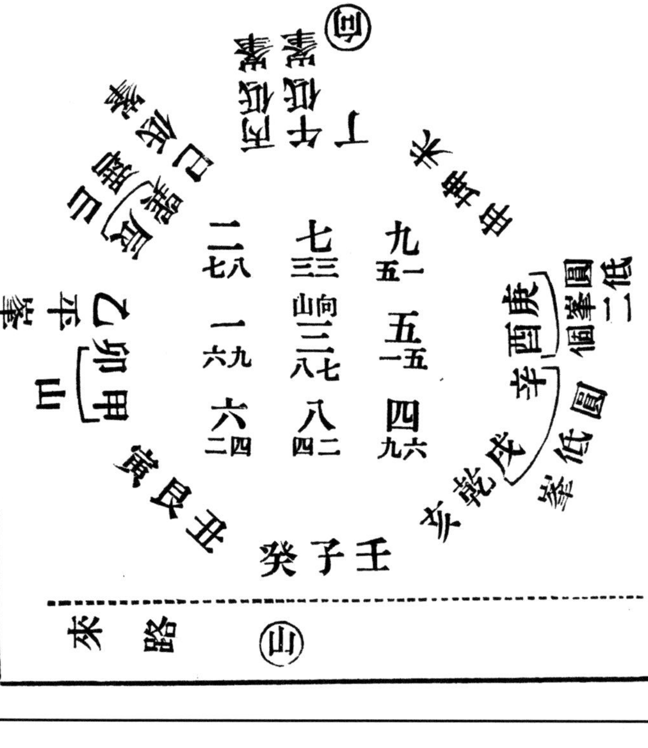

殤小口。在
艮水七二
交會。

按著者六白金命。震宮九六火金相剋。靜而不動。乾路冲動處。山星九火剋向星六金。著者無恙。此足證靜處相剋之不妨。及山星之不剋向星也。

徐家邊徐姓墓 無錫

田隴。三運初年葬辛乙兼酉卯三分。有乾水經壬子癸至艮折向離。在向首折震消巽。艮震水亮。坎乾距水甚遠。丙上有某佛堂之屋尖扞後。徐姓經營藥店。業生涯頗佳。三運末葉尤爲發達。蓋向星三碧旺神。適在向首水裏也。艮宮水裏七二交會。應主小口欠利。且七爲兌金。剋制向首震木。又向首震兌相剋。震爲肝。爲長子。受剋於兌金。主其家應有從肝上發生之疾。其禍或獨重於長房。民國二年癸丑太歲到艮。年白六入中。九紫到艮。葬者長子驟然風

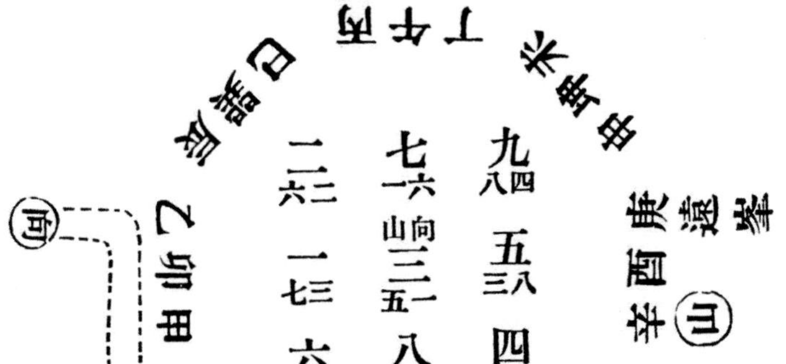

腫而亡。（歿後原向附葬照穴）十一年壬戌年白又值六入中。大房次孫（即附葬照穴之次孫）及二房長孫。相繼夭折。十四年乙丑。太歲又到艮。年白三入中。六到艮。大房長孫患喉症夭折。（民國八年己未生·九紫火命·乙丑十一月十八日亥時亡·是墓所煬長房之小口·總計有七八人之多·因死亡年月失追考·故畧之·）

錢糧橋陳全錦父母塋 武進

田隴。二運辛山乙向。丑艮上石橋。（自東至西的）丑艮寅方小浜屈曲冲來。盤過震巽二宮。在離方與震水聚會。向兌合流。橫過坤宮。穴前距水二丈餘。艮離二宮各距水四丈餘。坤宮距水六丈餘。全局最緊要處。厥惟艮宮曲水冲來處。按艮宮六七剛金聚會。紫白訣所謂交劍煞也。應主肺病、咽喉病、皮毛病、痧痘症、損小房、傷小口、及口舌、官非、等種種。茲將其歷年經過之事實。詳載於後。以資研究。

全錦兄弟五人。全錦最長。是墓扦後。其弟四人相繼去世。（損小房·於此已證實·）二弟全根瘡癩肺病亡。（皮毛病肺病·於此可證實·）三弟全林。上元丙子生。（光緒二年）七赤金命。民國六年丁巳二月初十傷寒症亡。是年二黑入中。廉貞惡土至艮助虐。二月（尚在正月節氣內）二入中。又逢廉貞到艮。四弟全法。上元辛巳生。（光緒七年）二黑土命。民國六年丁巳閏二月廿八肺病亡。（又一肺病證實）年白同上。月白種種病危與官非口舌皆在艮宮來水逢七六交會故。

尅丁之墓

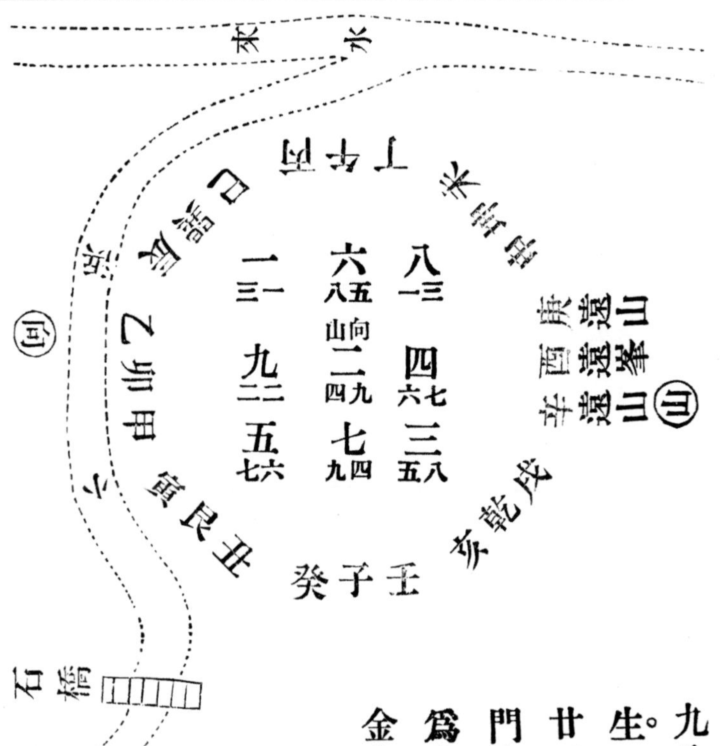

九入中。已交清明三到艮。五弟全生上元乙酉生。光緒十一年七赤金命。民國九年庚申六月廿二肺癆病亡。又一肺病證實是年八白入中。巨門病土到艮。六月六入中。九火到艮助桀爲虐。又全林子上元甲辰生。光緒三十年六白金命。光緒三十一年乙巳痧痘夭折。痧痘症及傷小口。於此可證實。是年五入中。八白土到艮。另有夭殤小口多人。因年月無由追考。從畧。

官非。宣統三年辛亥。全錦誤娶白鴿婦涉訟一次。是年八入中二黑至艮。又民國二年癸丑。爲田產事涉訟一次。是年六入中九紫至艮。

殤六白金命之人。在巽宮九六相剋。逢凹風來路冲動之故。殤小口。在乾湖七四。

口舌。自扞後迄今層出疊見。最近如今歲三月。（丙寅年）因田產而發生口角爭執。逾月。（是年二入中。五至艮）細查不幸之事多在年白五二土星到艮之年。蓋六七爲金得土助而益肆其威也。現在人丁。三房有一子。五房有二子。均在三運內生育由於巽宮三碧令星得所也。向星三碧在坤水。惜橫過無情。故財運不振。

南獨山周雙福父母塋 無錫

山落平地。二運丑山未向。巽宮有凹風來路。值九六火金相剋。民國十二年癸亥五黃入中。四綠到巽。二月一白入中。九紫到巽。上元乙未生男六白金命。於是月得血症亡。乾戌辛太湖。乾宮七四金木相剋。扞後迄今。疊殤男女小口。（其生亡年月。因無從追考從略。）兌宮六

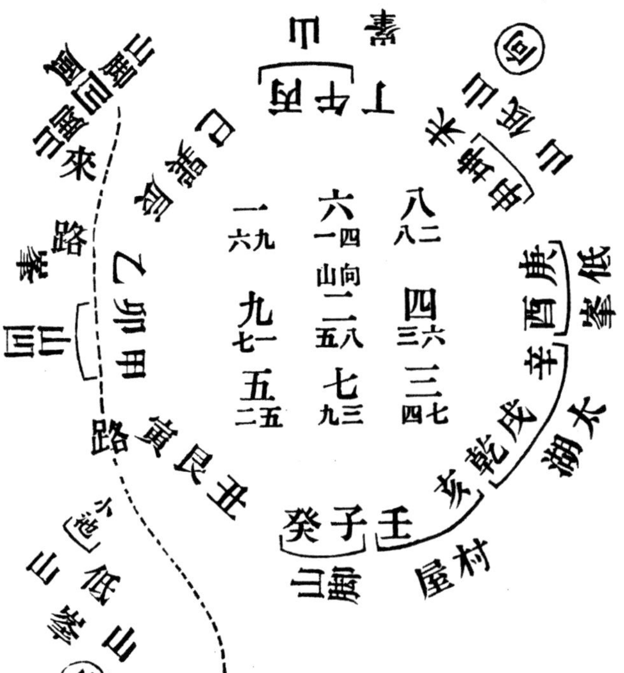

三相剋。曾殤三碧木命一人。（其殤亡之年失追考從略。）

艮宮三叉九六相剋。致殤六白命人。

雪堰橋吳姓墓 武進

田隴。坤山艮向。三運末年用事。一浜自北而南。直經艮、震、巽、三宮。一浜自東至西。橫過艮、坎、乾、三宮。兩水在向首三叉交會。（距穴約十餘丈）坐山有屋脊。民國十四年乙丑五月。（葬後未及三載）吳姓住宅失愼。盡燬於火。六月次子務症吐血而亡。查坐山震木交會適遇村莊屋脊。脊形尖銳。尖者屬火。木逢火而燃燒。乙丑年三入中。九紫到坤。木益燃而火愈熾。經所謂負棟入南離。蛀見廳堂再煥者此也。五月一入中。七到坤。所謂火著剋金。兼化木數。經回祿之災者此也。且七爲先天火。原具化木之能。又向首得九紫後天

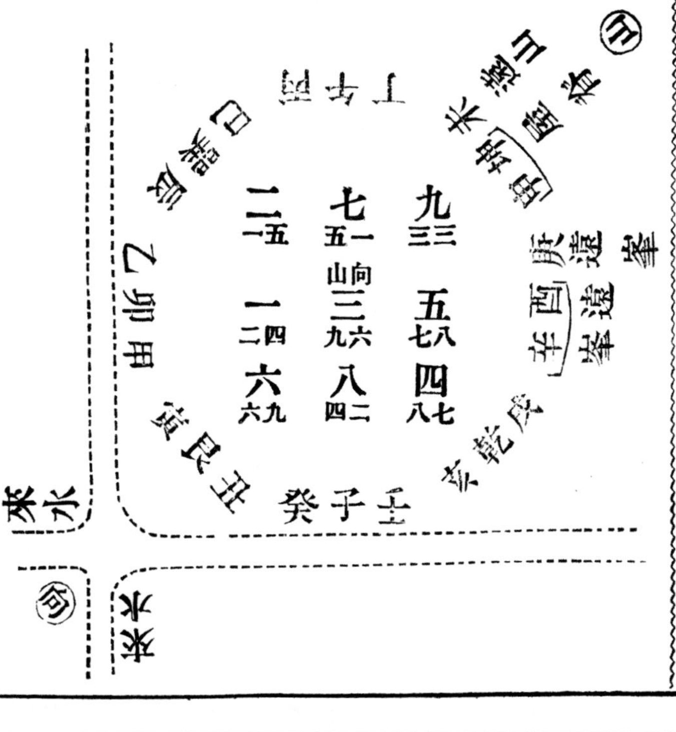

火。震坎乾河流活動之方。挨着二七先天火。皆爲致火之因。有此諸因。炎炎之火。自然不可免矣。向首九六同宮。原主血症。并不利六白命宮之人。次子上元乙未生。適爲六白金命。宜其癆病血症亡矣。（是年太歲到向。六月震木到向。皆有助凶之嫌。）

殤女丁。及小口。在艮湖七四。

馬山丁姓墓　武進

坤龍。中腰落脈巽、離、坤、兌高峯環抱。形若圓椅。癸丑艮太湖。坤艮兼申寅山向。一運末葉用事。元空五行。向首七四金木相尅。二運內殤男孩二、女孩一。（葬者之孫）三運內連殤兩婦。（葬者之孫媳）內一婦上元己亥生。（光緒廿五年）四綠木命。民國十一年壬戌正月。起因生產得病。延至閏五月廿三日歿。查壬戌年六白入中。九紫到向。火尅金。金尅木。正合重重尅入之應。四綠木命。自然難逃矣。

馬山陳姓墓

武進

山龍。卯山酉向。二運葬。大龍身由坎入離。坎、艮、震、巽、峯巒環繞。甲上拖下山脚立穴。墓居山林深處。庚酉辛案山。坤未丁太湖。艮丑澗水。經坎乾折離橫過穴前出消坤湖。二運內殤去一幼孩一少年。(即次幼二子)祇存一長子。三運中長子連生六女幼殤者半。男丁未育。按艮澗及向首七六交會主損小房。殤小口。故殤者皆小房而小口。三運連生六女而未育一男丁。蓋三碧令星在坤方太湖。所謂山上星辰下了水也。

馬山許姓墓

武進

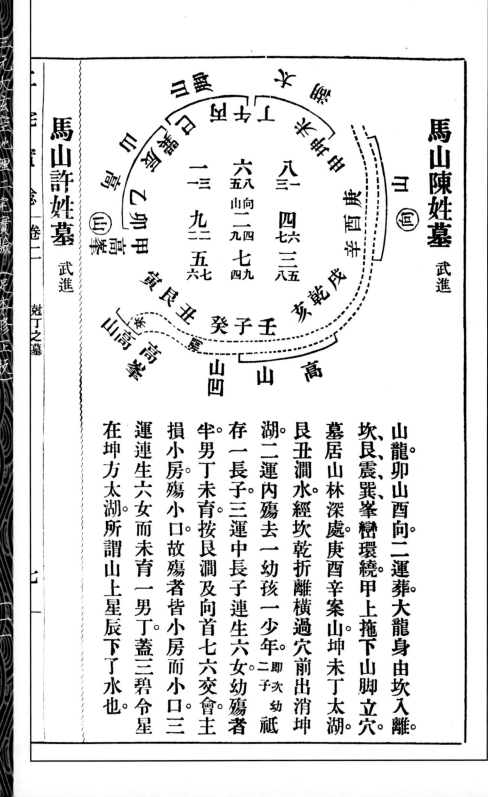

殤二人。在星辰顛倒。目睛與目疾。在離宮九三交會。逢逼近之尖形高峯使然。

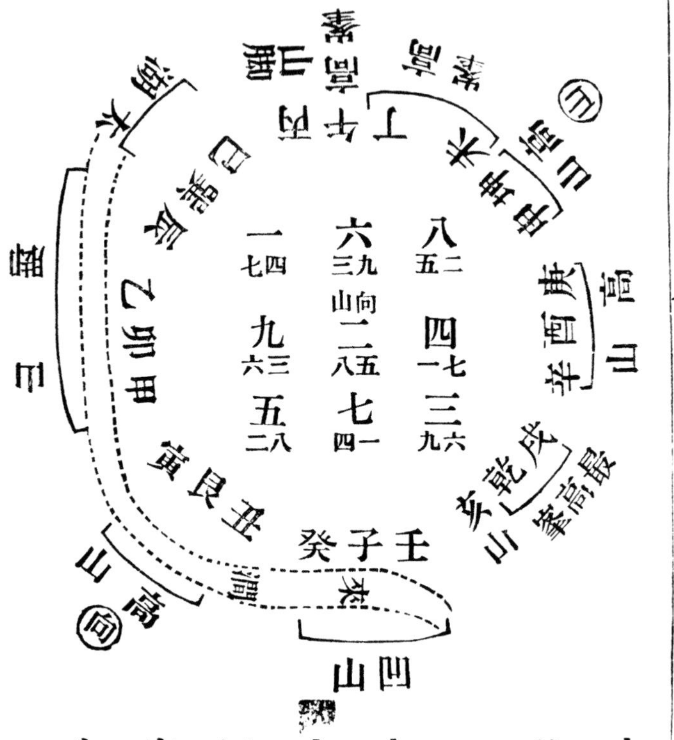

山龍。二運坤山艮向立穴在山落平地。坎宮澗水。經艮震出消巽湖。四週高峯環逼。惟巽巳太湖獨闕一角。元空五行水裏山上。星辰顛倒。葬後一年內殤二人。目盲三人。及第四人發生目疾。立刻扦出。其疾即愈。攷其目睛原因。蓋在離宮高峯聳峙。咫尺巍峩。適臨九紫所致也。

中榮某君父穴　無錫鄭巷

田隴。一運末子午兼癸丁山向。坐山貼身有長形小池。元空五行九二交會。二黑運間人

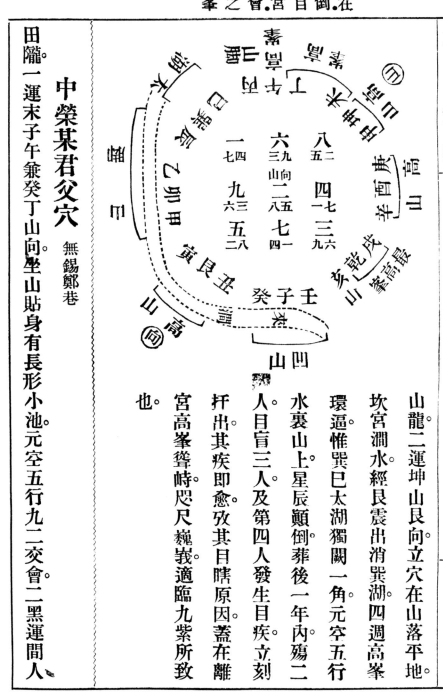

殤小口。在兌池七四。好邪淫在九二七四重疊坎艮震水口。

丁甚興。艮宮有二池。二九聚會。二運內某君經商滬上。獲利萬金。交三運。二黑衰退。三碧令星上了兌山。財運敗落。處處都不稱意。坎、艮、震、九二七四陰神重疊水口。是故某君兄弟二人。花天酒地。淫蕩無節。經所謂紅粉場中快活是也。震池七四同宮。主殤小口。某君一門。二三運間共殤小口六七人。

前洲沈姓坟　無錫

田隴。坎水入離折震。在穴之乾戌上復折離。經兌宮至坤上復折震。經過穴前止於巽宮。丙午上狹小。巽上特潤。環抱如弓形。土人呼爲金鈎吊月。地勢極低窪。週圍有汙岸高出

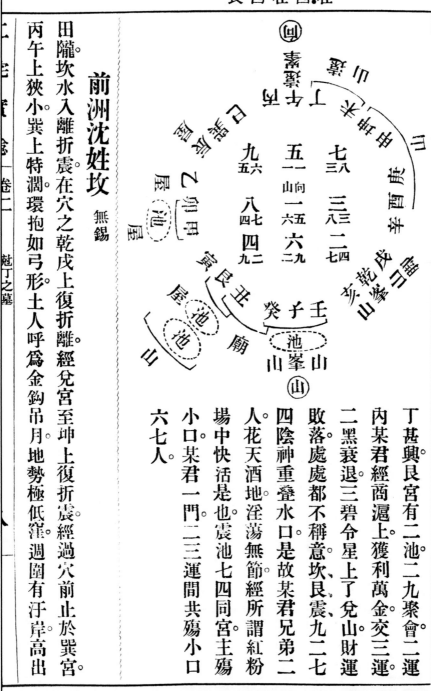

殤女丁與墮胎在乾水五八交會。

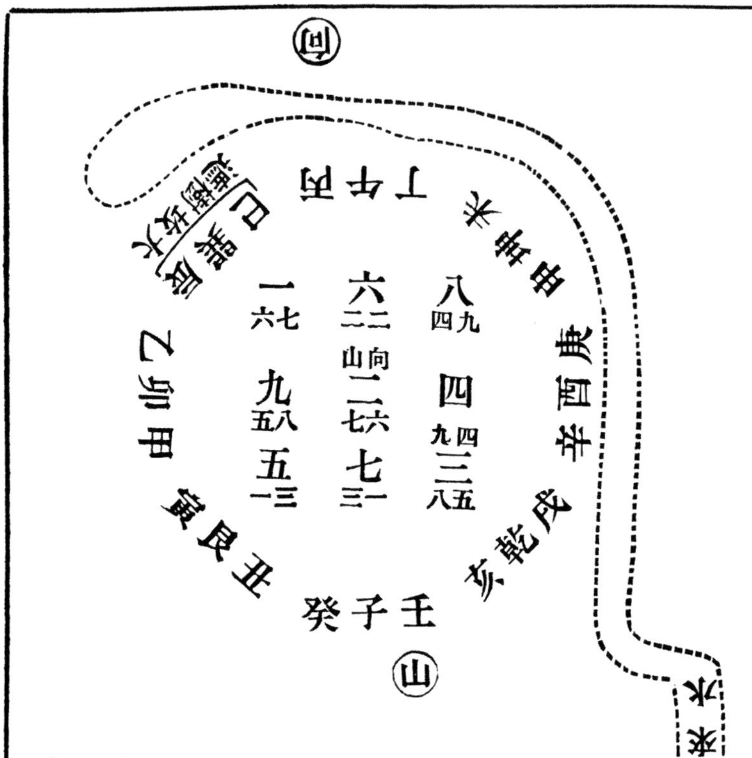

穴地二尺餘。巽宮鄰近有某姓大墳。樹木繁盛。巽水被遮。二運丁亥用事。壬山丙向兼子午三分。元空五行向首雖二黑令星交會。惜乾兌坤巽活動之方滿佈衰死之氣。故二三運間丁財平平。乾宮水口爲全局最緊要處。五八交會主女丁欠寧。并黃病、腹疾、臌脹、墮胎、等種種。光緒三十二年丙午。(年白四入中) 民國九年庚申(八入中) 十年辛酉(七入中) 十一年壬戌(六入中) 小房孫媳。(葬者之孫媳) 凡墮胎四次。宣統元年己酉一白入中。二黑到乾。五黃到向上。元乙酉生八白命之孫媳急症亡。民國五年丙辰三入中。上元丁亥生一白命之孫媳黃病臌脹亡。

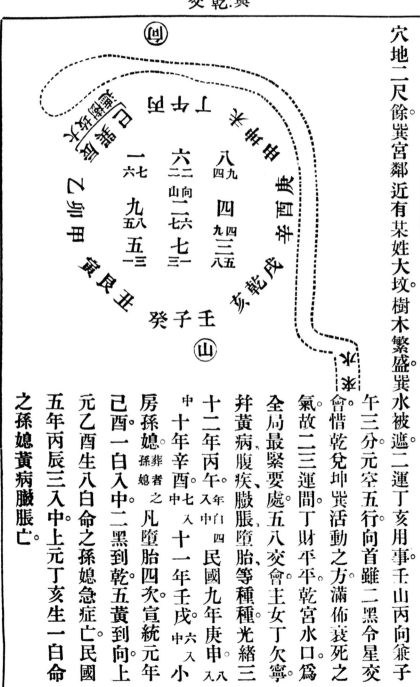

艮水九六。火金相尅。致殤六白金命之人。震水巽木尅坤土。致生欺姑之婦。

宗家橋談氏墓 武進

田隴。震水流兌。橫經巽、離、坤、三宮。在巽三乂向坎分浜。經過震宮。在艮屈曲出消。艮水距

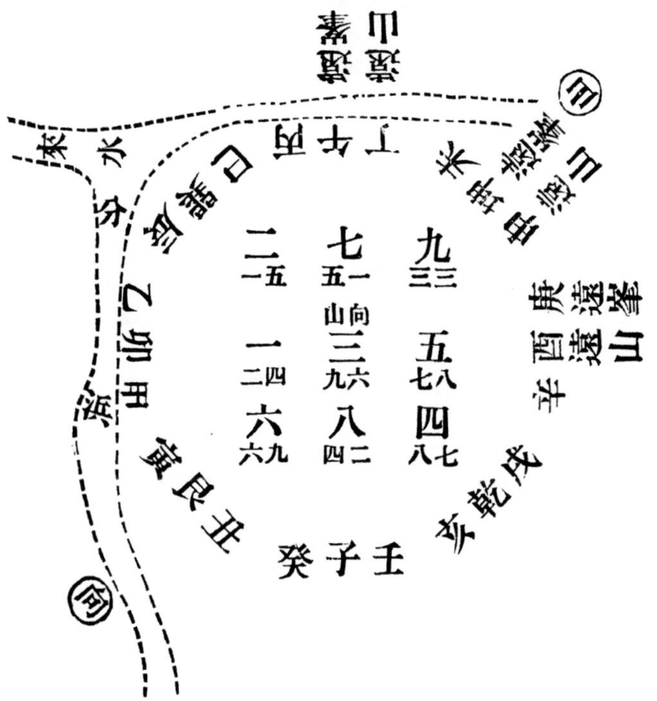

穴三十餘丈。巽、離、坤、各距十餘丈。震水最近。民國九年戊午用事。葬後丁財均順利。元空五行向首九六火金相剋。不利六白金命長子（葬者之子）。上元乙未生。適屬六白金命。民國十年己未二月。竟不幸病歿。震水四二同宮。主出忤逆媳婦。次媳某氏。待姑不孝。巽常元空秘旨云。風行地而硬直難當。室有欺姑之婦。蓋巽爲長女。坤爲老母。風行地。坤母受制於巽女。更值逼近水口。是有此應。

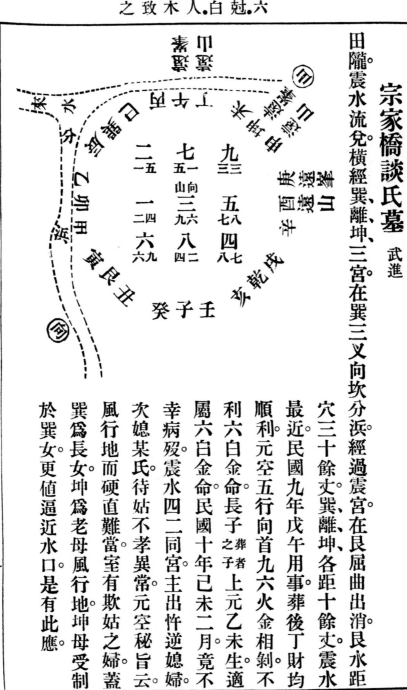

殤小口。在兌池七四相剋。

許巷榮 無錫

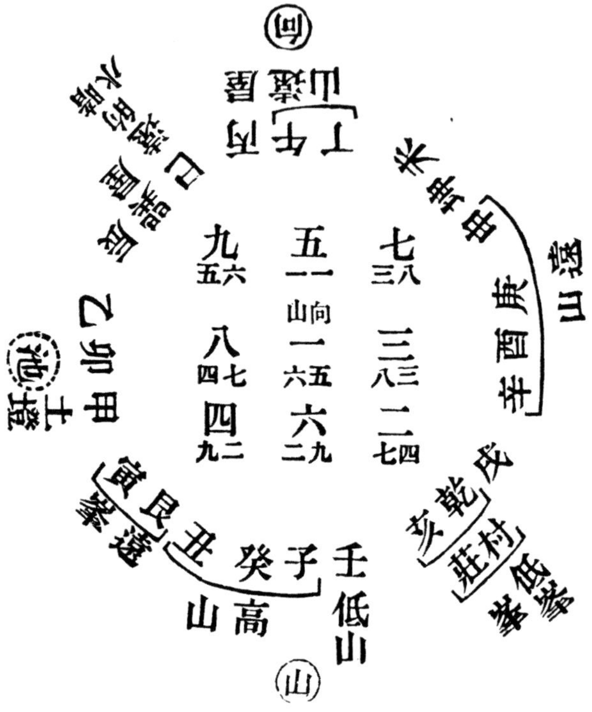

田隴。田四週均桑田。距水甚遠。惟卯方立於金墩上可見遠池水。子午兼丁癸。一運葬。卯池挨着元空五行七四金木相剋。主小口不利。二運內連殤四男二女。葬後迄今人丁尙利。財局不佳。

石塘灣兪姓墓 無錫

田隴。大塘河自兌流艮。橫過坤、離、巽、三宮。甲卯乙方距穴數百步外。見帆檣往來。蓋大塘河適在震宮出消也。穴前距水十餘丈。震宮距穴四丈餘處。另有一小浜。在巽入口。自南向北約數十丈。經震艮止於坎上。癸山丁向。三運宣統三年辛亥用事。葬後財運即覺處處順利。大房（葬者共五子。大房指長子而言。）當年即添一丁。二房民國五年丙辰八年己未十一年壬戌十四年乙丑連添四丁。四房民國十年辛酉添一丁。其丁財之驟盛。在向首三碧旺星交會。加之艮坎四綠生氣得力。經所謂葬著旺龍當代發者此也。艮宮四二會合。

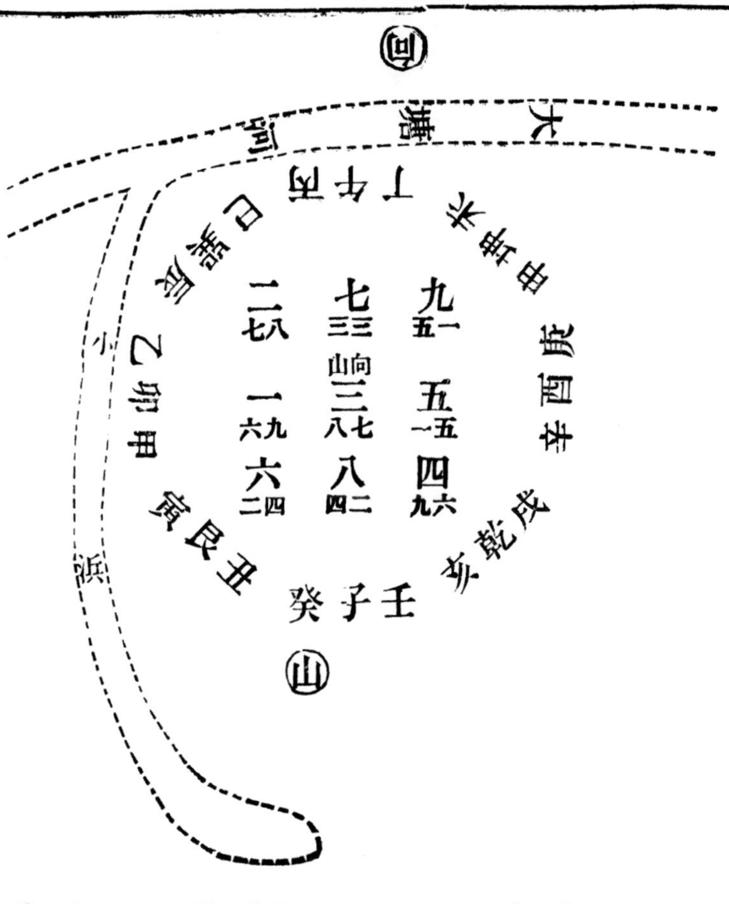

丁財兩興。在向首旺星得所。惟二黑主命。因艮水四二相尅

尅丁之塚

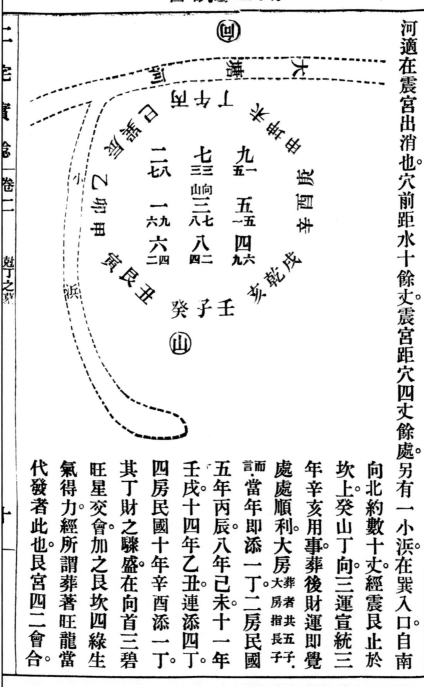

殤丁退財。在星辰顛倒。

不利二黑土命。三房主上元庚寅生。二黑土命。民國十一年壬戌（中六入）六月（中九入）傷寒症亡。四房妻上元丁酉生。二黑土命壬戌年八月（中七入）血敗亡。五房主上元己亥生。二黑土命。民國十二年癸亥（中五入）左目失明。十四年乙丑（中三入）右目又盲。

王舍任氏墓 洞庭東山

山落平地。寅甲卯低峯。巽、離、坤、低山環抱。庚上太湖。略見水亮。酉辛戌乾亥貼近村屋。村外低山橫臥。壬子癸太湖有森林遮蔽。甲庚兼寅申三分。三運民國七年戊午用事。元空五行上山下水。龍神倒顛。應主丁財俱退。向首七三金木相剋。尤爲凶惡。民國十二年癸亥。五黃入中。七赤破軍到向。殤葬者之媳。十四年乙丑。三碧入中。五黃惡土到向。殤葬者之子。財運亦衰退。

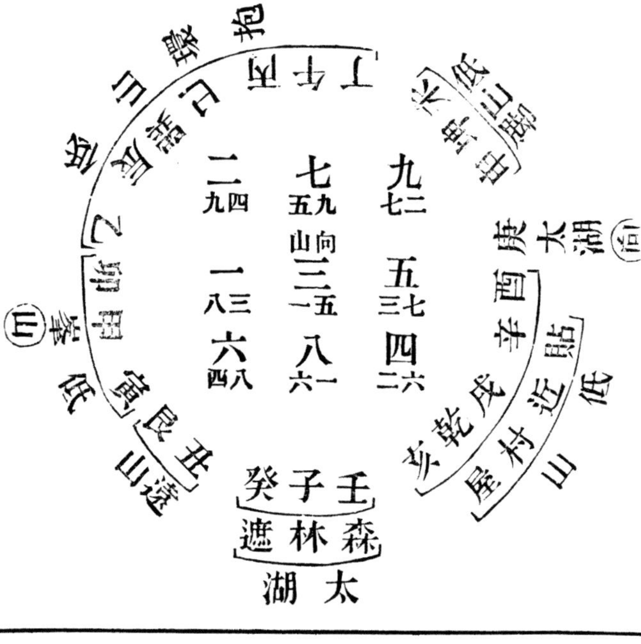

殤一白水命女主。在中宮五一土水相剋。殤男主在星辰顛倒。

大河村王氏墓 洞庭東山

山龍。寅甲金星圓峯落脉在半山立穴。左右拖出山脚爲護砂。戌辛酉庚申太湖。三運民國三年甲寅葬甲山庚向。元空五行向上星辰上了山。山上星辰下了水。（指三碧令星而言）。所謂星辰顛倒者此也。原主丁財兩退。而中宮又五一土水相剋。金墩甚高。女主上元戊寅生（光緒四年）一白水命。民國四年乙卯九月腹瀉疾亡。是年四綠入中。正合重重剋入之應。民國八年己未九紫入中。二黑到向。七赤到山。十一月四綠入中。六白到向。二黑到山。男主（光緒七年辛巳生。二黑土命。）患吐血症亡。（血症出於向首七三金木相剋。）此星辰顛倒所致也。

兌池五一相尅。致殤。一白命人

上裏東丁氏墓　無錫

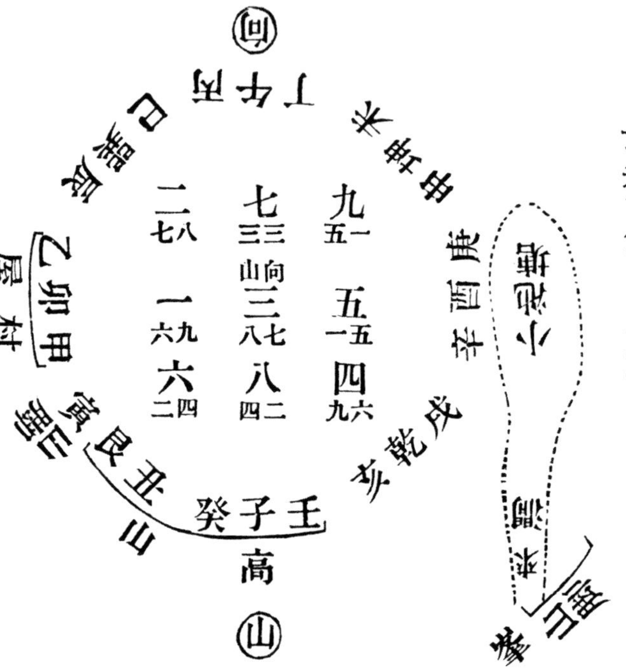

山落平地。壬子癸丑艮高山。亥上峯。乾方來澗。（小澗自北而南）蓄聚於兌宮小池。（小池貼近穴側）子午兼丁癸三運己未年用事。元空五行兌池五一土水相剋。葬者幼孫上元己酉生一白水命。幼時本有黃塊病。祖父葬後舊病復發。逐年加重。漸成臌脹病。延至民國十四年乙丑八月二十日夭亡。是年三入中五至兌。八月七入中九至兌。仇星得同類扶助。九火生之。其勢益烈。故一白命人凶禍難免。

馬山史氏墓　武進

離湖七四同宮致殤女丁及四綠木命

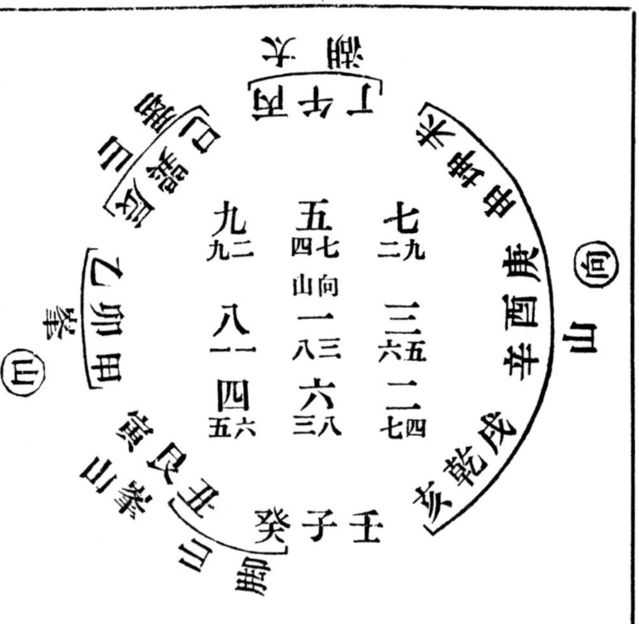

山龍。一運甲山庚向。大龍身自坎入離。震宮起峯中腰落脉。拖下山脚二十餘丈立穴在脉之將盡處。丙午丁太湖爲全局最緊要處。是方元空五行七四交會。不利女丁小口及四綠木命。葬後迄今殤上元戊子生四綠木命一人（葬者之孫七歲痘症夭）丙午生四綠木命一人（葬者之曾孫八歲天花亡）又女丁三名。惟尚有光緒五年己卯生四綠木命（葬者長孫）至今無恙。但全家祇存父子二人（葬者之長孫及曾孫）可謂影形相弔。零丁孤苦者矣。至於幸免之因。蓋其家先祖餘德未盡。姑以他人代之藉繼宗嗣。或則其人宿福與今生修養使然歟。

顧茂下裏榮姓墓　無錫

田隴。一運癸丁兼子午山向。震水流兌。橫過巽離。在坤與離水會合。向坎出消。經兌乾二兌水七四。致殤少年及小口。好淫邪在七四九二重疊水口。

宮。二黑運內丁財俱利。因山上龍神二黑到向首水裏。向上龍神二黑在坤宮三叉兌巽

嶂岈灣朱錫川父母塋　無錫

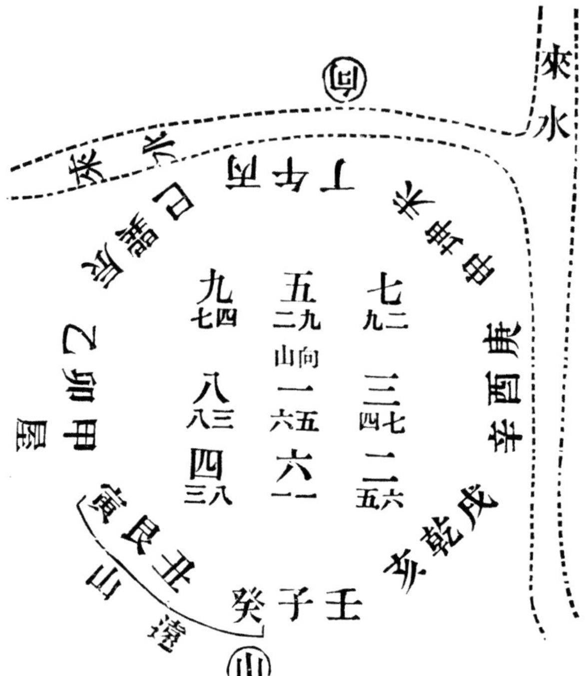

二宮七四四七金木相剋致殤少年及小口多人以其可追考者約記於下以供研究『長房長子上元庚子生一白水命民國十二年癸亥亡小房長子上元丁酉生四綠木命民國六年丁巳亡次子庚子生一白水命民國十年庚申亡』水口星辰關係如此。為人營葬者可不慎哉。巽離坤兌七四九二陰神重疊。故其家有好淫邪者。世之關心風化之士。能於此中注意。自能挽頹風於無形也。

坐山來路值七三相尅。致殤三碧命人。

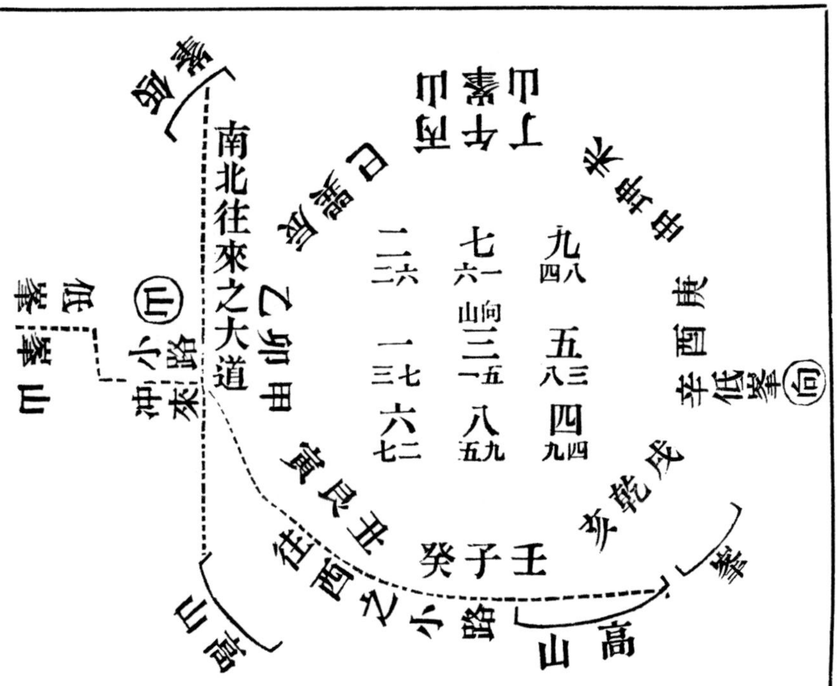

上元宅實驗　卷二　尅丁之墓

山落平地。三運乙辛兼卯酉。穴後貼身橫路。（自北至南）經過艮、震、巽、三宮另一小路。（自東至西）在震宮甲上衝來。是方元空五行七三金木相尅不利三碧木命。錫川上元己丑生。適爲三碧命宮。三運內三碧當令不畏兌金尅制。民國十三年甲子交中元四運。三碧衰退。乙丑七月。（時已交白露入八月節）錫川竟以時疫歿於上海。

艮水六四。殤四綠命人。乾水四二。殤二黑命人。

東丁村袁 無錫

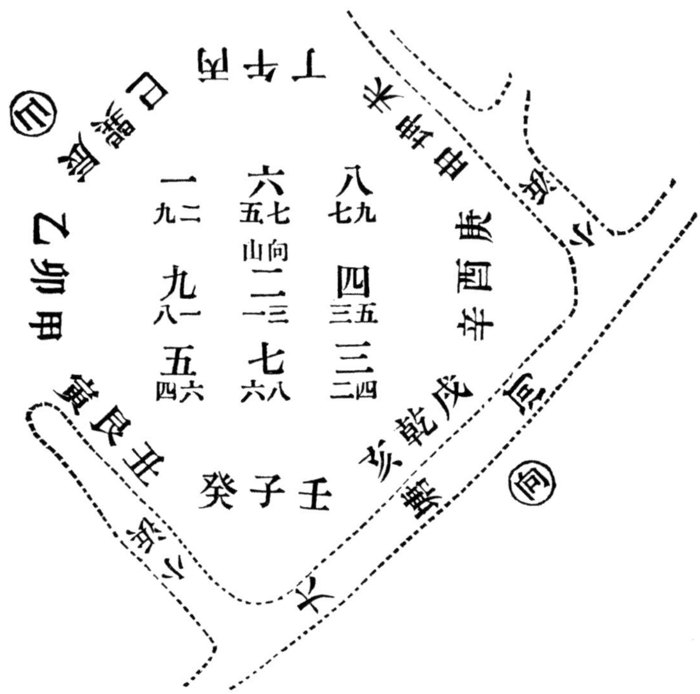

田隴。二運末辰山戌向。坎乾兌大塘河。左右各有小浜。一在坎入口。止於艮。一在兌入口經坤。止離。艮、坎、乾、水距穴較遠。夏秋桑葉繁茂。遮蔽不見。元空五行星辰顛倒。幸係平洋不致凶禍橫生。惟向首四二同宮。艮上六四交會。不利二黑四綠命宮之人。葬者二子恰巧此命。長子上元丁酉生四綠木命民國五年丙辰二月十七日病歿。是年三入中六到艮。二月四入中七到艮。次子上元己亥生二黑土命民國八年己未三月十一日亡。是年九入中一到向。三月三入中四到向。助仇爲虐致遭凶禍

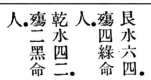

殤三碧木命。及吐血症在兌水七三金木相尅。

何家村何爾璋父塋

揚中

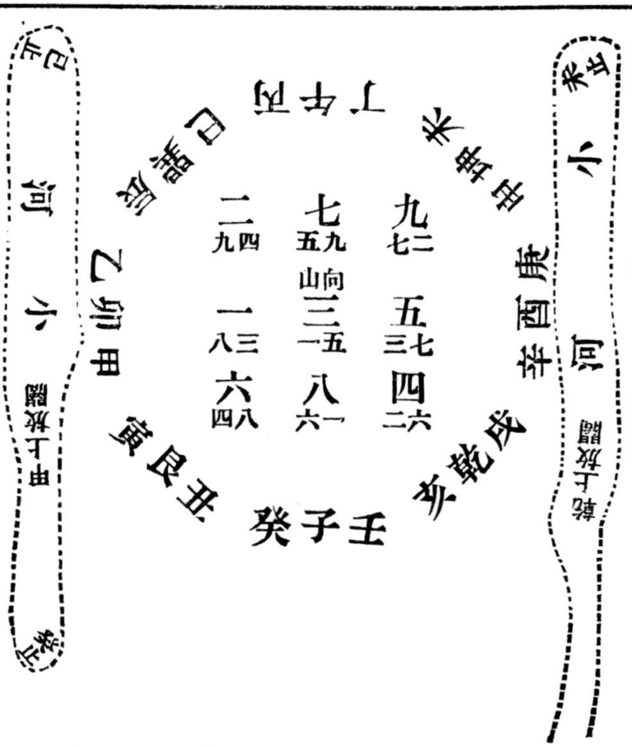

田隴。甲山庚向。三運民國八年己未葬。墓地前後臨水。（該水與外港不通）坐山距水三丈餘。向首距水丈餘。元空五行向首七三金木相尅。不利三碧命宮。葬者次子。上元戊戌生三碧木命。民國十二年癸亥。五入中七至向。八月四入中六至向。剛金叠臨木益難當。戊戌生人於是時重病不起。又震爲肝受尅於兌金。應主肝疾。惟於三運震木當令之際。或能幸免。失運則木退金侵。逢流年惡曜飛臨。肝疾不免。爾璋與幼弟自甲子（民國十三年初）交四運以來肝病頻發。（均是從肝上發生之血症）乙丑

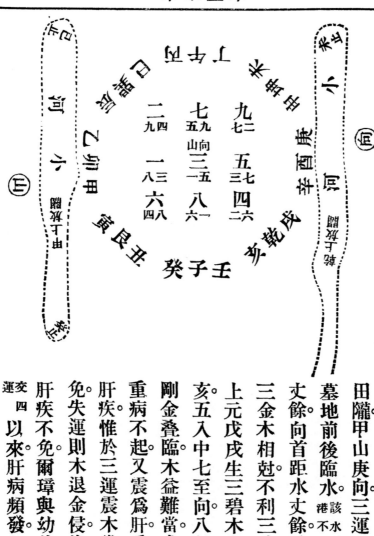

年三入中。廉貞惡上到向助桀爲虐。是年爾璋吐血症甚危險。至於丁財。因山向三四生旺之星均在水裏。故頗順利。

小林灣張姓墓 無錫

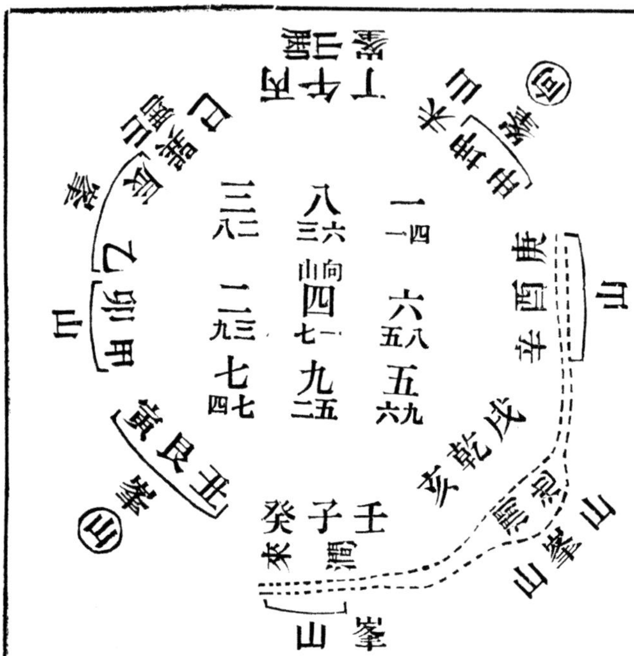

艮峯。在山脚起脉。脉身雄壯。蜿蜒向坤轉離轉巽。拖出數百丈。立穴在脉之中段。背上右有深澗。在乾宮蓄水成池。艮山坤向。四運乙丑年民國十四年葬。坐山葬正山峯。向首案峯甚近。元空五行乾宮九六火金相尅。丙寅年葬者之子。上元乙未生。六白金命。即患吐血症。甚危險。今已擇地他扦。

按丙寅年二入中。三至乾。火得木助。其勢益炎。此墓深葬未及一年。而其驗已若此。可見墓宅關係人事之重矣。

六白金命。患吐血。在乾澗九六火金相尅。

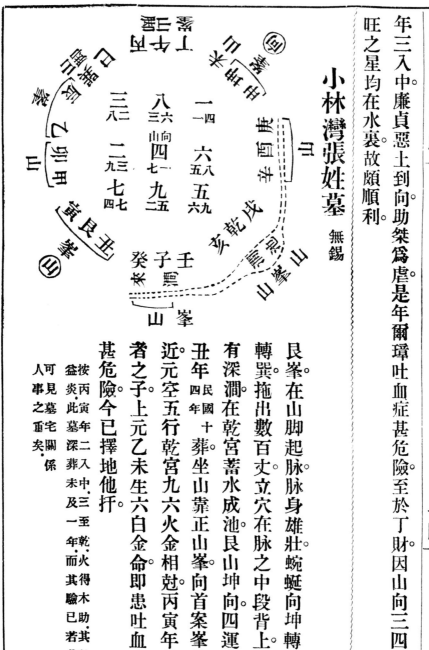

夭折女孩六個。在乾湖七四。出淫邪。在乾坎艮七四九二。

南犢山某氏墓　無錫

山龍。一運末丁山癸向。有小澗自艮經坎。屈曲出消乾湖。在坎儲積成小池。值元空五行二九會合。二運間財氣頗佳。三運衰落。兼出淫邪者。乾亥太湖值七四金木相尅。二三運內。共夭折女孩六個。

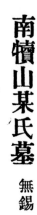

離湖五一
土水相尅。
致殤一白
命人。

馬山史氏墓 武進

山龍。寅山申向兼甲庚三分。三運末年用事。寅甲卯起頂落脉。午丁未太湖。穴前一片平田。有小浜一道在坤入口橫過向首止於乾宮。元空五行離湖五一土水相剋。主不利一白命宮之人。葬者之孫。上元光緒廿六年庚子生。適值一白水命。民國十五年丙寅二月廿九日夭殤。聞史氏祗此一子。亦云慘矣。

火葬之利益說

行善能化凶爲吉

火葬對於死者之利益

讀此篇後。方知中年夭殤。小口不招。其因多在先人坟墓。若預知之。未嘗不可挽回定數。惜世之爲人相地營葬者。多昧於此理。如欲免殃。急宜研究此篇。對於已葬而尅丁者。可以補救之。未葬而將葬者。事前審慎之。然對於葬後而生育者。其命犯尅。仍難避免。最穩之策。莫如行善與火葬二法。

行善之道。勤修陰德。戒殺。素食。隨時隨地。量力放生。見人作善。力加讚美。則盛德感天地。到處化凶爲吉矣。

火葬之舉。盛行於日本印度等國。其益有三。

一對於死者　慾海回狂云。靜觀初死之人。正直仰臥。寒氣徹骨。一無所知。靜觀未斂骸屍。一日至七日。黑氣騰溢。轉成青紫。甚可畏懼。靜觀死人初爛。肉腐成膿。勢將潰下。腸胃消糜。靜觀腐爛之屍。停積既久。黃水流出。臭不可聞。靜觀積久腐屍。徧體生蟲。處處鑽嚙。骨節之內皆如蜂窠靜觀腐屍皮肉鑽盡止有筋連在骨如繩束薪得以不散靜觀死屍筋已爛壞骨節縱橫不在一處靜觀荒塚棄骨日暴雨侵其色轉白或復黃朽人獸踐踏「智者觀此非但知火葬之遠勝土埋且可悟道」

試觀以上種種穢不堪言當念我英雄豪傑貴賤貧富絕世嬌容將來無不如是興念及此能不衷心悄悄悚然而懼惟有火葬清潔無比可免以上種種不淨之慘狀是故佛教盛行火葬近世高尚之士亦有主火葬者最近如伍廷芳博士亦火葬之一也

火葬對於子孫之利益

二對於子孫　先人坟墓關係子孫吉凶禍福如響應聲驗之各墓百不失一故葬着吉壤丁財並發葬着凶地丁財兩敗亦有吉凶參半而丁盛財衰或財盛丁衰者當其臨葬之時無不延師擇吉冀丁財兩興而其終也得意者十無一二考其原因半由於宿業之驅使

火葬對於社會之利益

半由於良師之難遇或遇而因我待之不誠致不克用其赤心為我相地是故先人坆墓應驗了了且佳運一過吉地頓變凶地順境即變逆境如行火葬則無此弊既將先人遺骸焚化則人事吉凶禍福皆由吾人心田主之不受坆墓之操縱矣

三對於社會　吾人自呱呱墮地以至命終數十年間衣食日用計一人之耗費恆多於一人之生產似此人生於世已覺慚愧無顏歿後復以遺骸占一生產之地短則百年長則數百年或至數千年試觀曠野荒坆纍纍無一非生產之地若每墓平均占地一分每歲須少產米二斗麥一斗（就江蘇蘇常一帶而言）以最短期百年統計則少產米二十石麥十石夫生既無益於世死後復卜吉牛眠貽害社會試問九泉之靈其能安乎且近世人口頻繁坆墓日增生產之良田日益減少民食日臻昂貴倘不提倡火葬恐數百年後吾人藉以生產衣食

之良田悉被死人占據盡矣居今日而欲壓低物價維持民衆生計者其惟提倡火葬歟

火葬既有上述三益願國人羣起提倡宜於各縣鄉鎮創立火葬公所實行火葬則造福於社會也豈淺鮮哉

介紹龍舒淨土文

天地間千形億貌古今來六道四生。大都隨逐浮沉。貪癡迷戀。死不知何處去。生不知所從來。枉號萬物之靈。未聞究竟之道。宋進士王龍舒乘菩薩願現居士身。爲無量衆開方便門。使火坑中徧放青蓮。就皮袋裏造成淨土。此盡人可得之出苦慈筏。亦諸佛同讚之曠劫奇談也。各地佛經流通處均有。一本價三角六分 函購寄費二分

介紹淨業知津

以至誠懇切之法言。忠告後起。以明白淺顯之文字。裨益大羣。撥開迷雲。知前途之多障。指點出路。知樂土之非遙。開人慧眼。度人金針。裨益人生。其功不淺。末附闢邪說。掃除邪見。作醒夢之警鐘。破昏之烈炬。求脫離人世之百苦煎熬者。當以先覩爲快矣。各地佛經流通處均有。一本價六分 函購寄費一分 如無佛經流通處地方可向上海北京路功德林佛經流通處函購

佛學推行社敬布

三元大玄空地理二宅實驗

下冊

俞復署

介紹　六波羅密多經

慳貪者常在窮困海。欲度此海。當覓檀那船。妄動者常在不了海。欲度此海。當覓尸羅船。瞋恚者常在惹禍海。欲度此海。當覓羼提船。懈怠者常在退墮海。欲度此海。當覓毗梨船。馳逐者常在紛擾海。欲度此海。當覓禪定船。昏瞎者常在煩惱海。欲度此海。當覓般若船。如上所述六度船。不在天上與人間。六船全在一心中。無須定造無須錢。有人得讀六波羅密多經。自然便當覓得從此受用不盡。至於此經中之無礙辯才。曠劫奇文。濃厚滋味。眞個全地球上找不出第二部來。南京金陵刻經處印行各地佛經流通處流通。二厚本價五角八分　函購另加寄費五分

「如無佛經流通處地方可向上海北京路功德林佛經流通處函購」

佛學推行社敬布

三元大玄空地理二宅實驗卷三

梁溪懺悔學人著
同邑無相行人校

第三章　丁盛財衰之墓

上裏東丁氏墓　無錫

山落平地。二運癸丁兼丑未三分。元空五行。二黑令星會合坐山。二運間人丁繁盛。財運衰薄。（山管人丁。旺星逢山峯則興。此墓坐山巔正高峯。得二黑當元旺氣。更得兼向九火生之。故能丁盛。向管財祿。遇水則發。今二黑令星上了高山。故貧。）乾亥高峯（金星形）逼近。逢七六及兼向之七四交會。主凶禍百出。殤小口。損幼房及少婦受殃。并主淫蕩、肺病、官非、口舌、出敗子。酉辛小池。八五六三會合。主臌脹、腹疾。宅母不利。孕婦受災及黃病、墮胎、瘖病、肝氣、足疾、等種種。細查該家。自葬後迄今。有敗子由淫邪而致涉訟者一次。由邪淫而發生之口舌則不知凡幾。有肺病亡者多人。有少婦受殃者。有殤小口損幼房者。（以上種種。皆由於乾宮高峯而發生。）又有懷孕得病亡者數人。腹疾臌脹亡者一人。墮胎者三次。其口舌。官非。疾危。全在乾兌二宮。

餘有患肝氣病、黃病、暗疾、足疾、者。以上種種皆由於兌宮小池而發生。另有兩孩各盲其左目者。此或由於坐山高峯三九會合上發生。今就其最近三年內可追考者畧記於後。以資研究。民國十三年甲子四入中長房宅母正月肺病亡。宅主十二月自刎。原有肺病十四年乙丑三入中。長房癸亥生男孩四月急病亡。四房辛未生女主三月肺病亡。五房己酉生幼子八月腹疾臟脹亡。十五年丙寅二入中。五房少婦乙未生。三月懷孕得病。時刻腹痛。諸醫束手。四月加重。延至五月而亡。以上皆上元生人

觀此可知一山一水。關係至爲重要。營葬之事。可不愼哉。

馬山許氏墓 武進

震湖遇背。時之七致敗退及涉訟。

油車頭姚姓墓 揚中

丁盛財衰之墓

山龍。庚山甲向。二運光緒二十年甲午葬。坤宮來龍。氣脉雄壯。未坤申庚酉辛高峯。丁午丙巳巽辰由主山拖下山脚。爲右護砂。戌乾亥亦從主山拖出山脚。壬子癸另一低峯。拖出山脚止於艮。爲左護砂。寅甲卯乙太湖。湖外遠山。甲上有尖峯。巒形殊勝。惜用非其時。許氏爲馬山舊紳。家業極豐。抒後衰敗。迄今其致衰之因。蓋在水裏排龍。向首挨着背時之七。且與山星之六交會。應主口舌官非等類。光緒廿七年辛丑年白九紫入中。七赤到向。是年犯命案涉訟經年。破財乃已。至於人丁。因山上排龍。二黑到坐山高峯。二運內甚興旺。三運平平。

乾宮最有權力之水。口逢七六交劍煞。致官非破財。

田隴。二運癸山丁向。戌乾亥小港來水。經壬子癸丑艮寅。在甲卯乙曲折出消。穴後距港

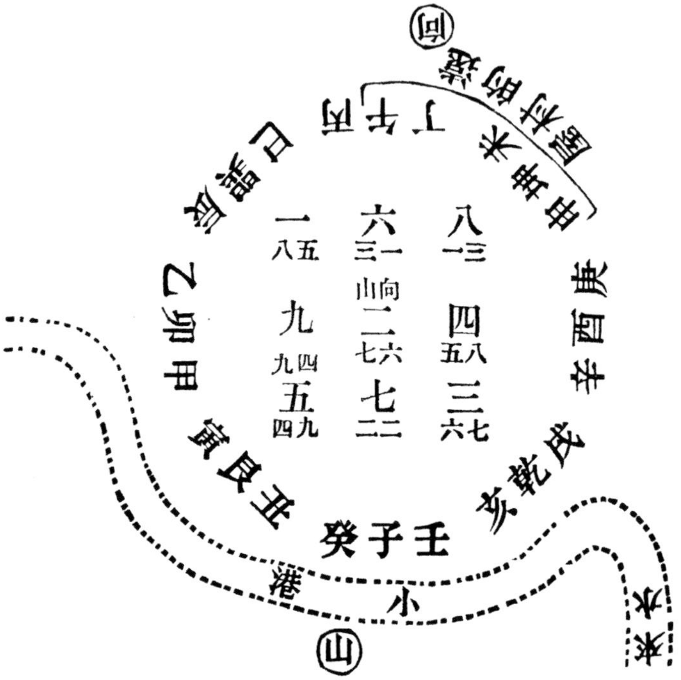

丈餘。沿港有土埄高出墓地四尺。立在金墩上方見港水。水勢頗活潑。(是潮水)穴前一片平田。較墓地約低二尺。山上龍神二黑到坐山。六白吉星在乾宮。九紫在震宮。(生扶)二運內人丁甚盛。(二黑旺星)三運未添丁。甲子交四運又添丁。(二運得坐山旺氣。四運得艮宮旺氣。故添丁。三運三碧在離宮不得力。故平平。)向上龍神二黑亦到坐山得港水助吉。應主二運旺財。惜乾方最有權力處付之破軍死氣。所謂死衰處愈動愈凶者此也。一旺一凶得不償失。故葬後迄今財運不振。且多剝削破耗。最近如丙寅年。(民國十五年)二黑入中。三碧到乾。七赤到山。是歲口舌涉訟破財。

艮水七四。致殤年輕人。家境蕭條。亦在此背時之七。淫邪在艮震七四九二。

橫山北麓榮姓墓 無錫

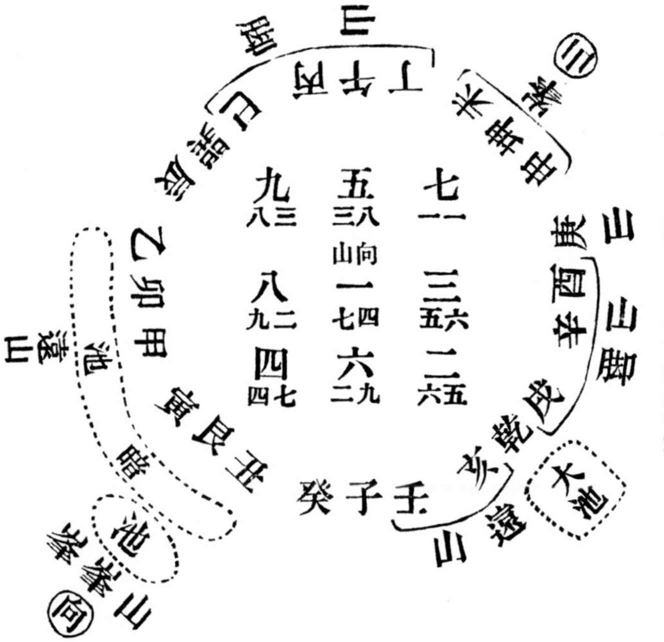

山龍。一運坤山艮向兼未丑三分。坤峯落脉。左右拖出山脚爲護砂。向首有暗水橫阻。幷有明水池塘。龍氣甚足。案朝皆備。（即案山朝山）巒頭殊佳。惜葬非其時。致子孫多窮途潦倒者。元空五行。一白貪狼會合坐山。人丁興旺。向首七四交會在一二運間。殤中年主人一位。（葬者之子）少年人三位。（葬者之孫）內有四綠木命一位。逢年白四入中七赤到向之年。自縊身亡。一運中家境衰落。財運至爲不利。二運震宮暗水得力。一房在蘇開設扇鋪。一房在滬開設煤炭店。一房經商蘇滬。聲譽殊佳。惜艮乾二水死氣重重。故徒負虛名而無實際。交三運。二黑衰退。三碧在巽宮不得力。各房相繼失

敗。負債纍纍。艮震水口七四二九陰神重疊。故婦女淫奔者二人。（葬者孫媳）

馬山丁姓墓 武進

巽龍。連起三峯落脉。立穴在下半山。龍氣一卦收清。左右以王山拖出之山脚爲護砂。庚酉高峯。戌乾亥壬子癸太湖。向首遠山爲案。巒體甚美。三運巽山乾向。元空五行山上水裏。星辰顛倒。丁衰財薄之山向也。惟山上排龍。一白吉星到山。四綠生氣到兌宮高峯。故扦後亦得連添二丁。觀此可知星辰顛倒。非盡不可用也。祇須形氣配合得宜耳。財運則不佳。因乾坎太湖。挨到向星五九死氣也。

星辰顛倒之山向能添丁。在兌峯得山星四綠生氣。

雪堰橋陳根祥祖坟 武進

財運不振。在艮宮向星三碧旺星洩氣。巽宮七赤助凶。

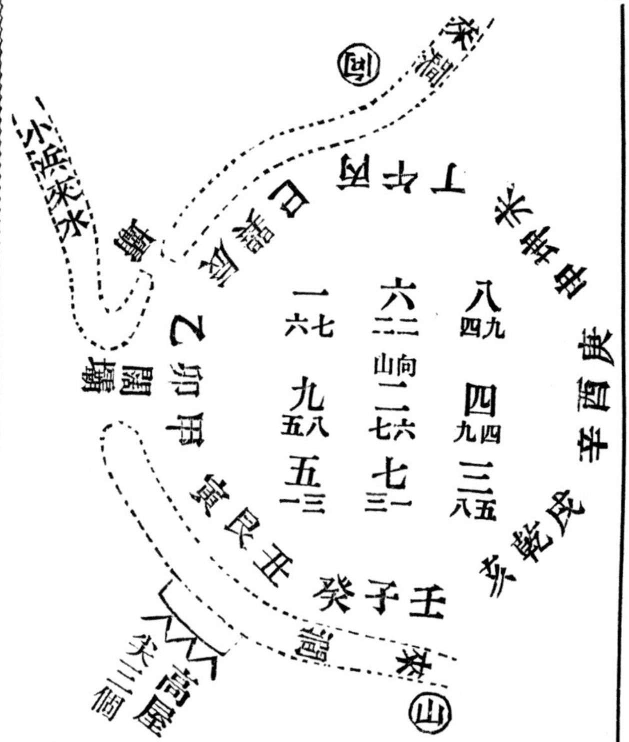

田隴二運壬山丙向。巽方小浜來水。止於乙上。離方來澗。滙聚巽宮。與小浜僅隔一壩。坎方另來一澗。經過艮宮。止於甲上。與小浜隔一澗壩。丑艮方有高屋尖三個。三運間人丁頗利。財運不佳。山上龍神。坐山得三碧。巽艮得六一吉星。是故添丁頻頻。向上排龍。三碧在艮上。遇屋尖木神燃洩。而破軍死氣又居最活動之巽方助虐。是故財運愁眉不振。

石塘灣張姓墓 無錫

田隴。一運卯山酉向。乾方來水。在坎宮與坤水會合。向艮直流約半里許。折向巽方屈曲出消。兌、艮、坎來去水口挨到山星一白、二黑、四綠。一二運間一白二黑當旺。葬者之子連

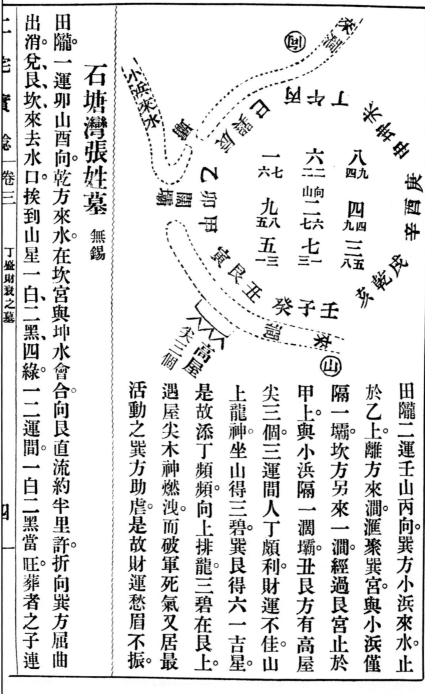

女主淫蕩。在乾坎艮活動之方逢二九七四所致。

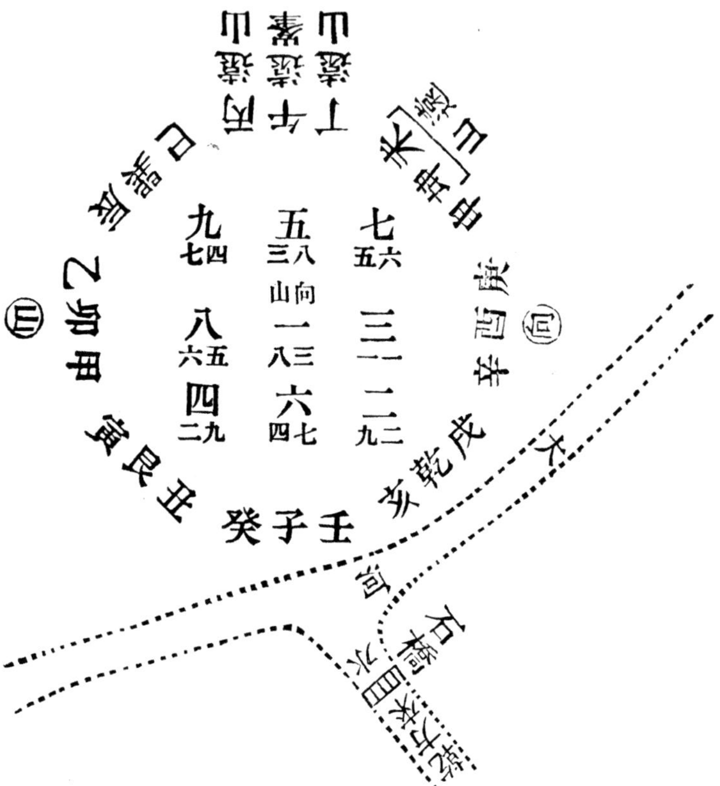

育四男。三運間得坎宮四綠生氣。兄弟四人生兒九個。人丁可稱極旺。向上龍神一白、二黑、七赤、九紫。在兌、乾、坎、艮、活動之方。一二運間。吉凶參半。故財局平順。交三運兌乾衰退。家境驟落。凶事頻來。坎宮兩水交會處。七四同途。主不利女丁小口及四綠木命。長房元配(即葬者之孫媳)上元辛巳生四綠木命。光緒三十二年丙午四入中。九到坎。由生產後得癆病亡。繼配上元壬申生四綠木命。民國八年己未九入中五到坎。癆病亡。長房主上元丁丑生六白金命。亦在八年患癆病亡。二房女上元丙午生二黑土命民國十四年乙丑三入中癆病亡。三房女主黃病亡。長房幼殤兩兒現已絕嗣。乾、坎、艮、九二七四重疊水口所謂陰神滿地成羣是也長房女主淫蕩蓋在乎此

舜過山五龍崗榮姓坟 無錫

丁盛在坐山得山星。三碧令星。財衰因離湖得向星二黑衰星。

丁盛財衰之墓

山龍。壬山丙向。三運初年葬。亥乾戌辛酉高峯辛上最高庚申坤高山。辛戌落脈。橫過穴後。本墓依脈立穴止於艮上。艮、震、巽、方峯巒層疊。另一龍脈丙上遠見湖水。元空五行三碧令星會合坐山。三運內添丁六個人丁甚興。丙上一滴湖水挨着向星二黑退氣。長房父子曾開設錢舖於滬上。不久虧耗倒閉近十年來小輩一無進展。兼有一二順利亦

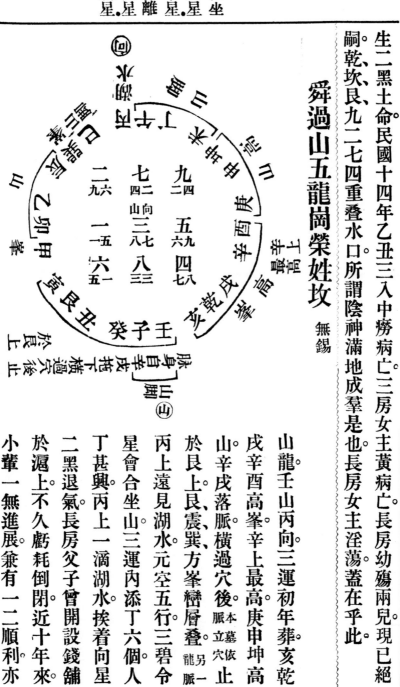

祇堪供給個人之生活。老輩甚至變賣產業。其財運之不振可知矣。

龍泉庵口榮姓墓　無錫

山落平地。二運卯山酉向。山上龍神。二黑在坐山高峯。二運內添丁二個。一六吉星在巽艮二峯。三碧在坤宮。是方雖有暗池。惟有坤申山峯。更得巽艮一六助吉。故三運內又增四丁。人口可算旺矣。財運自葬後迄今。未嘗一日展眉。因向上龍神。二黑三碧上了震巽高峯。所謂水裏星辰上了山也。

水裏挨着生旺之星未能發達。只爲向首亭尖令星洩氣。

青龍山下朱姓墓 無錫

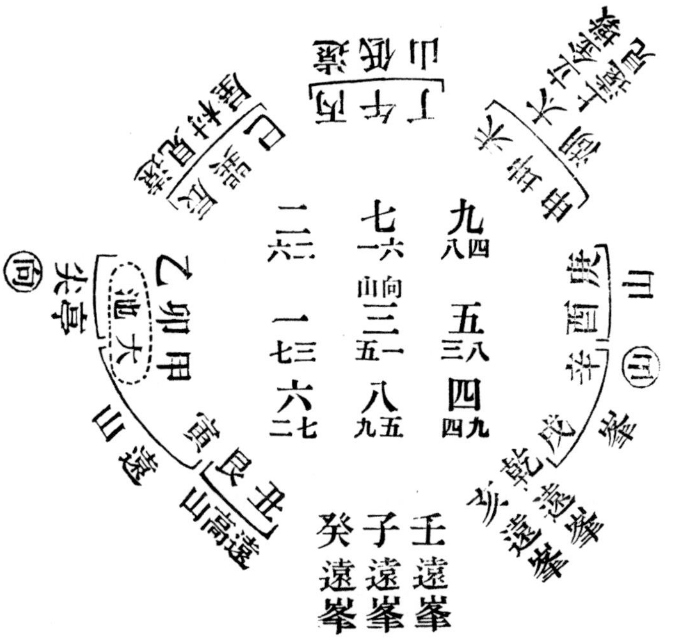

山落平地三運辛乙兼酉卯戌辛酉庚青山迤邐。（即青龍山）坤方太湖。（立在金墩上遠見）穴前大池塘。（距穴三丈餘）東山梅園之亭尖聳峙向首。元空五行令星到山到向。上山下水各得其宜。丁財兩盛之山向也。十餘年來人丁固佳。財運則一無進展。蓋因向上亭尖屬火。三碧屬木。遇火則洩。所謂生出是也。生出主退財。幸坤湖生氣維持。故其家既未進展。亦未衰退。

前州沈姓墓 無錫

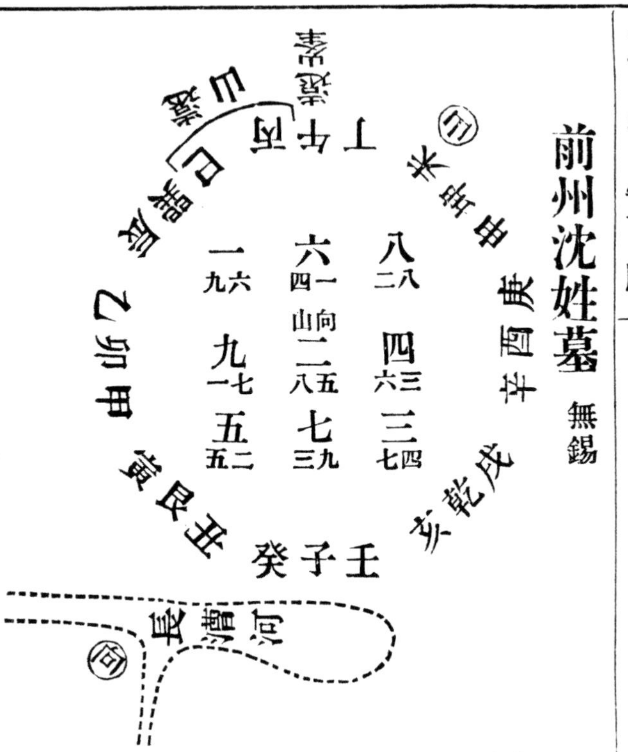

田隴。有自東至西之長漕河。不通外水在艮坎二宮距穴約三丈餘坎上特濶。止於壬上另在丑艮上向北分浜漸縮成小溝。二運葬未山丑向水裏龍神二黑到向葬後即覺順利交三運二黑失時財運欠利。山上龍神三碧在坎三運民國元年壬子太歲到坎舉一子。葬者之孫十三年甲子。四運第一年太歲又到坎復舉一子。

崋峲灣東山麓榮姓墓 無錫

三運卯山酉向兼乙辛三分。大龍身由艮轉坎入離。震峯中腰落脉。乾、坎、艮、巽、峯巒層疊。坤方遠見太湖。向首以遠峯作案。元空五行。三碧令星到山到向。三運丁財兩旺之山向當令旺向。因無水而未發。

也。故三運間人丁佳利。惟財運未放異彩。父子數人。經商滬漢。徒負聲譽。實際終憾不足。蓋向首全無動情。旺星不得力也。按向星管財。盛衰全在乎水。因其動而應。響速。遇生旺則愈動愈吉。逢死衰則愈動愈凶。山則靜而不動。其應也緩。今交四運。向星四綠挨在乾峯。欲求發展。終成畫餅。

又坐山得山星三碧。在三運當令時固可旺丁。惟與向星七赤會合失運。恐多不利。且巽、艮、乾、峯復逢二、七、九、死氣。而四綠生氣。又下了坤水。是故益堪悲慘。久後恐人丁凋殘。有影形相弔之慨。今歲丙寅二入中。九至震。已殤長子。肺癆病亡。

按是墓左鄰另一欒姓墓八方情形與此相仿同一三運用事一則艮山坤向三碧旺星在坤湖三運內發財四五萬金一則卯山酉向未發是即生旺處愈動愈吉之一證也

莫巷宋氏墓 無錫

山落平地。二運癸山丁向。在惠山之麓。乾坎二宮高山迤邐。癸上起峯。兌宮另有一山。辛上起峯。巳丙午丁未有他姓之土坟牆。堆築甚高。橫阻若屏。坐山靠正高峯山上排龍二黑到山。二運間人丁甚興。向上排龍二黑亦到坐山。正是水裏龍神上了山也。三碧到坤宮。毫無動情。故二三運間財運不濟。數十年來未嘗一放特彩。

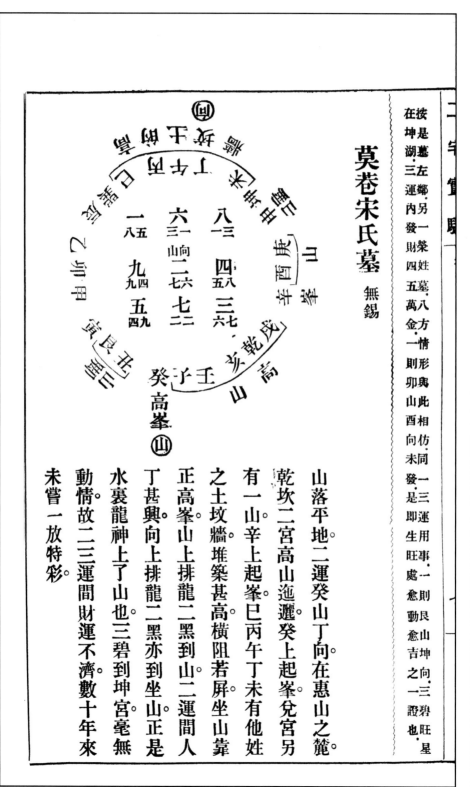

嶂㘚灣張裕昆墓 無錫

丁盛財衰之墓

山龍卯酉兼乙辛三分。二運初年葬。大龍身由艮轉坎入離。卯上起峯。中腰落脉兌乾艮巽峯巒聳繞。坤宮池塘。艮上澗溝。經過坎、乾、兌匯聚坤池。山上龍神二黑在坐山。一、六、八、三吉在巽、艮、乾、諸峯助吉。是故人丁興旺。二運間長房連生四子。小房二子。向上龍神二黑、三碧、上了震、巽、山峯。艮、坎、乾、兌、坤、活動之方滿佈七、九、五、六、一、背時星辰。是故財運大敗。次子吸食鴉片。將祖宗遺產變賣淨盡。

二運原向合葬向首逢五二交會致鰥夫疊出

崋𠲍灣南山麓榮某父母塋　無錫

一運寅山申向圖

二運原向合葬圖

一 四七	六 九三	八 二五
	山向	
九 三六	二 五八	四 七一
五 八二	七 一四	三 六九

艮來龍轉坎入離折坤。艮寅起峯落脉震巽離山峯環繞。戌乾亥山峯另一山脉距穴較遠。寅申兼艮坤山向。父穴一運葬。令星交會向首。靜而無動。財運平平。交二運。家境漸衰退。迨母歿原向合葬。星辰顛倒。小輩都遭失業。困難更甚。父穴山星二黑三碧。母穴三碧四綠。在震巽山上。二三運間人丁甚旺。母穴五二媿星會聚向首。紫白訣云。黑逢黃至出鰥夫。其家鰥夫疊出。蓋在乎此。

向首得三碧旺水。故葬後即發。穴後下陷。大違山龍用法。故失運即退。

按父穴坐山挨着山星七赤死氣。主人丁衰絕。而震巽山峯挨得二黑三碧。交二運後一旺一生。故有人丁興旺之應。觀此可證實山星生旺二氣所到處。逢山峯者足旺丁也。

孫巷某君父塋　無錫東大池惠山之麓

癸丑落脉。伏而再起。伏處有深澗橫阻。（由艮入坤）立穴在再起之高處。坐山葬正高峯。左右山峯環抱。乾亥凹風。丁未湖水。三運癸丁兼子午。某君未葬父前。已頗順利。既葬後勃然大發。以其元空五行。三碧旺星在向首水裏。所謂葬著旺龍當代發也。交甲子運年退財。鬪三運中最盛時。擁貲數十萬。今已化爲烏有。蓋一進四運。三碧衰退。四綠令星挨在艮峯。不得力。而穴後太陽下陷。大違山龍用法。是皆速敗之因。至於人丁。四綠到坐山高峯。三四運間可望順利。將來交進五運。恐如財之速退耳。

張村徐榮官父母塋 無錫

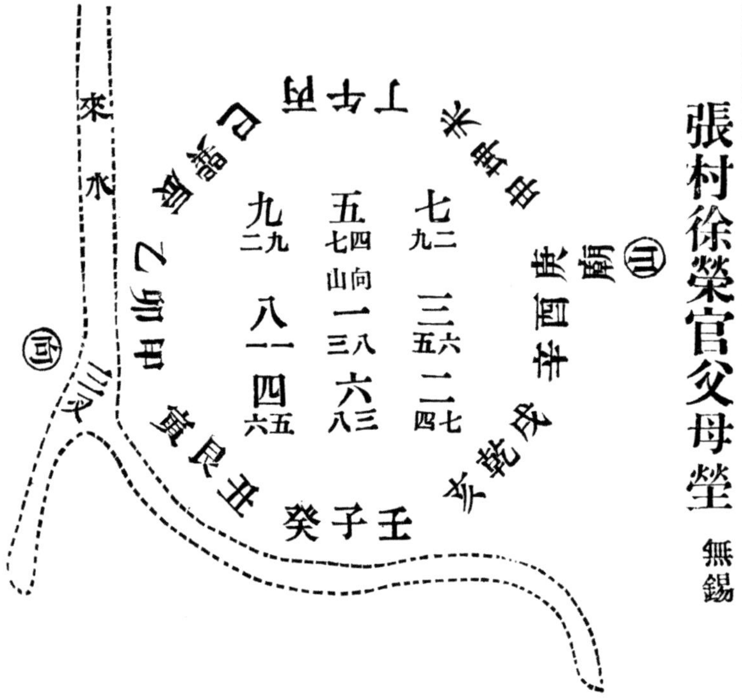

田隴。一運庚山甲向巽宮來水。此處暗見至甲上三乂分浜。一止艮一經艮坎止於乾宮。葬後迄今人丁大旺。因山上龍神巽二、震一、艮六、坎八、乾四、諸吉全在活動之方。財運平平。因水裏所得向星吉凶參半。

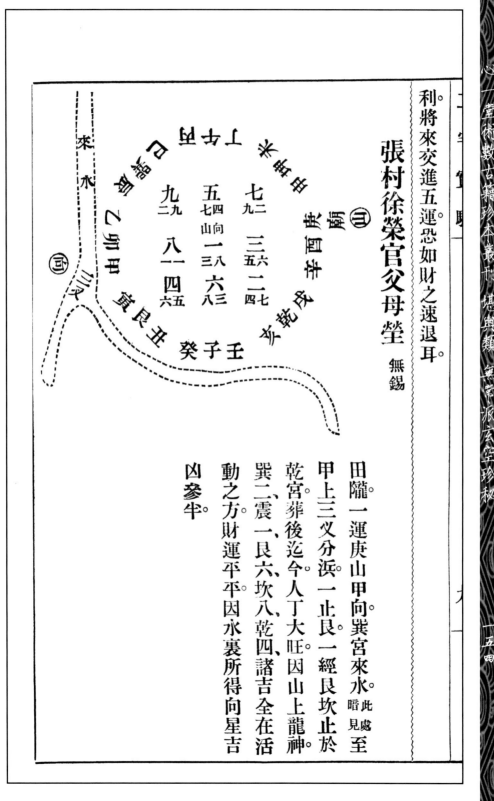

孔山榮玉全父母塋 無錫

乾上主峯向離出脉。横過穴後止於未上。穴後坐實。三運酉卯兼辛乙山向。山上排龍。三碧到山。四綠到乾。生旺並收。葬後玉全連生三子。是亦葬著旺龍當代發也。向上排龍。三碧正神到向。惜向首山峯重疊。而四綠生氣復在坤山。因此家境貧苦負債纍纍。按此墓雖葬旺向。而家寒若斯。此足證用無體不靈也。

丁盛財衰之墓

丁盛在坐山得三碧令星。財衰因離湖七赤死氣。

馬山王姓墓　武進

三運戌山辰向壬亥高峯落脈。在將盡處結成氣墩。依墩立穴向首無水。平山作案。葬後人丁興盛。財局不利。元空五行令星到山到向。山管人丁。要生旺之星挨在山峯。本穴旺星到山得山。故能丁盛。向管財祿。要生旺之星挨在水裏。本穴旺星到向無水。是故財祿全無。而丙午丁未太湖七五死氣乘凶。遂有敗退之應。

馬山許姓墓　武進

乾戌最高峯落脈。三運辛乙兼酉卯三分。山上排龍。三碧在坐山高峯四綠到乾宮最高峯三運間生旺齊收。而向星八九復至兌乾合出先天卦三八、四九、生成之妙。其吉無比。是故人丁興旺。向上排龍。三碧令星到向穴前逼近山脚。動情全無。四綠在坤宮高山生旺二氣皆不得宜。而巽宮太湖排着二黑退氣。是故財運不濟。兄弟數房無一得意者。

榮巷鎮某糟坊主顧某父塋

無錫東大池惠山之麓

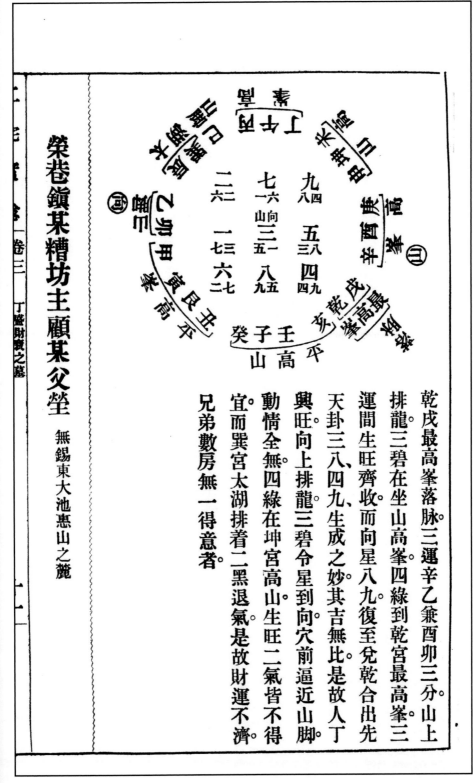

向上湖水佈着衰退之三碧。更逢乾宮凹風。九紫生出。致財運驟退。及家室遭回祿之殃。

坎艮二宮高山峻嶺。乾、兌、坤、震、巽、諸宮峯巒環繞。乾亥上山形缺陷。即凹風 丁上太湖癸丁兼子午一度民國十三年甲子三月用事。是年初交四運 山上龍神四綠旺星到山。靠正高峯主本運人丁興旺。向上龍神三碧退氣到向首水裏。九紫死氣到乾宮凹風所謂死衰處愈動愈凶者此也。又三爲震木九爲離火木遇火則燃洩所謂生出者此也。二者皆主退財。顧某自葬親後。糟坊中生意驟然清淡。大有一落千丈之概。往昔顧客接踵。經濟寬裕。今則門市冷落。週轉困難。有歇業之勢。乙丑閏四月廿七日晚間城內西大街住宅忽然失愼。祖遺精華。悉毀於火。四鄰皆未殃及。獨燒其家。且是晚無人在家。眷屬皆在榮巷。 按是年三碧入中。四綠巽風到乾。七赤先天火到向。五月已交芒種即爲五月 一入中。二黑先天火到乾。五黃到向。廿七日壬申三入中。又是四至乾。七至向。火遇風而愈狂。木逢火至益熾。遂致回祿之災。是亦退財之一也。予識顧某已多年。乙丑冬愍其連年遭遇。勸其遷墓補救。奈不信予言。聞今歲丙寅。又虧負甚巨。是亦大數使然歟。

向首三五木土。相尅。其次子癸亥生五黃土命。乙丑年三入中。七至向。重重尅入。是兒竟無恙。此即所謂貪生忘尅也。

三元大玄空地理二宅實驗卷四

梁溪懺悔學人著
同邑無相行人校

第四章　財盛丁衰之墓

白石嶺王姓墓　洞庭東山

山龍。卯酉兼乙辛三分寅甲高峯落脉。在半山立穴。以左右山峯爲護砂。乾戌辛酉庚申方太湖湖外遠山迤邐。（中上最遠）酉上湖中有小山一座作案。案外有山峯爲朝。湖水浩渺面積甚廣山上排龍三碧令星到山惟嫌會合非耦且艮峯挨着兌七死氣巽山坤二衰氣坎峯五黃零神坐山雖得旺氣。無如孤不敵衆。是故王氏人丁不興。水裏排龍向首得三碧旺氣。乾湖得四綠生氣。復與山星八九聚會。合出先天三八、四九、生成之妙。坤湖八白吉星。又與向首生成一氣。巧妙已極。所謂三吉是也。詢三碧運中王姓在滬經營洋貨業。獲利甚豐積資五十餘萬金。

三運大發。在乾兌活動處得向星四三生旺二氣。人丁不興。由於坎艮巽峯。佈着山星五七二死衰之氣。

山嘴村嚴姓墓　洞庭東山

山龍。二運甲山庚向。立穴在平地。甲卯高山。丙午低峯。伸出山脚。止申爲左護砂。寅峯。癸

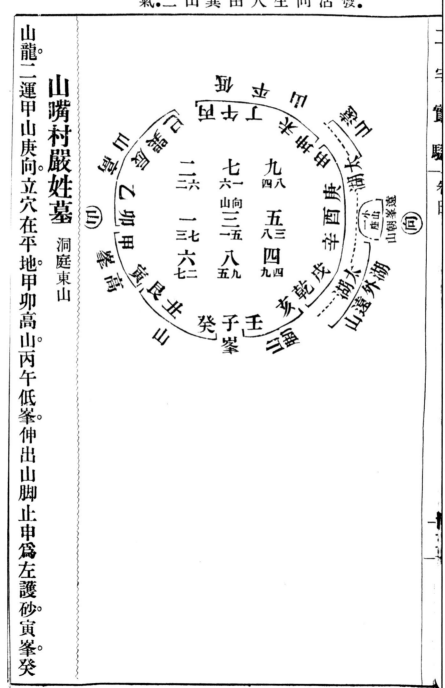

三運附葬甲山庚向。因星辰顛倒。而致丁財大敗。

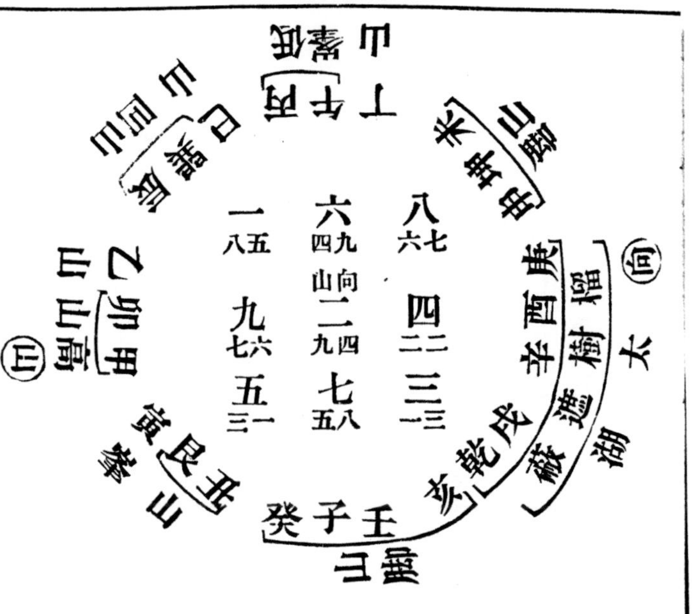

子壬亥山脚爲右護砂。乾戌辛酉庚太湖。穴前有果樹園夏秋間枝葉繁盛湖水遮蔽冬令葉落可見山上龍神破軍死氣到坐山人丁不利。自不待言幸艮山得三碧故在三運亦曾添一男丁向上龍神二黑令星到向三碧生氣到乾宮因生旺二氣在活動之方故葬後得青雲直上三運間嚴姓在滬經營棉紗業一手順利最盛時擁資四五十萬三運末原向附葬令星顛倒遂致丁財大敗所添男丁不幸夭殤數十萬家資罄於俄頃反致債檯高築墓地之關係人事如是不禁使人寒心按同在一地同一山向一在二運則大發。一在三運則大敗於此。可知用之重於體故名雖葬地實係葬天地隨天轉之說良不誣也因附葬星辰顛倒。致丁財两退。

何家山朱姓墓

洞庭東山

甲卯乙落脉。伏後再起。平地結大圓墩一座。依墩立穴。艮高山。震巽平山。午低峯。丁未坤申低山。庚上另一低山作案。酉辛戌乾亥太湖。亥上屋遮。坎低山脚。主穴二運甲山庚向。山上龍神。七赤死氣到坐山。人丁之衰可知。幸艮宮高山挨着三碧生氣。不致絕滅。水裏龍神。二黑旺氣到向。三碧生氣到乾。生旺全收。是故二運間財運大盛。三運其子主穴之子原向附葬昭穴。丁財皆退。以其上山下水星辰顛倒也。民國八年己未九入中。二到向。七到山。殤附葬者之長孫。十年辛酉。七入中。九到向。五到山。殤附葬者之子。

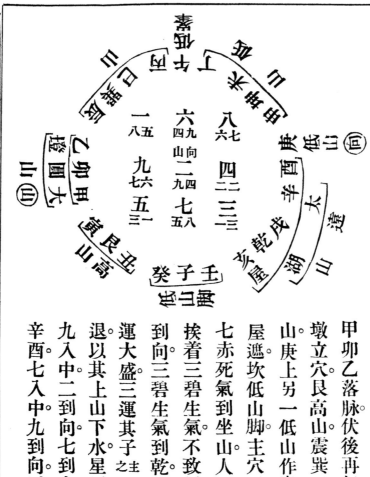

因巽峯七四。兌湖四七。致所生五男四女皆未成養。

三運甲山庚向附葬圖

二 九四	七 五九	九 七二
一 八三	三 一五（山向）	五 三七
六 四八	八 六一	四 二六

紀革頭陸姓墓 洞庭東山

財盛丁衰之墓

一運丙山壬向。大龍身由艮入坤。巽巳高峯落脉。憑山脚立穴。酉辛戌乾亥壬子癸丑艮太湖。坎宮湖面最廣。葬後兄弟二人。連育五男四女。皆未成養。其因在巽峯七四兌湖四七金木相剋。宣統二年庚戌一入中三年辛亥九入中。兩年內傷亡最多。計老幼五口。現人丁已絕。是巽兌相尅之

外。復因坐山九紫死氣使然。向上排龍。一白、三碧、四綠、五黃、在坎艮兌乾、活動之方。故三運中財運大旺。

惠麓周氏墓 無錫

母穴二運未山丑向圖

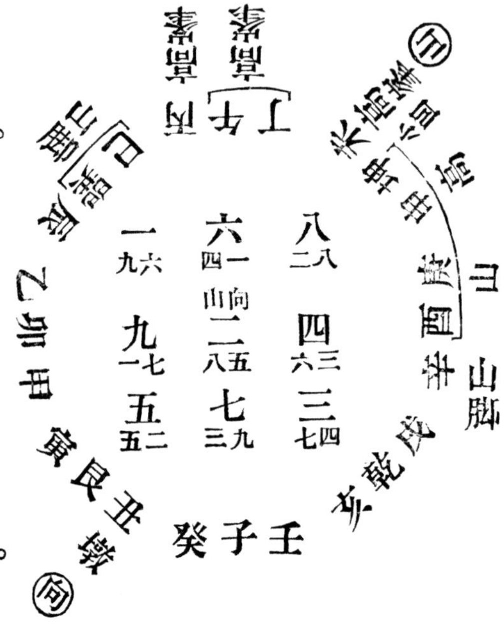

父穴三運原向合葬圖

二 八七	七 四二	九 六九
一 七八	三 九六 山向	五 二四
六 三三	八 五一	四 一五

未山丑向兼丁癸三分。母穴二運用事。父穴三運合葬。未上高峯落脉。龍氣極雄壯。其地土色甚紅活。離坤兌三宮高山迤邐。坐山靠正高峯。乾坎艮震方森林繁茂。龍身步步向下傾斜。向首無水。距穴十餘丈處有土墩作案。母穴二黑令星到山到向。主二運丁財兩興。惟爲

時無幾卽交三運。山上排龍。三碧落陷坎宮。父穴山上龍神。旺星又陷向首。故三運內人丁不盛。向上龍神三碧旺氣到向。八白在震宮。與向首三八爲朋。合生成之吉。一白在坎。有生扶向首之功。三吉之向也。是故周君三運內財運頗佳。爲錫邑商界巨子之一。

按著者歷觀各家舊墓。凡龍氣佳。巒頭美。旺氣挨到向首。雖無滴水。亦可發福。蓋山龍以高一寸作山。低一寸作水論也。但平常之地。則未見有特彩。

楊灣山周姓墓 洞庭東山

二運艮山坤向。光緒戊子年用事 子癸丑艮山峯。丑上拖下山脚在半山立穴。寅甲卯乙內外山脚二層爲左護砂。壬亥乾戊山脚二層爲右護砂。辛上太湖。酉庚申低山。辰巽巳丙午丁未坤方蘆田一望無際。田外太湖環抱如帶。午上有一小浜。自湖入口。止於丁上。元空五行星辰顚倒。向首五二同宮。紫白訣云。黃遇黑時出寡婦。周姓婦女寡居三人。莫非無因。巽宮七四金木相尅。葬後第二年歲次己丑。三入中。上元乙亥生八白土命肺癆病亡。葬者之孫亡時年十五 第六年癸巳八入中。丁丑生六白金命時疫亡。葬者之孫時年十七 第十年丁酉四入中。丁亥生五黃土命急病亡。葬者之孫時年十一 其後屢屢損丁殤小口。其年月已不可追考。最近如民國七年戊午生男孩。至十年辛酉夭殤。元年壬子生男孩。至十五年丙寅夭殤。此皆星婦女寡居。在向首五二同宮。損丁在星辰顛倒。殤小口在巽宮七四交會。

辰顛倒與巽宮七四使然也。論其財運。午浜來水得向星三碧在二運爲生。三運爲旺。故二三運中財運頗盛。

塘橋朱姓墓　武進

田隴。辛山乙向。一運末年葬。有震水流兌。經巽離坤三宮。在離上特潤。此處距穴最近穴前稍遠三運大發。由於離水向星三碧所致。殤小口。在巽水七四金木相剋。

湖沙楊姓母塋

洞庭東山

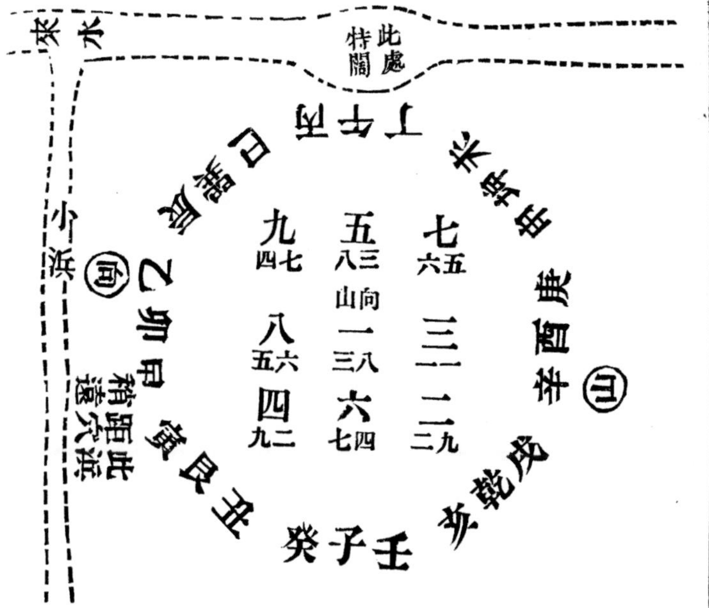

有小浜一道。自南至北。在巽入口。經巽震艮三宮。（立穴祗見離巽二宮水亮）葬後即交二運得離宮三碧生氣。故其子（葬者之子）處處順利。至三運大發。蓋離宮轉生爲旺。現在葬者之子已過世多年。小輩已不如乃父在日之盛。因離水已衰退也。至於人丁。二運內生三子一女。幼殤子女各一。三運內長子連生二子。皆未成養。目下兄弟二人年已在三十外。均抱伯道之憂。查其殤小口之因。全在巽宮七四金木相尅。

向首有水。四層挨着。三碧旺星。故三運大發。

乾低峯來龍。向震出脈。橫過穴後。壬子癸丑艮寅一帶平山崗。在坎上拖下山脚立穴。

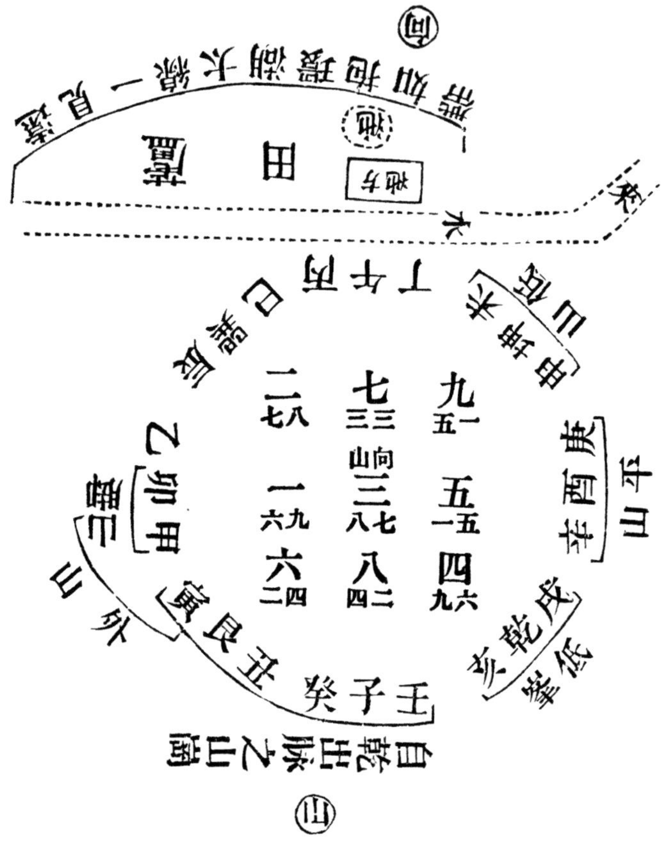

坤宮有來水。經離巽二宮向震直去。午丁上另一方池。午上更有一圓池。河浜之南。除兩池外一片蘆田。春夏之間。一碧無際。風景殊佳。蘆田外遠見一線太湖。環抱若帶。穴前距水十丈餘。向首共得水四層。癸丁兼子午三分。三運宣統辛亥年用事。向上排龍三碧令星到向。八白到巽。一白到坤。所謂三吉是也。葬後楊姓在滬經營木業。發財三百餘萬。山上排龍。三碧令星到向。所謂山上星辰下了水也。其人丁之不盛。全在乎此。

前洲沈姓墓 無錫

田隴。庚酉方距穴三十餘丈處。有浜水冲來。折向坎方止於乾宮。立穴不見水光巽宮有漕河距穴約五丈餘。被他姓坟埄遮蔽。丙上略見河梢。一運癸丁兼子午。向上龍神一白到向。丙上河梢無權力二黑在艮。一二運間財局不振。三碧在浜水冲來之兌方。三運內財運大盛。此即生旺處愈動愈吉之一也。交四運三碧衰退。故數年來處處虧耗。所謂死衰處愈動愈凶也。山上龍神一白、二黑、三碧、所在處。全無動情。故人丁難期興盛。

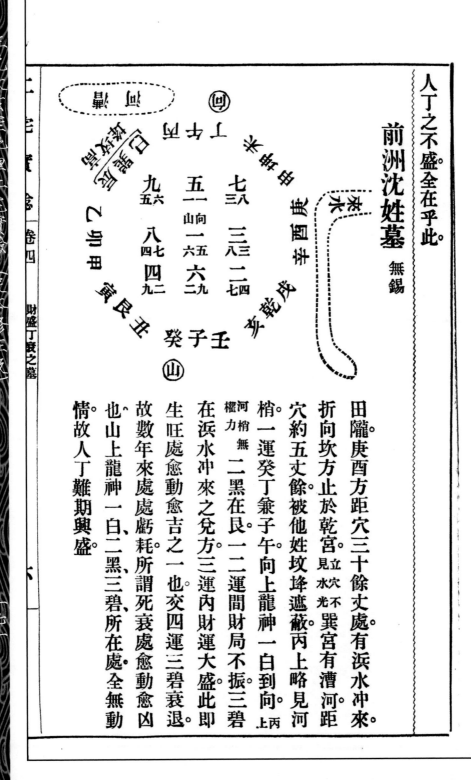

馬山張姓墓 武進

祖父一運癸山丁向圖

祖母三運原向附葬圖

二 七八	七 三三	九 五一
一 六九	三 八七（山 向）	五 一五
六 二四	八 四二	四 九六

艮高峯來龍。轉癸子落脈。穴前十餘丈外一片平田。坐山平峯。丁未坤太湖。祖父一運癸山丁向。葬後丁財皆興。三運祖母原向附葬。向星三碧旺氣在向首活動之方。坤上一白助吉。故財運更爲發達。惟人丁則不佳。蓋兩穴山星三碧旺神陷在坤離太湖。艮坎二峯挨得九二死衰之氣。幸祖母穴坐山得四綠生氣。尚有後望。聞大房兄弟三人皆抱伯道之憂。獨小房在三運曾得一子。

財盛在乾兌水裏得四三生旺之星。丁衰因坐山三碧旺星逢高屋背平洋坐空之理。

雪堰橋楊姓墓　武進

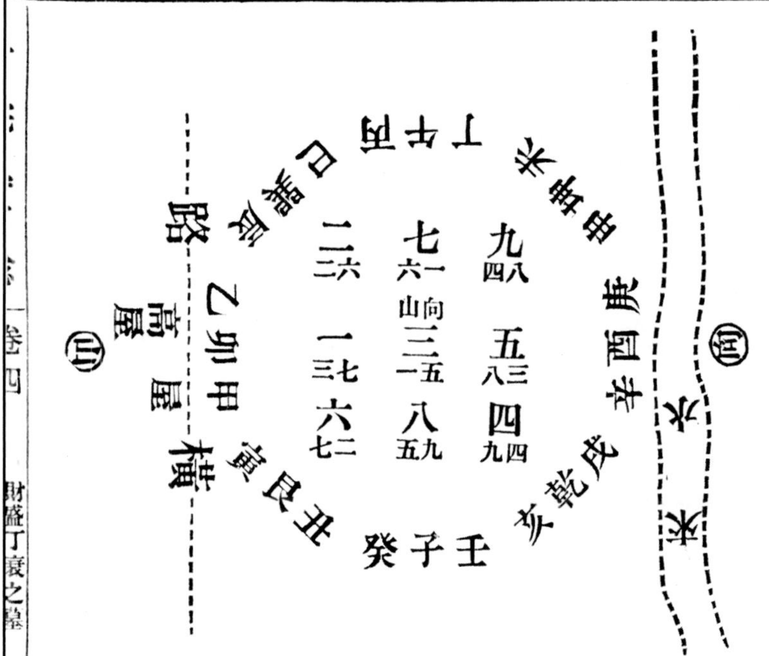

田隴。三運卯酉兼乙辛。有坎水流離經乾、兌、坤、三宮。穴後有高屋及横路貼身。葬後財運大佳。漸置良田百數十畝。被舉爲邑中圖董。其發福之因。全在乾兌活動之方。飛着向星四綠三碧生旺二氣。及坤上八白輔星所致。山上排龍。坐山雖到旺神。惟平洋與山龍廻異。山龍宜坐實。平洋宜坐空。反之皆主人丁衰絕。本穴坐山得高屋。高者應作山論。違背平洋坐空之理。因此人丁衰薄。且向星七赤破軍臨坐山。逢高聳多不利。又貼身横路衝動巽艮二七衰死之氣。於人丁更多不利。故楊氏抱伯道之憂。

雪堰橋宗阿松父塋 武進

田隴。三運丑山未向。巽離坤橫河。(自東流西)未上有木橋。離宮距水最近。權力最大。元空五行。是方四二同宮。不利二黑土命。又四在三運爲生氣。故葬後卽覺財運順利。阿松上元庚寅生。適屬二黑土命。民國十四年乙丑。三碧入中。七赤剛金到離。八月七赤入中。二黑病符到離。於是時重病幾殆。穴後貼身橫路。山上排龍三碧到山。得力甚微。四綠到兌。逢屋尖洩氣。巽、離、坤、宮得七、二、九、死衰氣。故葬後迄今兄弟二人皆未生育。

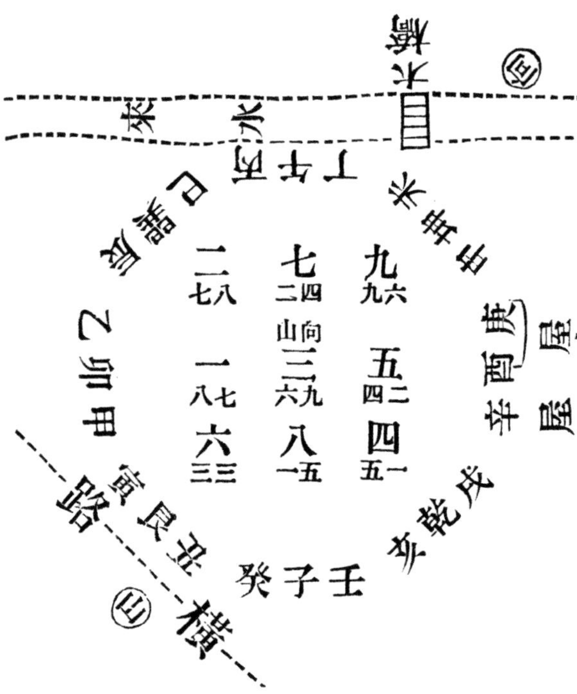

九、二、三運間甚寒苦。至三運勃然興發。因乾湖向星三碧也。坎湖七赤未見凶害。蓋在森林遮蔽故也。

馬山某圖董父母塋 武進

山龍。九運乙山辛向。在九、二、三運間甚貧苦。因向上排龍九紫一白上了高山。二黑在中宮所致。坎乾太湖。坎水森林遮蔽。乾水亮。三碧在乾宮。三運間三碧當令。勃然生財。購置良田七十餘畝。被舉爲邑中圖董。人丁則二三運間甚爲衰落。目下祗有一孫。蓋山上排龍二黑三碧下陷坎離。所謂山上龍神下了水也。

郁巷某君父穴 無錫東大池惠山之麓

財盛丁衰之墓

向星三碧在坤水。故三運大發。坐山得山星九紫死氣。故人丁不興。

山龍。艮山坤向兼丑未三分。艮宮落脉。坐山靠正高峯。山上排龍九紫死氣到山。人丁衰薄。幸震山得四綠生氣。尚堪添丁。向首見湖水二層。值三碧令星交會。某君上元己丑生。三碧木命。在三運中發財數萬金。交四運漸見衰落。

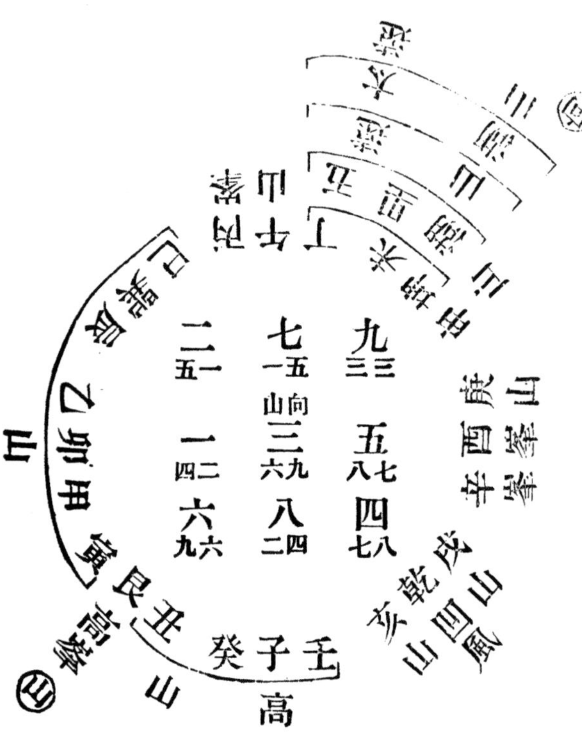

橫山侯姓墓

無錫橫山東麓

山龍。祖塋一運乾山巽向。向星二一黑在震宮。適逢兩池重疊。兄弟二人。二運內頗發達。山兩坎向星二黑同在震池。故二運中財運大盛。

祖塋一運乾山巽向圖

父塋二運
辛山乙向
附葬穆穴
圖

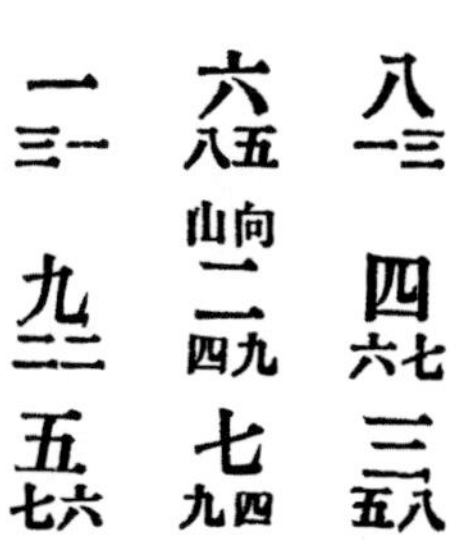

星一白在向首。二黑入中不得力。故人丁不盛。幸坐山得三碧生氣。不致絕望。父塋二運附葬穆穴辛山乙向。二黑令星交會向首池上。葬後財運大盛。富冠全村。交三運漸衰退。小輩某君在滬經營鉄業。虧耗鉅萬。山星二黑、三碧、落陷震巽二宮。致人丁不振。小輩某君結褵十餘年。膝下猶虛。蓋在此也。

楊木橋某君父塋 無錫

橫山東麓平田內離山甚近。應作山龍論。三運酉山卯向。穴前十餘丈外有澗水橫過。澗外另有一小池。坤宮暗池向上龍神三碧到向。四綠到坤。三運間生旺齊收。是故某君名利均佳。穴後橫山。橫貫乾兌坤三宮。山上龍神。三碧四綠生旺二星到乾兌。主人丁興旺。惜乾兌距穴七八丈外。各一池塘。致變旺爲衰。某君年已半百。膝下猶虛。蓋在此也。按山龍坐實。平洋坐空。反之則丁絕。觀乎此墓可證實矣。

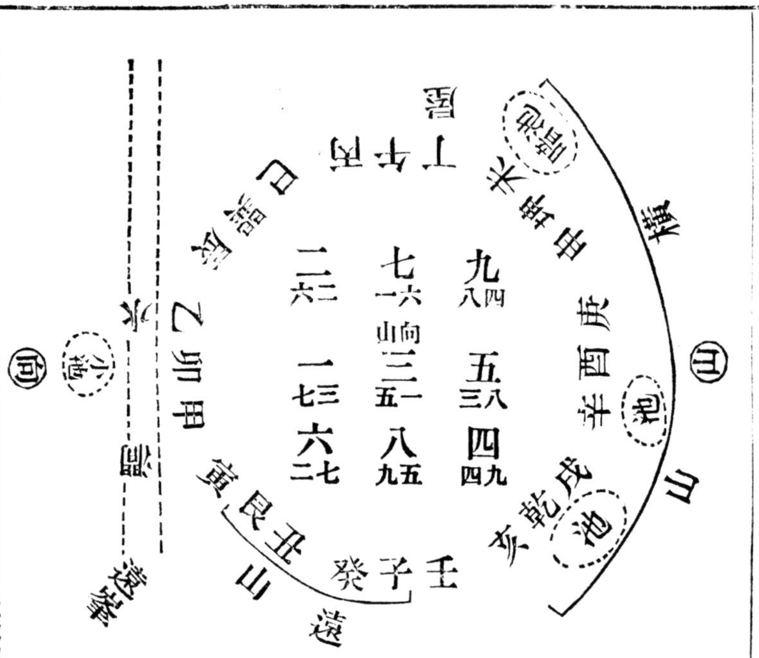

丁村袁姓墓　無錫

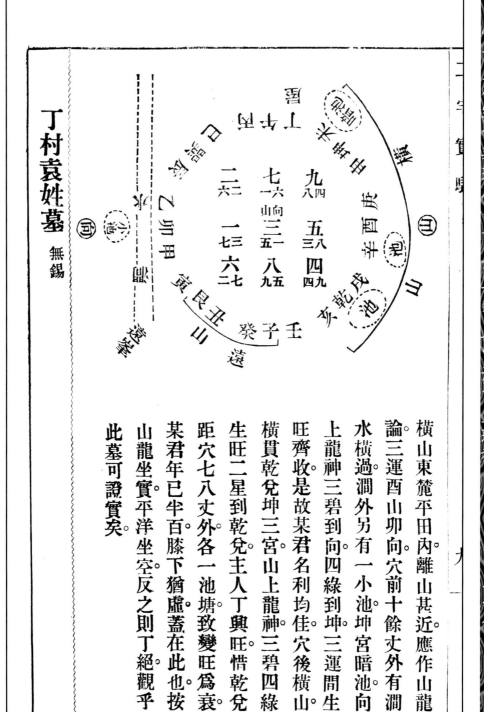

山龍。一運巽山乾向。巽離二宮高平山。巽巳拖下山脚立穴。乾亥遠池塘。元空五行上山下水。星辰顛到。葬後數年內殤二子。（葬者之子）及幼孫。多人。祇存一子一孫。交二運得向首震木生氣。家計漸富餘。及三運三碧當旺。財運大佳。人丁則仍不盛。

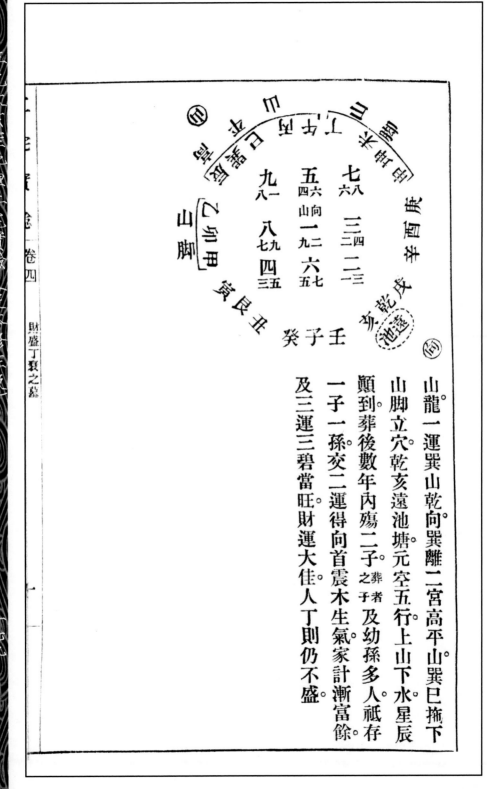

三元大玄空地理 二宅實驗卷五

梁溪懺悔學人著
同邑無相行人校

第五章　丁財兩盛之墓

實業大家榮宗錦德生昆仲之發坟　無錫

田隴。在橫山北賜福堂墳西。艮坤兼丑未一分。三運初年用事。有澗水自艮宮蜿蜒而來。繞過甲卯乙辰巽巳丙午丁至向首。在申上曲折消出。向首另鑿一月池。未丁澗上有一石橋。橋下為石壩。澗水阻儲離宮。復注蓄月池。申上澗水灣轉消出處。復一石壩將澗水阻積向首子壬亥方一大池塘。冬令池水涸時。見池底有魚背狀之砂硬。自乾宮舜過山來。在池之南邊。脉身微伏再起。折向離方行數丈結穴。該墓適葬其穴。（葬者是宗德二君之父）自用事迄今。兄弟二人連步青雲。經營麵粉紗布二業。二十年中。於無錫、上海、漢口、濟南、等處創設茂新、福新、等粉廠十二所。復於上海、無錫、漢口、常州、創立申新紡織廠六所。事業之

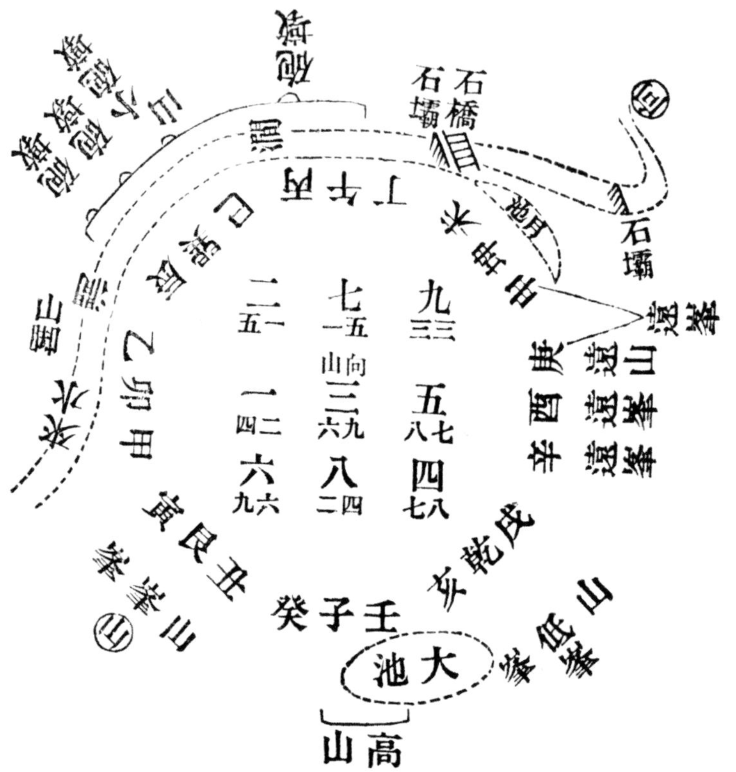

巨聲譽之宏盛極一時。幾爲我國實業界惟一之人物。至於人丁。扞後迄今。兄得三子。弟得七子。丁財大旺。可稱獨步。考其發福原因。雖由於巒頭眞結之美。然無理氣之用。亦無以顯巒頭之佳。蓋五穀雖生長於地。非藉天時不實。使稻而播於秋冬。麥而種於春夏。安得冀其收穫。是故體用並佳。方得發福無休。是穴元空五行。向上排龍三碧令星在向首。得月池潤水。二層四綠生氣在坎宮池上。所謂生旺處愈動愈吉者此也。右此二吉。三運內已足名利雙收。按旺氣主財祿。生氣主名譽榮君

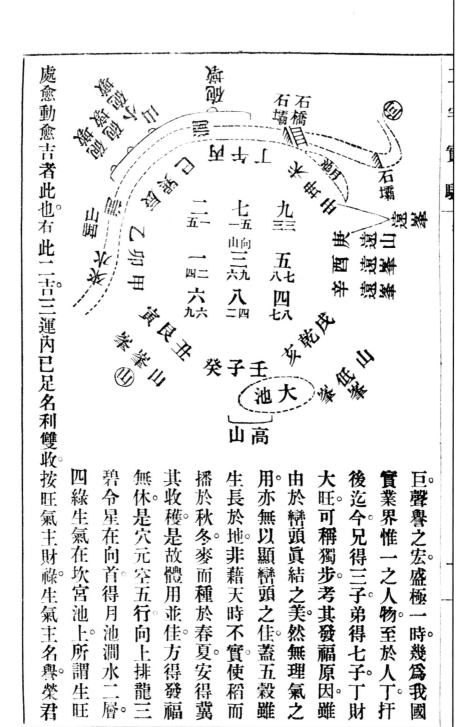

德生被選爲省議員國會議員。蓋在坎宮一池水也。五黃零神在離宮澗水儲蓄處。巽宮來水。復值一白吉神生扶向首。此四吉之局。宜其旺上加旺矣。交四運。向首三碧就衰。坎池轉生爲旺。離澗化零成生。其發福之悠久可知。山上排龍。三碧在向首。四綠在震澗。五黃在巽澗。一白在離澗。四吉全收。宜其人丁之大盛矣。

洞庭東山席氏發坟　吳縣

山龍。在牛背山頂。大龍身自坎入離。子上起平圓峯。向兌拖出山脚。爲第二層右砂。戌乾亥另有由艮向坤之小山。爲第三層右砂。丑上平圓峯。較子峯略高。向坤拖出山脚。爲第一層右砂至乾上。微高起橫過向首。如踏步然止於申上。寅甲卯乙高平山。寅甲略高。上半山腰間出脉。起頂結成金星形圓峯。向庚酉辛開面。成大鉗結穴。左鉗略高。穴距峯頂約四五丈。主山仍向離行。至巽上復向兌拖出山脚。止於丁上。爲第一層左砂。至丙午復起二低峯。拖出山脚。止未爲第二層左砂。至丁復起圓低峯。向兌拖出山脚。止坤爲第三層左砂。未上低山。向兌拖出山脚。止坤爲第四層左砂。坤低山向兌拖出山脚。止申爲第五層左砂。丁未坤申庚酉辛戌乾亥太湖。丁未坤申湖面略小。湖中酉上小山一座爲案。

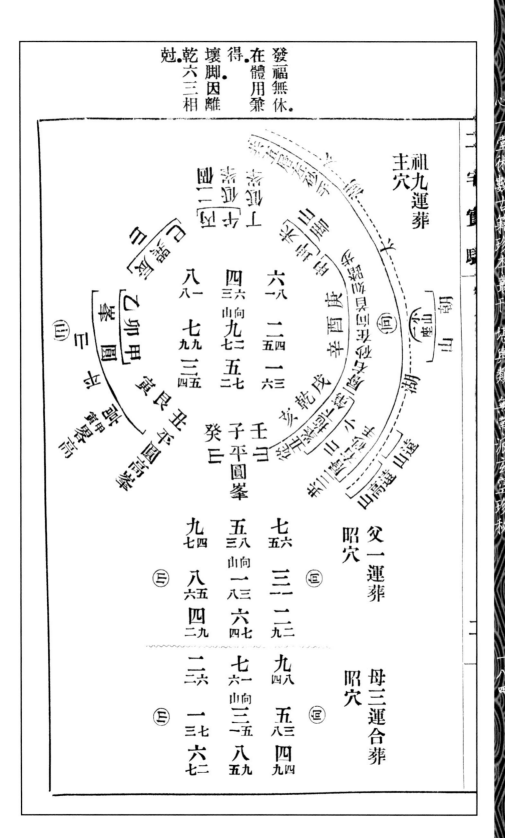

發福無休。在體用兼得。壞脚。因離乾。六三相尅。

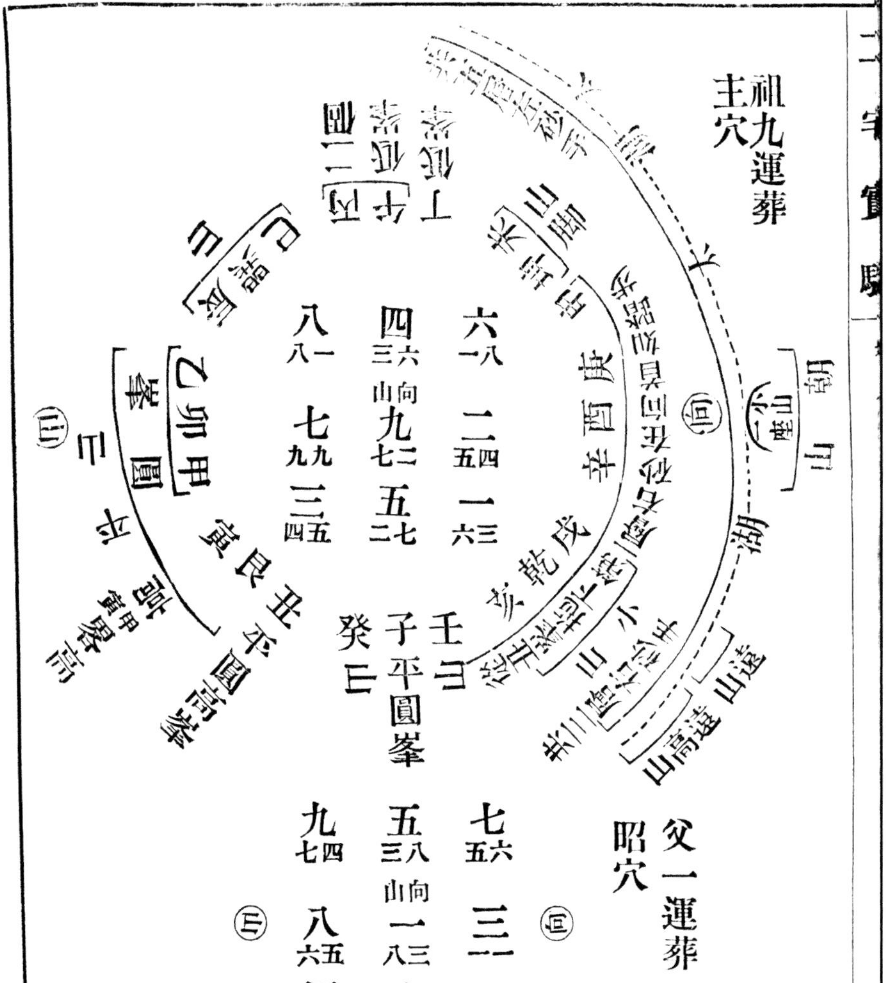

案外高山爲朝。山峯尖圓正齊。辛戌乾亥湖外山峯迤邐。戌乾最高。向首明堂寬廣。湖水如弓背囘形。湖中庚上另有小浮山二座。統觀全局左右砂手層層環抱。湖水案朝秀麗有情。巒頭之佳實爲罕見。

卯山酉向兼乙辛三分。祖塋（主穴）九運葬。父塋（昭穴）一運葬。母塋（昭穴）三運合葬。葬者有孫四（主穴之孫昭穴之子）季過繼戚家沈氏。上元一二運間兄弟四人經商滬埠。長發財數十萬金。次發七百餘萬金。三發數十萬金。季發千餘萬金。其財運可稱盛極一時。三運曾孫繼興。人丁亦盛。考其大發原因。雖在巒頭之美。然無理氣無以表揚之。元空五行水裏龍神。祖塋三、四、八、六。父塋二、一、六、八。母塋四、三、八、一。諸吉齊佈乾、兌、坤、離、湖水動處。體用全合。宜其一運迄今發福不替也。

按祖塋離乾二宮六三金木相尅。木爲肝。爲足。曾孫某君壞脚。或在此。因姑誌之以待研究焉。又按乾坤艮巽子午卯酉爲天元卦。此卦元空生旺吉神在水裏動處。其吉更勝他卦。今觀榮席二墓。此說可以證實矣。

金窩朱姓墓 洞庭東山

乾兌太湖。佈着向星三四。應發福於三四運間。故初葬大敗。

巽峯落脉。葬在半山。穴前三丈餘地形卽行低陷。明堂寬廣。左丙午丁未坤申庚酉。右乙卯甲寅艮丑癸子壬亥。均由主山拖出山脚及平低山爲護砂。乾戌辛太湖。湖外山峯迤

邐。向首湖中小山一座爲案。案外山峯爲朝。體形極佳。一運巽山乾向扞後。葬者之子困窮不堪。將房產變賣殆盡。迨二運下十年。葬者之孫經商滬埠。逐漸順利。交三運連步登雲。二十年內發財卅餘萬金。蓋地局雖美。須合理氣方得發福。向首挨得三碧。兌宮四綠。初葬時值一運。三爲零神。四爲死氣。故葬後一寒如洗。交二運三碧轉零爲生。四綠化死爲零。自應漸有起色。及三運生者轉旺。零者變生。吸得生旺二氣。自然直上雲梯矣。人丁不旺亦不衰。(葬者之孫現有二子)以其坐山一白鎭座。二三四挨在平低山也。

艮乾水裏。得山向三碧。故三運間丁財兩興。

長大度陸姓墓 無錫

田隨兌方來水。經戌乾亥壬子癸止於丑艮寅。在坎方特濶。癸上向坎分浜曲消二十餘丈止於坎宮。立穴見坎乾水亮戌乾亥隔水即村莊。甲山庚向。二運用事。山上龍神二黑在向首。三碧在艮。水與向星一白交會。水木相生。故三運內連添四丁。向上龍神二黑在向首。是方靜而不動。故二黑運內家境極寒。三碧到乾宮來水之方。且與山星一白會合。復得坎宮三叉八白為朋。艮水一白吉神輔助。故三碧運內財運蒸蒸日上。

丁巷某君祖塋 無錫

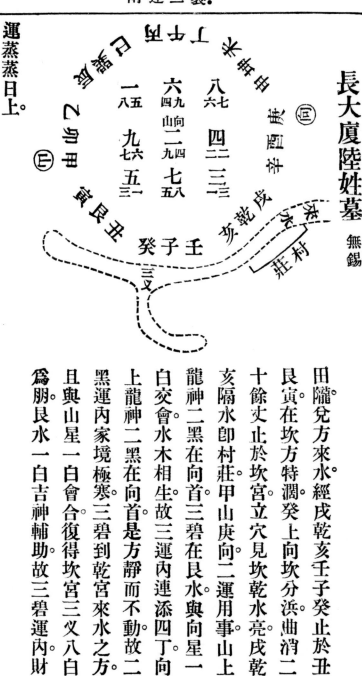

向首得三碧旺水。七層更逢巽坤八一助吉。故得丁財俱盛。

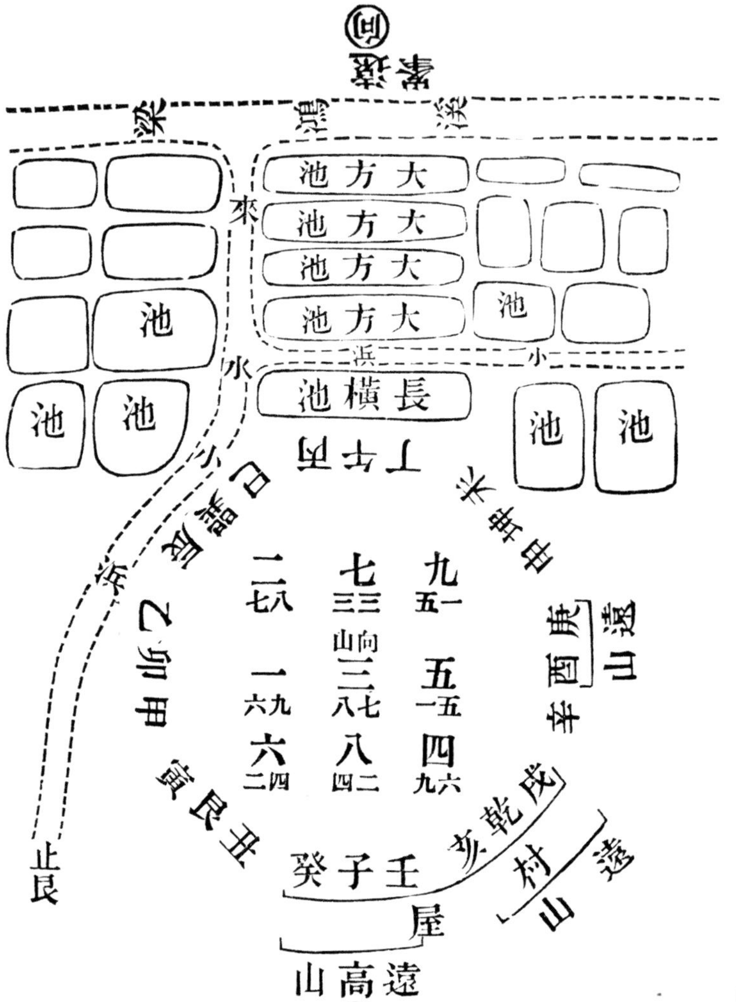

田隴。地居水邊。坎脉離水向首有水七層。第一層長橫池第二層小橫浜。在巽分浜由東流西第三、四、五、六層方的大池塘重疊四只第七層即西流入湖之梁鴻溪。巽宮小浜自離溪入口。在巽折消艮方約數十丈而止。巽方浜外另有許多池塘。坤宮重疊兩個方池。此外亦有

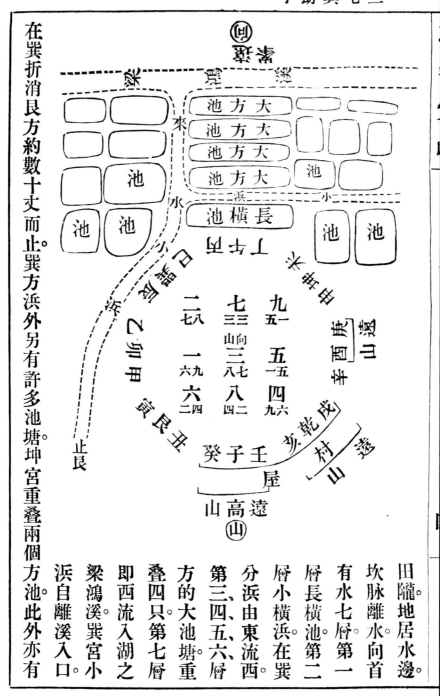

許多池塘。（池塘均是蓄魚的）墓地左浜右池。如凸字形。大陸之氣行至水邊而止。穴地之凸出處。衆氣匯集。立穴在凸脛衆氣收束之處。其氣之足可知矣。子午兼癸丁山向三運初年用事。葬後某君在滬學習烟紙業。克勤克儉。不久自己經營糧食業。疊遇良機會未及十年。發財四十餘萬金。人丁亦興。以其地局之美。復得元空五行之合宜方臻如此其遠祖葬在左近則未見如何特殊。蓋在葬時元空五行之不合。此亦葬天說之一證也。

鐵業巨商張某發坟　無錫

田隴。在張巷後背。有坎澗直衝至坐山。折而向震。經壬子癸在丑艮寅復折向離。經甲卯乙止於辰巽巳。（在巳丙之間另有小溝消出）環抱如鈎。辰上有石壩。將水分儲震宮。祖塋二運乾山巽向兼亥巳三分。向上排龍二黑到向。九紫到山。澗水衝來生扶向首巨門土。經云從外生入名爲進者此也。父塋三運原向附葬昭穴。元空五行令星顛倒。妙在坐空朝空。不生危險問題。（於此可知玄空用法。二十四山向。個個可用。無當令背時之分。祗須巒頭理氣配合得宜耳。）向上龍神。一白到向。三碧在坐山澗水衝來處。三運內張某任滬上某鐵號經理。疊遇良機。發財數十萬金。被選爲鐵業公會會長。交四運辭去本兼各職。改就他業。聞二三年來處處多不如意。蓋三碧就衰。四綠

二運祖塋主穴

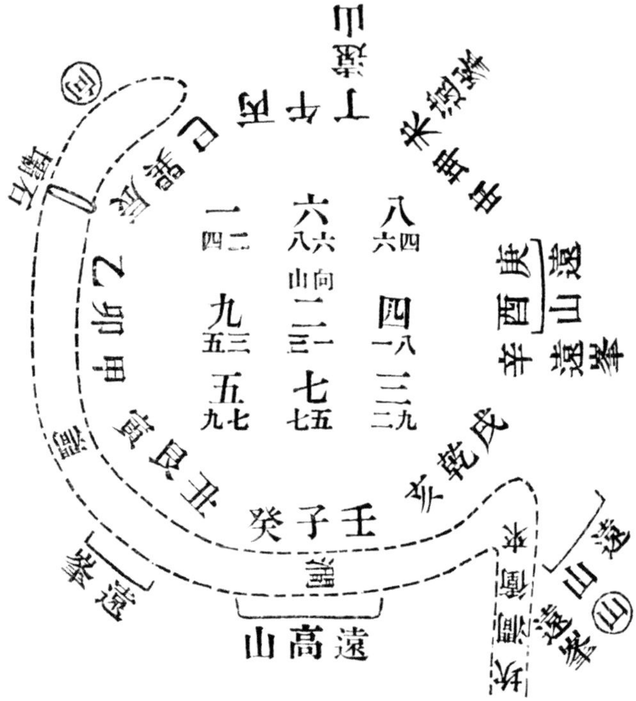

三運父塋附葬昭穴挨星圖

二 三一	七 八六	九 一八
一 二九	三 四二（山 向）	五 六四
六 七五	八 九七	四 五三

旺氣在坤兌不得力也。山上排龍。祖穴二黑到山。四綠到向。父穴五黃在山。三碧在向。二三運間生旺全收。故人丁佳利。丙寅流年二黑入中。一白到向。於是年慶抱孫焉

張門灘臧氏墓　無錫

田隴。大水自兌至震。橫過坤離巽三宮。在坤上三叉向南分浜。在巳巽大三叉向北分浜。

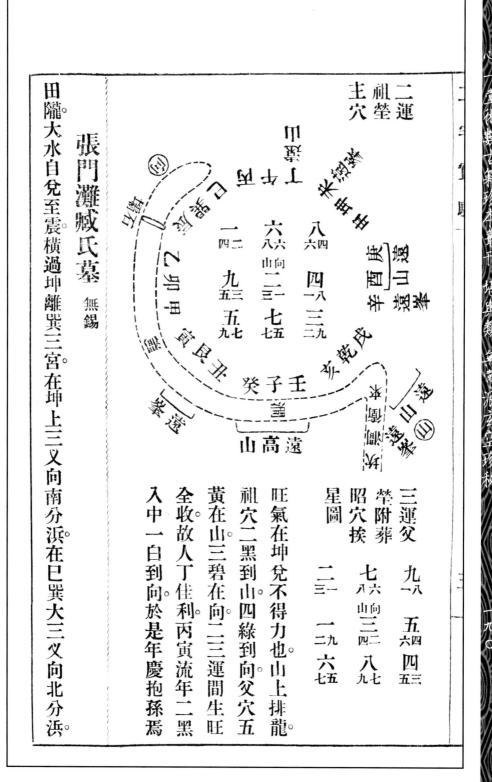

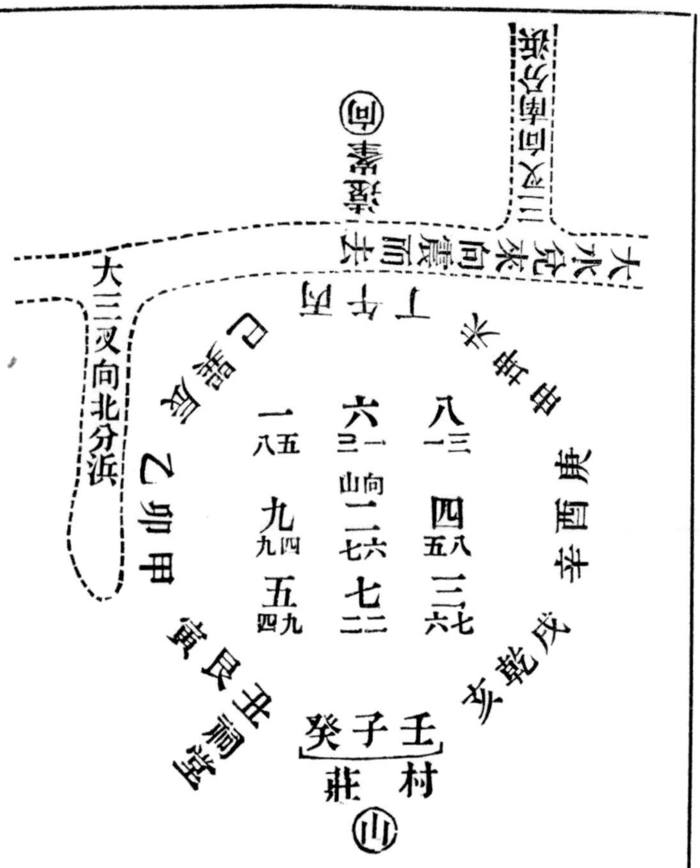

經過辰乙卯止於甲上。穴之前後均低田。向首及震巽各距水約十餘丈。午上遠峯作案。丑上祠堂。壬子癸村莊。子午兼壬丙三分。二運用事。坤方來水三叉佈着向星三碧。復與山星一白交會。水木相生。三碧運內財之興盛自不待言。復得震四巽五財局之悠久可知。山星三碧居向首會合向星一白。情同坤宮。人丁自應興旺。葬後迄今。葬者之子連舉二子三孫。財局雖耕種爲業。竟以克勤克儉富冠全村。惟嫌巽宮三叉五八交會。故女丁有患黃病者。有患癆病亡者。幷殤幼女三位。男孩一位。「最近事實民國十五

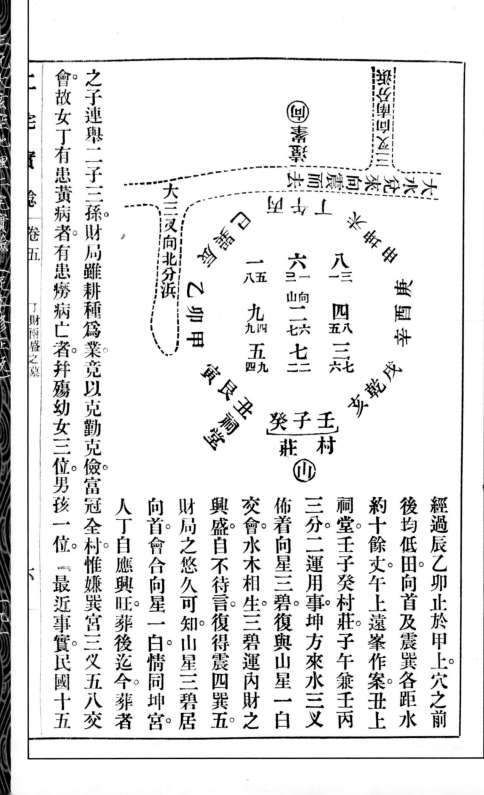

年丙寅三入中二黑至巽四月八入中七赤至巽有女丁患癆病亡者。

張村惠榮法祖塋　無錫

田隴。一運庚山甲向巽宮來水繞經震艮坎止於乾宮在卯甲上三叉特濶向坎分浜即止艮宮登穴見震、艮、坎三宮水亮山上龍神一、六、八、三吉居之一運迄今子孫綿綿人丁頗興水裏龍神一白到向三碧到坎五黃到艮榮法初甚寒苦習水作業以勤儉起家其子繼之卒成小康望重鄉里三運末其妻及媳葬辰山戌向新地長孫某近年吸食鴉片閒蕩不務正業大有將祖、父以勤儉得來家業罄盡之概茲以其新塋圖列

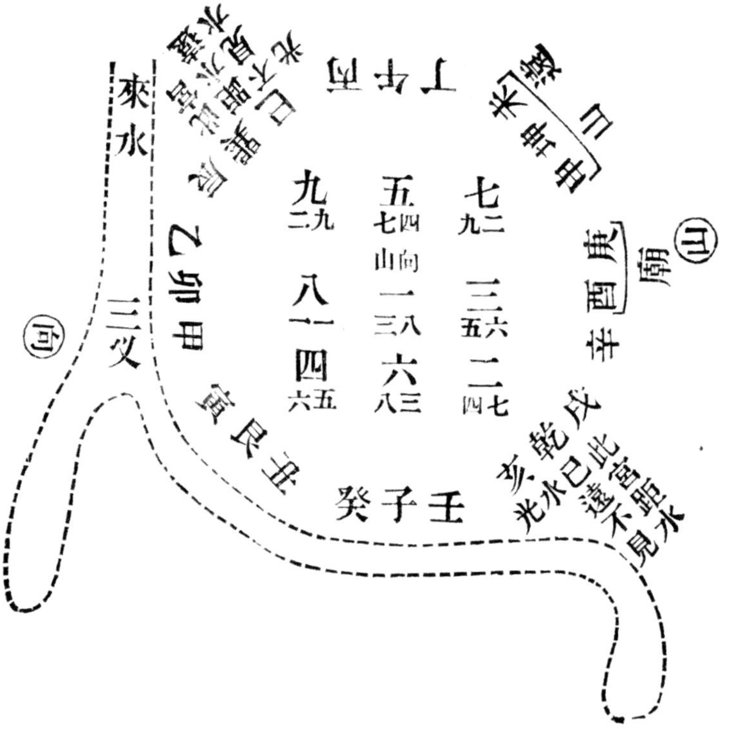

後藉資研究。

惠氏新塋圖

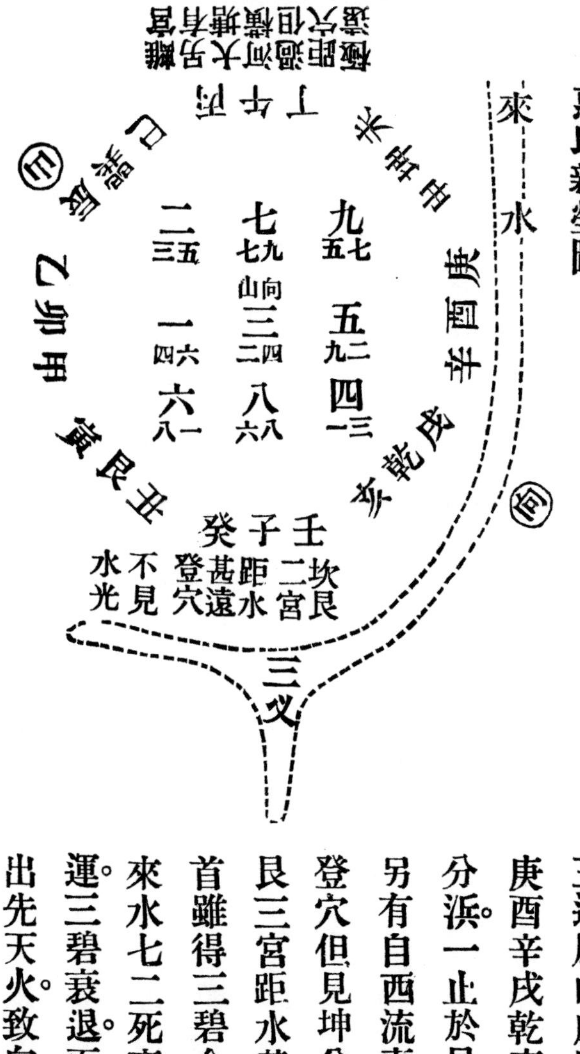

三運辰山戌向。未坤申來水。經庚酉辛戌乾亥在壬子癸三义分浜。一止於艮。一止於坎離宮另有自西流東之大塘河橫過。登穴但見坤兌乾宮水亮。離坎艮三宮距水甚遠。水裏龍神向首雖得三碧令星。惜不敵坤兌來水七二死衰之氣。且今已四運。三碧衰退而坤兌七二復合出先天火。致向首三碧洩氣。宜其敗之速矣。

張石山榮氏塋　無錫

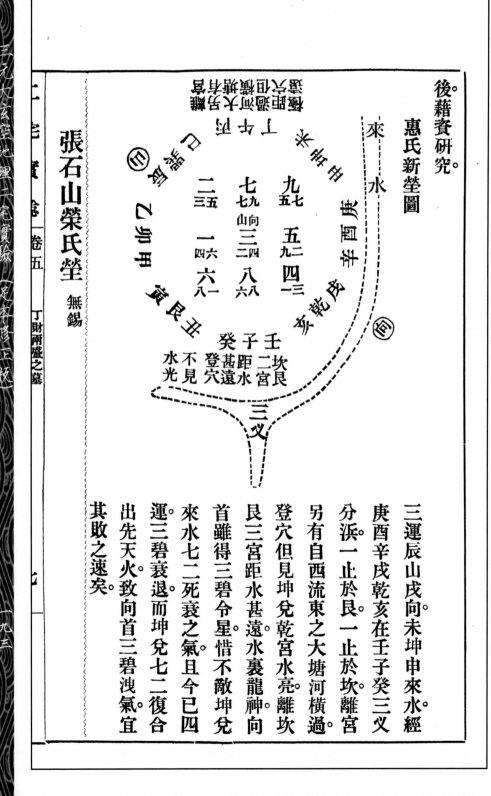

中宮七四交會。因金墩高而有殤小口之應。

坎來龍。丑上起峯落脉。拖下山脚二十餘丈。在平地立穴。乾亥遠峯。午丁小池。坤申大池。

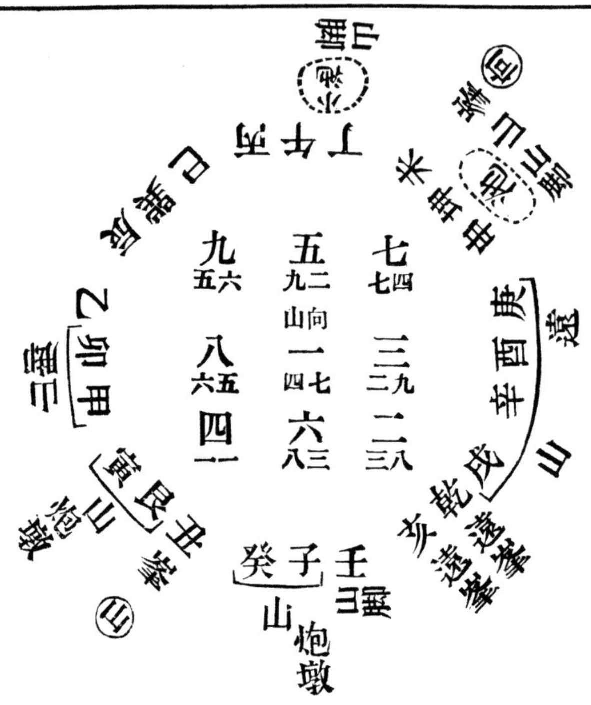

一運丑山未向。元空五行。一白交會。坐山山星三碧。佈在乾亥遠峯。二三運內。小房人丁甚佳。長房無後。離池挨着向星二黑。兄弟二人（葬者之子）操舟爲業。（往返錫滬間信船）家境寒苦。葬親後漸次順利。二運二十年內。獲利極豐。交三運。水輪鉄道相繼通行。船業驟衰。退守安享天年。正值二黑就衰時也。小輩經商滬埠。雖無如老輩之蒸發。惟克勤克儉。皆有致富氣象。以其坤池佈着四綠生氣也。甲子交中元四運。向首化生爲旺。近數年間。小房兄弟三人。蒸蒸然有駕乎老輩之上矣。

中宮七四金木相剋。金墩甚高。向首池水四七交會。二三運內。小口時有夭殤者。蓋在乎此。

張村徐姓墓 無錫

田隴。三運辰山戌向未坤申來水。經庚酉辛戌乾亥至壬子癸三叉分浜。一止於艮。一止於坎。登穴見艮坎、乾兌宮水亮。山上排龍乾坎艮得一、六、八三吉。扞後人口頻增。葬者一子。連添四孫。○未收到旺氣。亦得添丁頻頻。於此足證一六八吉星之有力也。水裏排龍三碧旺氣到向。八、一、吉星到坎艮。故財運亦頗順利。坤宮挨着七赤破軍。幸是方距水稍遠。不見水光。爲害力微。兌宮二黑衰氣。不敵向首三碧旺氣。及坎艮有權力之八一吉氣。故得財運順利。

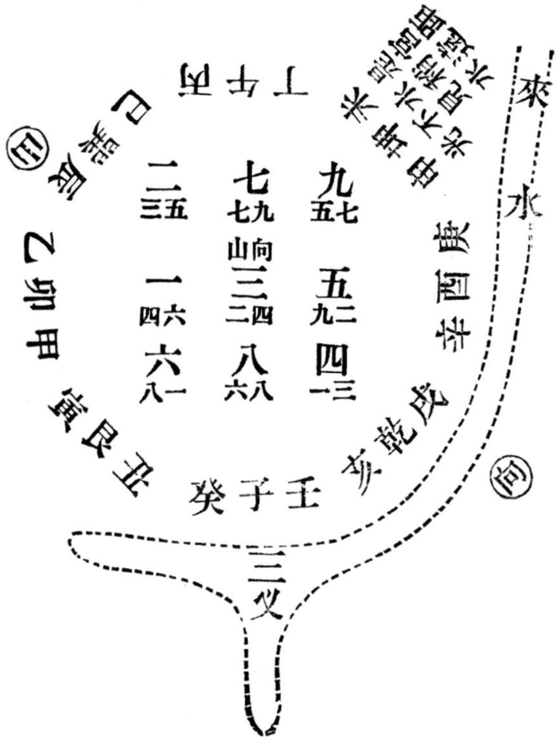

按是墓在惠氏新塋前頁一之北二三十丈處。同在三運。同一山向。向首同得三碧旺星。一則見坤水破軍死氣而敗。一則見

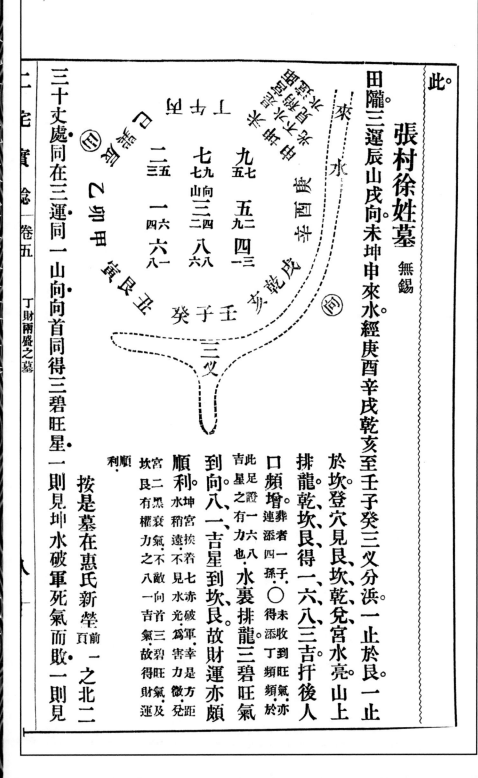

水裏逢五。吉而大發

坎艮水八一吉氣而興。觀此可知傍六宮之助吉助凶關係至爲重要。

鐵業巨子唐晉齋發坟 無錫

在劉巷後。一運癸山丁向。壬子癸來龍。平地起一大墩。葬於墩前右側。（墩之西南隅依墩立穴）兌宮貼身一深澗自乾宮屈曲而來。至坤成月形。池折而至離。再折至巽開漾。復收縮成小港。曲折消出圩後。在滬經營鐵業。發財數百萬金。爲鐵業巨擘。自一運迄今發福無已。人丁亦頗興盛。蓋元空五行四、三、八、一、六佈在乾、兌、坤、離、巽、澗水活動之方。五吉全收。可稱厚德載福者矣。

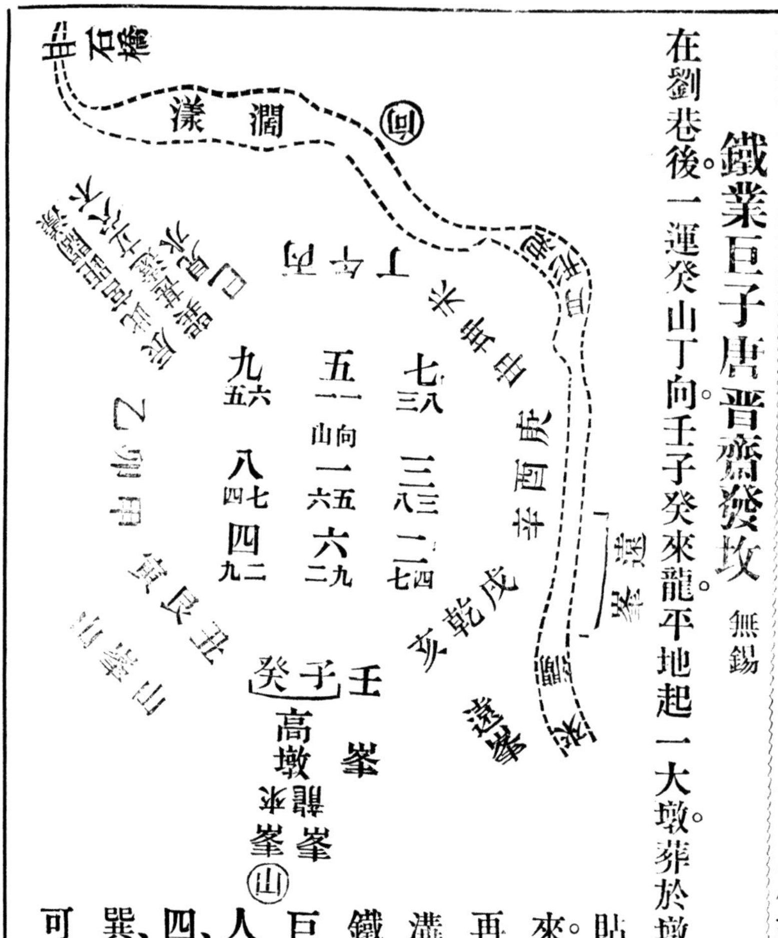

向首得三碧旺水。更逢坤水一白助吉。故葬後即發。

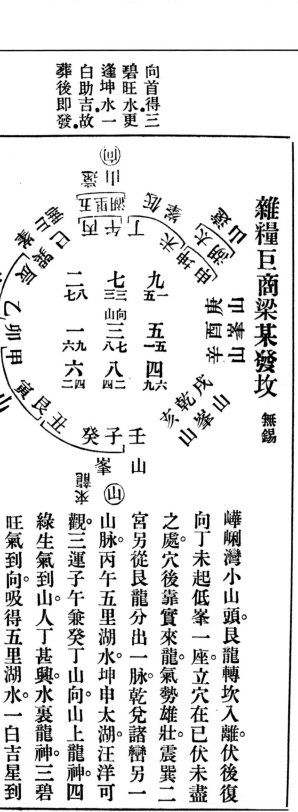

雜糧巨商梁某發坟 無錫

崋峒灣小山頭。艮龍轉坎入離。伏後復向丁未起低峯一座立穴在巳伏未盡之處。穴後靠實來龍氣勢雄壯震巽二宮另從艮龍分出一脈。乾兌諸巒另一山脈丙午五里湖水。坤申太湖汪洋可觀。三運子午兼癸丁山向山上龍神四綠生氣到山。人丁甚興。水裏龍神三碧旺氣到向吸得五里湖水一白吉星到坤湖。生扶向首旺上加旺。葬後梁某葬者之子青雲直上。經營雜糧業獲利頗巨。

榮巷鎮某君父塋 無錫

崋峒灣東山麓。三運艮山坤向兼丑未三分。大龍身由艮轉坎入離。震宮中腰落脈。斜依三運發財。因向星三碧在坤湖。三四運之交。添丁頻頻。在震峯得。山星四綠六白命小兒夭折。在中宮九六相尅。及動五黃葬太歲等關係。

來龍立穴。坤宮遠見太湖。山上龍神。三碧令星落陷坤湖。四綠生氣在震峯。初葬時人丁

不興。（起初運生女丁）迨三運末。震峯得力始得添丁。甲子入中元四運。四綠轉旺。數年來兄弟數人添丁頻頻。水裏龍神三碧旺氣到向。三運間某君任滬上某紗廠賬職。財運極佳。其兩弟亦皆順利。某君次子上元壬戌（民國十一年）生六白金命。中宮九六火金相剋。此墓本不利此兒。癸亥（民國十二年）大寒節內葬者之妻合葬。查癸亥年五黃入中。中宮不宜動土。而偏偏拆卸金墩。太歲在亥。右穴不宜合葬。而偏偏葬在亥方未及一月。（甲子年正月初三殤）該兒即重病夭折。按俗例大寒節內不避神煞。因其新舊交卸。無暇管及。今觀此墓靈異神速。似乎大寒內亦宜留意也。

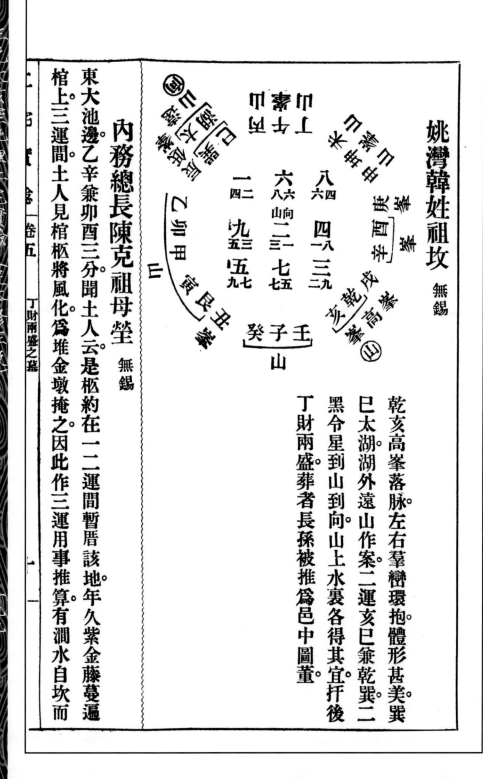

姚灣韓姓祖坟 無錫

乾亥高峯落脉。左右羣巒環抱。體形甚美。巽巳太湖。湖外遠山作案。二運亥巳兼乾巽。二黑令星到山到向。山上水裏各得其宜。扞後丁財兩盛。葬者長孫被推爲邑中圖董。

內務總長陳克祖母塋 無錫

東大池邊。乙辛兼卯酉三分。聞土人云。是柩約在一二運間暫厝該地。年久紫金藤蔓遍棺上。三運間土人見棺柩將風化。爲堆金墩掩之。因此作三運用事推算。有澗水自坎而其發福在乾兌坤水。遇四三八。生旺吉氣。能爲總長一度。因離宮來路。值一六同宮。

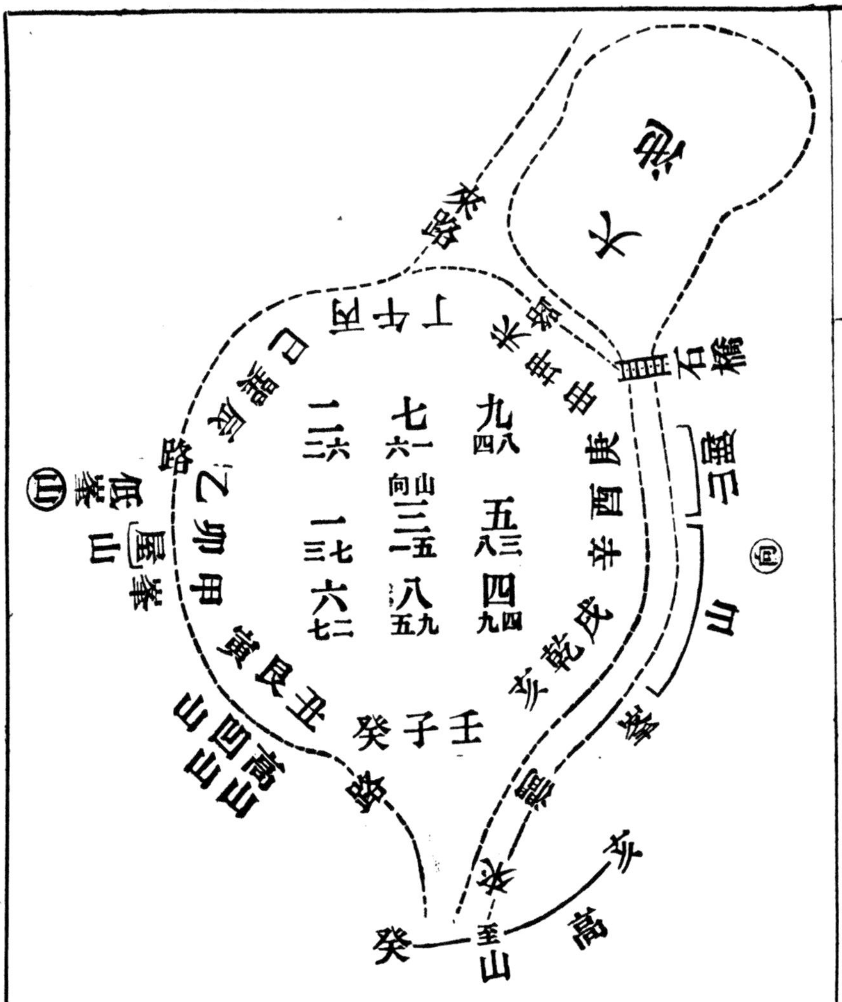

乾。橫過向首消入坤宮大池。在入池處有石橋橫貫。向上龍神。向首三碧旺氣。乾宮四綠生氣。坤宮八白輔星。三吉並收。離宮一六連珠相逢。適值一來路冲動。紫白訣一六同宮主科名之顯。陳克會於民國十三年(甲子)任內務總長一度。名震一時。天元歌所謂衝起樂宮無價

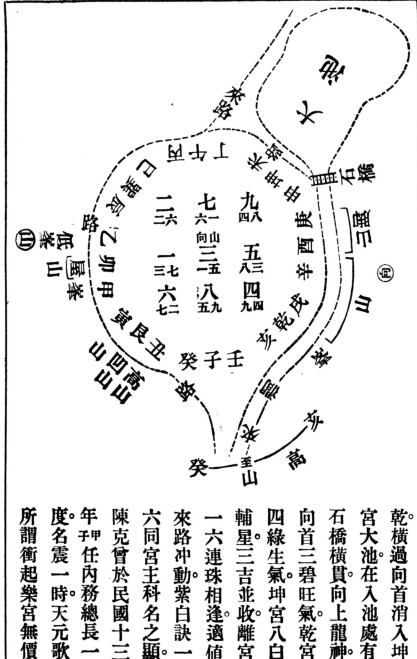

寶者此也。

鄭巷周姓墓 無錫

田隴。在宋帝廟前。三運子午兼癸丁三分坎宮暗池。挨着山星四綠生氣人丁利而不旺。（因是生氣）艮池排得向星四綠生氣。兄弟三人。（葬者之子）外場面甚佳。內力則不足。（因未吸到旺氣）甲子交中元四運艮池化生爲旺。聞甲子乙丑以來。長兄驟然大發云云。

麵粉巨商楊某祖坟 無錫楊巷

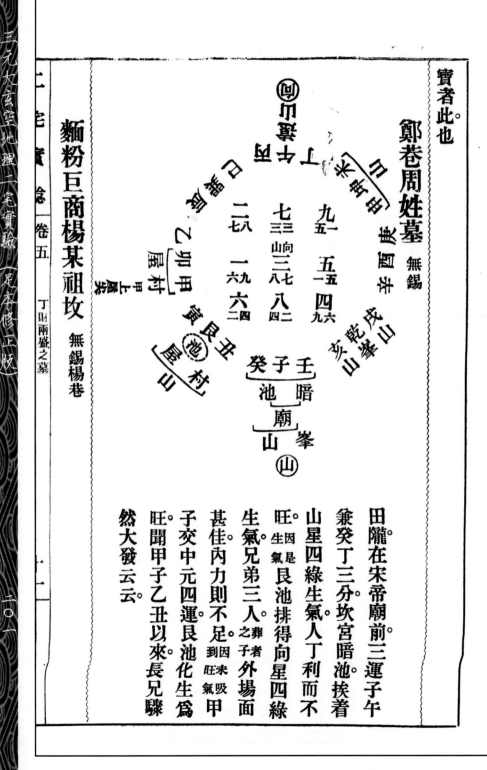

山龍。在蓮花山麓。癸丑起峯落脈。左右拖出山脚爲護砂。辛上有小凹風。丙午丁未五里湖水靜照有情。湖外遠山阻繞。蒼翠若屏。二運癸丁兼丑未三分。山上龍神二黑九紫到山。火土相生。二運間人口叠增。水裏龍神。一四到向。三二到坤。生旺之氣全在活動之方。所謂葬著天心發豈遲者此也。三運內楊某經營麵粉事業。連步登雲。大獲厚利。富冠楊巷全村。而在三四運之交。尤爲發達。長子弱冠夭殤。或因兌宮凹風八五六三交會使然。

油花巨商徐某發坟　無錫徐巷

山龍。在嶕嘣灣小山頭。丑癸來龍。立穴近山頂。坐靠丑癸低峯。聞土人云。該地掘土二尺

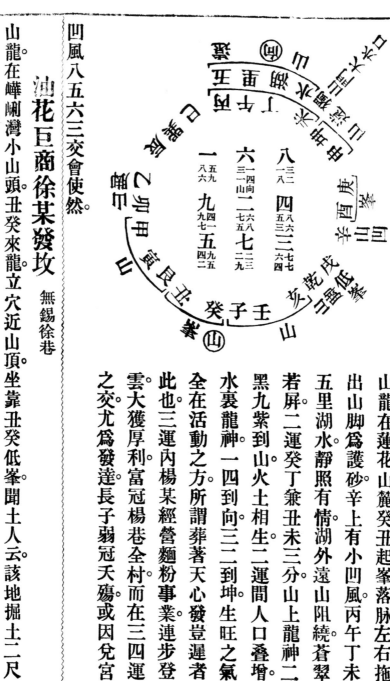

葬在石中。因元空五行之合宜。亦得發福。

餘。深即見石。排在石間鑿成一。壙壙底塡泥數寸用事丙午五里湖坤宮太湖三運丑未兼癸丁扞後葬者次子。經營油花事業。發獲厚利同業稱爲油花大王近年更別出心裁。創辦某紗廠利用廢花製造出品獲利豐厚

按水裏龍神三四到離一六到向衆吉滙集水裏宜其發福於三四運之間也山上龍神艮坎二宮得三碧四綠一白生旺吉氣是故人丁亦佳惟嫌向首六九會合主血症及長房欠利葬後次子屢患吐血症長子未放特彩蓋在乎此

丁財兩盛之墓

按吾邑地師對於山龍用法主葬淨土切忌石排是墓則偏偏葬在石中而大發於此可知發福與否全在玄空之得失而土與石之分別不與焉

『註』石脈亦有有氣無氣之別如下穴於幻石無氣之地凶禍立至閱者須以切實考

一運葬。至三運而發。因離池得向星三碧也。

驗解决此事。

鐵業巨商榮某昆仲發坟 無錫

田隴嶂峒灣口賜福堂墓後一運酉山卯向離宮有大池塘佈着元空五行三八爲朋。一運中甚寒苦。二運得離塘三碧生氣。家計漸富餘。三運離塘化生爲旺。兄弟二人葬者之孫經營鐵業。發財數十萬金。人丁亦平穩。

舜過山五龍岡榮姓墓 無錫

向首得三碧當令之凹風而發。

辛上高峯落脈。左右有深澗。土色紅活。龍氣甚足。辛山乙向兼酉卯三分。三運民國七年用事。三碧令星到山到向。坐山靠正最高峯。向首龍山作案。甲乙上二處凹風吹來三碧當元旺氣。正所謂吹起樂宮者。扦後連添數丁。其丁盛全在兌峯三碧旺氣，乾峯四綠生氣。財運大佳。在滬經營棧房飯館等業。蒸蒸日上。獲利殊豐。甲子交中元四運。三碧凹風衰退。聞近數年來營業衰落。迴異曩昔。丙寅流年二黑入中。九紫到向。三碧衰木再逢九火洩出。營業益衰。入秋木之生機窒息。飯館因虧耗而歇業焉。

榮巷鎮榮椿年先生墓 無錫

田隴嘩㘗。灣口賜福堂墓側有澗水屈曲衝至乾宮。橫過向首。至坤宮曲折消出。庚上有因乾兌來澗得四三生旺之氣而大發。

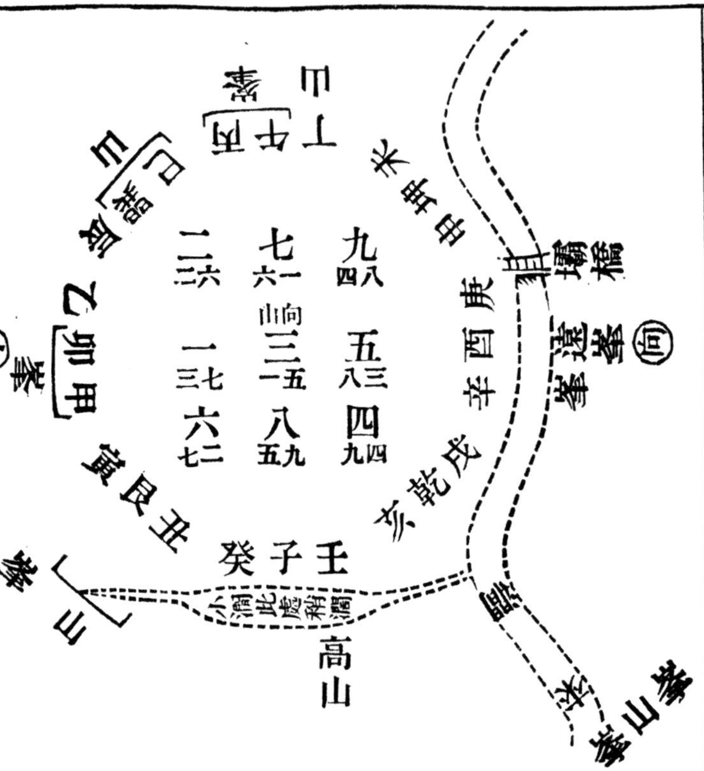

石橋。橋下有土壩艮方另來一小澗。經坎宮在乾方與乾澗會合（是澗在艮甚狹小。至坎宮稍放闊。至乾復狹小。）三運卯山酉向。（椿年妻先葬。及椿年合葬時。其次子已被選爲省議員。）三碧令星到山到向。坐山雖無池沼。而坤宮得山星四綠生氣。是故人丁順利。向首過水被阻於壩橋。水止氣聚。吸足當元旺氣。因此財運甚佳。乾宮向星四綠生氣。二水交會。活潑有情。自有名譽大振之應。次子被選爲省議員。歷任開原鄉鄉董。兼任某紗廠協理。名震全邑。交甲子中元四運。乾宮轉生爲旺。財運益振。乙丑夏間。長子出任常州某紗廠要職。可知生旺二氣之主名利。信不誣也。

葬者孫女上元光緒廿九年癸卯生。八白土命。是墓向首山星八白土受尅於向星三碧木。民國十五年丙寅二入中。四綠木到向。三月九入中。二黑病符到向。於是時重病不起。是亦因命宮受尅而致殤之一也。

做苦工葬得五吉而發橫財之墓　武進雪堰橋陳姓

蛇山東麓。大龍身由乾至巽。庚申坤未丁午丙巳一帶平山峯。從坤腰拖下山脚立穴。乾亥暗池。壬子癸池塘。丑艮寅弓形池塘。丑上另有澗水。節節有壩。向震消出。艮寅上另有一小池。甲卯大池塘。乙上小池。辰巽太湖。二運坤山艮向。坐山山星雖係五黃死氣。妙在午峯三碧生氣。故二三運間添丁頻頻。連舉六子。（是葬者之孫。尚有夭殤者猶未計在內。葬者原本一子。）向星乾池六白。坎池一白。艮池八白。震池三碧。巽湖四綠。五吉全收。非其人宿福無是巧也。陳某本家貧無立錐地。賴扒河泥及帮助農家做工以圖生。親亡。向農家乞地埋葬。不數年在河泥中扒得白鏹數甕。遂置辦田產房屋。爲一方之富翁。現陳某已過世。其子尚有良田百數十畝。兄弟六人。均勤儉不替。坎池一四同宮。主出秀士。惜小輩皆不讀書。故未放特彩。巽湖四七同宮。自二運迄今共殤小口二十餘人之多。

做苦工葬得五吉而發橫財。因巽湖四七致殤小口二十餘人之多。

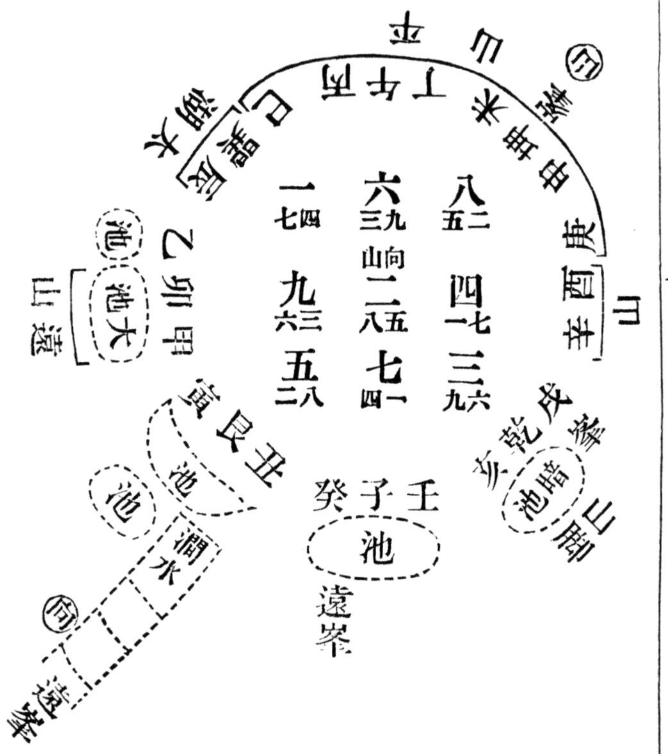

按是墓二運上山下水。星辰顛倒。原主丁財兩敗。而偏偏丁財兩旺。此可知大玄空之用法。元元各向可立。全在體用配合得宜。又按葬得五吉佳地。其子孫雖目不識丁。以苦工為業。亦得橫發致富。觀此益可證實人事之興衰。其權全在墓地。吾人誰無生養死葬。對於葬親之事。可不慎哉。

毛竹橋張姓墓　無錫

田隴。在橫山北賜福堂墓西。二運乾巽兼亥巳三分。有艮澗在震宮來。橫過向首至離宮

南獨山周立本父塋　無錫

丁財兩盛之墓

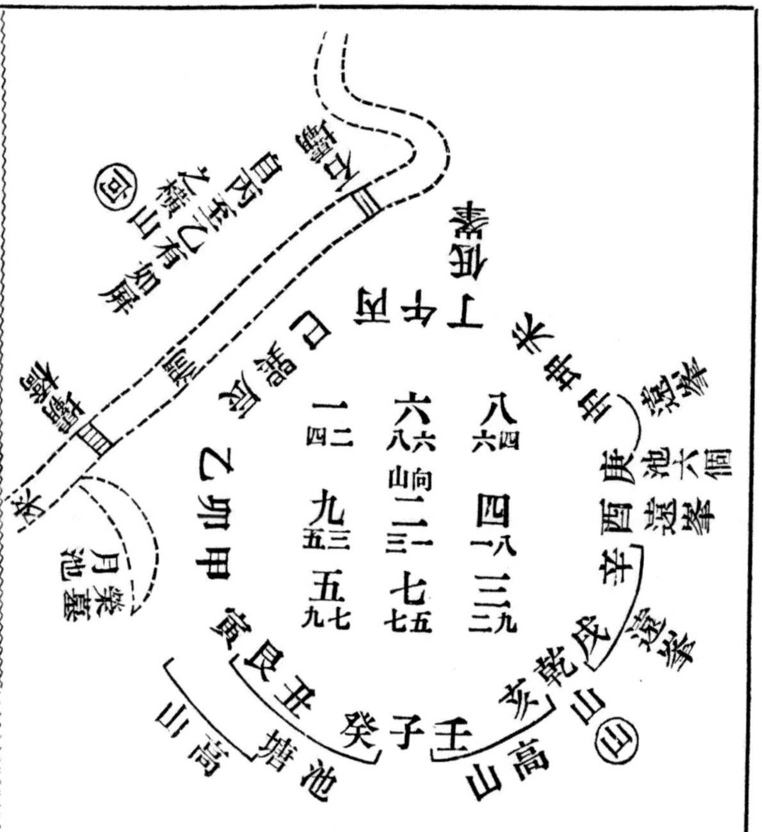

向坤屈曲消出。初葬時甚寒苦。迨三運左近榮氏造坟。將澗水在乙上築壩橋丙午上築石壩。節節阻止。另在甲卯上鑿一月池。震宮水情最佳。適値向星三碧旺氣。三運內張姓父子各任紗廠優職。發財數萬金。兌宮庚上重叠池塘六個。宛若聯珠。挨着八白輔星。離水六白吉星發福悠久。惜艮池七九會聚。美中不足。（曾有咯血症。及女丁不利。蓋在乎此。）山星向首得四綠。震宮得五黃。四五運間人丁可盛。

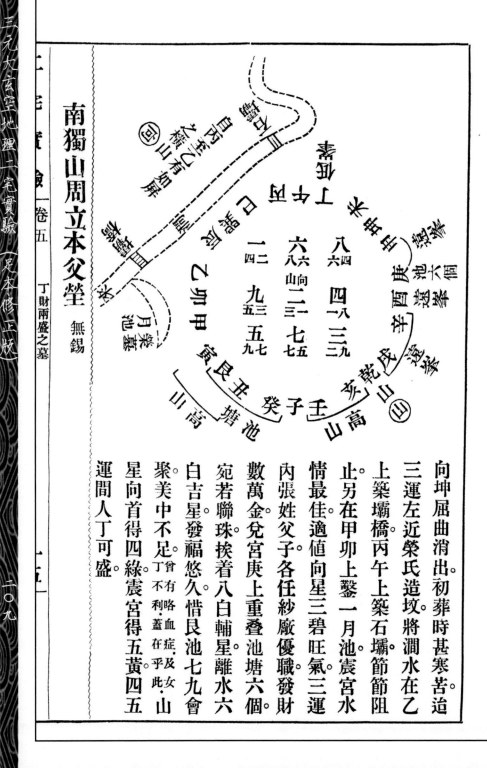

做縫工。因小澗逢五吉而致富。長房因乾湖九六相尅而未發。

山龍。坤山艮向。巽方來小澗。經震艮至坎開漾成小池。復收縮消入乾宮太湖。乾亥上見湖水。向星巽四、震三、艮八、坎一、乾六。還宮復位。五吉齊收。三運內立本以縫工手藝致富。長房（葬者長子）則未發。且父患目疾。子目瞎。乾湖六九會合。火金相剋。原主長房不利。又九爲目。玄空秘旨云。離位缺陷而目瞎。目疾瞎子。或在乎此。午丁高峯排着山星三碧。故三運內人丁極興

大渲何姓墓 無錫

田隴。三運艮山坤向。艮宮來水。經過坎、乾、兌、坤、宮而入五里湖。在坎宮大澗漾分浜。一向

因坎宮闕漾。四二木土相尅。致室有欺姑之婦。因艮宮來水。九六火金相剋。致有回祿之災。

坎消約數十丈而止。一向乾屈曲而去。元空五行三碧令星交會向首。何氏素寒苦。葬後

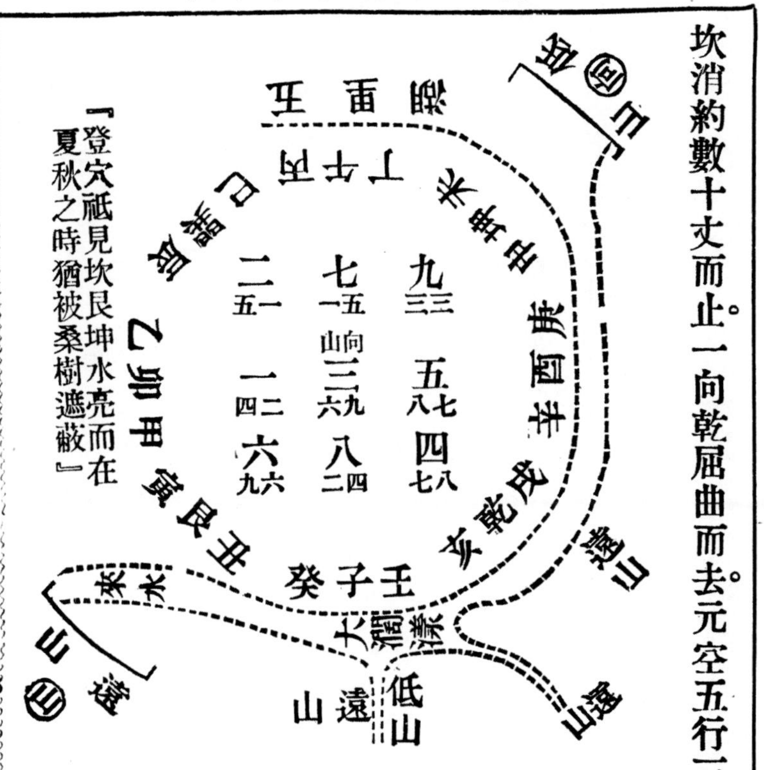

丁財並佳。坎宮貼近大潤漾。值四二同宮。四運財局饒有厚望。惟二爲老母。四爲長女。坤母受制於巽女。主室有欺姑之婦。是故何某妻侍姑甚忤逆。其媳亦如之。世之關心風化者。能於此處研究。亦未庶非挽回頹風之一策。艮宮來水。逢六九會合。閭小輩中有患吐血症者。民國七年戊午。一入中四綠巽木到艮。是年住宅失愼。盡燬於火。所謂火若剋金兼化木。數經回祿之災者。此也。

『登穴祇見坎艮坤水亮而在夏秋之時猶被桑樹遮蔽』

馬山馮姓墓　武進

丁財兩盛之墓

坎艮高平峯在癸上落脈。龍氣雄壯。丁未太湖。癸山丁向三運初年用事山上龍神四綠生氣到山向上龍神三碧旺星到向。坤湖一白助吉山上水裏各得其宜葬後丁財兩興。

大湆陸姓發坟　無錫

山龍。在南獨山龍身由坎入離。震宮起峯落脈。龍氣雄厚。庚酉池塘戌乾太湖。二運甲山庚向。扦後葬者子經商姑蘇。財運甚佳。漸開設顧繡莊。生涯頗盛。獲利豐厚。以其向星二黑三碧生旺二氣在兌乾活動處也。三運葬者之子過世。附葬親塋之下。卯山酉向三碧令星到山到向山上水裏各得其當更加坤峯乾湖山向四綠生氣三運間生旺全收因此丁財並茂更勝二運今交四運四綠當旺連盛有望可謂厚德載福者矣

三運附葬卯山酉向挨星圖

二 二六	七 六一	九 四八
一 三七	山向 三 一五	五 八三
六 七二	八 五九	四 九四

大渲任姓發坆 無錫

山龍在南獨山大龍身由坎入離坎艮震宮一帶平山辰巽未坤各山峯未坤申池塘極

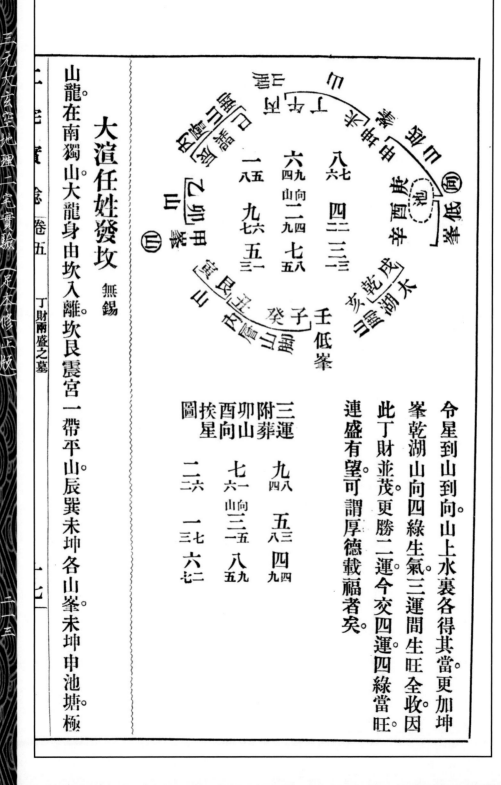

深淵。終歲不涸。逢天雨有山水在穴前流過。滙儲坤池。艮宮落脉。其地泥色紅潤。龍氣甚佳。在脉之盡處斜葬來龍立穴。二運子午兼癸丁。扦後葬者之子被舉爲圖董。三運間開設京廣雜貨鋪於榮巷鎭。營業盛冠全鎭。葬者長孫任天津某大紗廠要職。其餘諸孫個個順利。人丁亦旺盛。查其發福緣因由於坤池向星三碧。在二運爲生。三運爲旺。復與山星一白相生之故。其丁盛之因。二運在坐山二黑交會。三運艮龍四綠生氣。

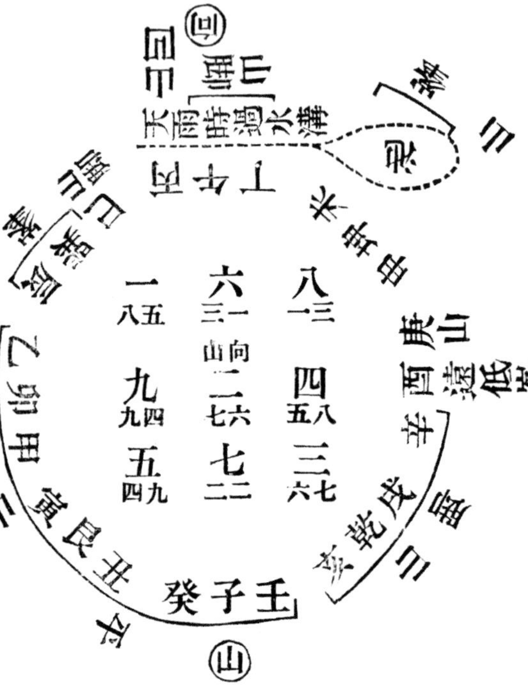

復加巽坤峯八一助吉。

霅堰橋吳樸誠父塋　武進

蛇山東麓。大龍身由乾入巽。坤上中腰落脈。申坤未丁午平山峯。艮寅兩池重疊。卯乙辰太湖。申山寅向。二運末葬。吳氏素家寒無恆業。自葬親後。家計漸富。餘在申開設某照相館。生涯甚佳。人丁亦興。葬時上山下水。二黑令星顚倒。巧在爲時無幾。即交三運。離峯震湖。三碧旺星山上水裏。各得其所宜。其丁財兩興於三運矣。

運出三舉人之墓　無錫南獨山周

乾隆四運艮山坤向兼丑未三分。大龍身由坎入離。轉入坤兌。在丑艮寅甲起峯。寅甲略高。左右山脚爲護砂。丁未庚山峯。坤申案山凹圓。戌上略見湖水。在艮寅山腰落脉結穴連出三個舉人。在巒頭之美。與向首四一同宮。逢積水低田所致。

成窩形。立穴在窩下丈餘處。穴前十餘丈之下。低田積水。（全局最得力處。在此田水。復在玄空之四一同宮。）統觀全局。峯巒環抱。狀若氈帽。體形佳極。扞後葬者之子周鎬。鄉試乾隆乙亥科舉人。歷任浙江衢州、嚴州、寧波、嘉興、紹興、等知府。其後復出周穉山己酉科舉人。周蓮舫道光丙午科舉人。其妙在巒頭眞結。更加向首理氣之四一交會。（戌湖九紫。與向首四綠同屬先天生成之妙。亦吉。）紫白訣云。四一同宮。準發科名之顯。信不虛也。

巨商榮瑞馨之祖坟 無錫

嶕峒灣北山石子墩。艮坤兼丑未三分。一運同治九年葬。艮上高峯落脈。葬在脈之盡處。左右峯巒環繞。未坤申遠見太湖。湖外遠山爲案。午上遠見五里湖水。圓亮若鏡。扞後葬能大發在體用兼得。殤八白土命之人。在離湖三八相尅。

者之子秉之季平。經商大發。富冠榮巷。全鎮鄉人稱為十萬翁。人丁亦興。考其發福緣因。無非體用兼得。元空五行一白令星交會向首。湖水案山助吉。宜其在一白運內大發也。

丁財兩盛之墓

午水排着三碧。在二運為生氣。三運為旺氣。二三運間季平子瑞馨。聲譽大振。為商界巨子。三運中經營紗廠業。家貲增至百萬。惟秉之子未放特殊精彩。蓋又有新塋關係也。

秉之次子光緒十年甲申生。命宮屬八白土。按離宮五里湖動處。是三碧木尅八白土。光緒三十三年丁未。三碧入中宮。七赤金到離。正月五黃入中。九紫火到離。二十二日甲寅六入中。一白水到離。水尅火。火尅金。金尅木。木尅土。重重尅入。竟於是日病歿。

馬山馮氏墓　武進

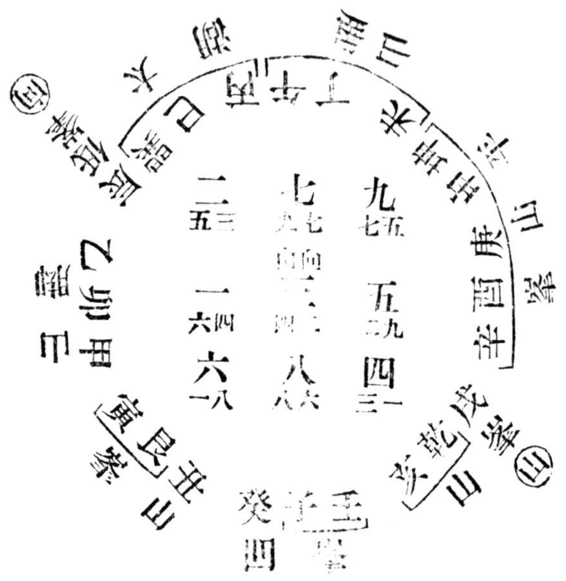

山龍三運戌山辰向戌上高峯落脉左右山峯環繞巽巳丙太湖辰上低峯作案元空五行令星到山到向三運內丁財俱盛惟丙湖七九會合主女丁不利[illegible]殤媳婦二個[illegible]

西頭巷丁姓墓　武進馬山

午丁未高峯起頂落脈龍氣雄壯戌乾亥壬子癸丑太湖父穴一運未山丑向母穴一運

因丙湖七九會合而殤女丁

父穴
一運
未山
丑向

母穴
二運
坤山
艮向
挨星圖

一 七四	六 三九	八 五二
九 六三	山向 二 八五	四 一七
五 二八	七 四一	三 九六

坤山艮向。在父穴下。距離約三丈餘。戌乾亥太湖被竹林遮蔽。不見水光。丑上山脚無水。山上排龍離峯父穴二黑母穴三碧二三運間人丁頗興葬者之子運舉四男二孫。向上排龍父穴乾湖三碧大得力。坎艮八一。皆母穴坎一助吉二運家計漸富餘三運財氣大旺富冠全村

榮巷榮克甫父塋 無錫

山龍。在孔山丁巷後坎龍入首龍身屢起屢伏。脉氣壯厚。羣山環繞有情。三運壬丙兼子

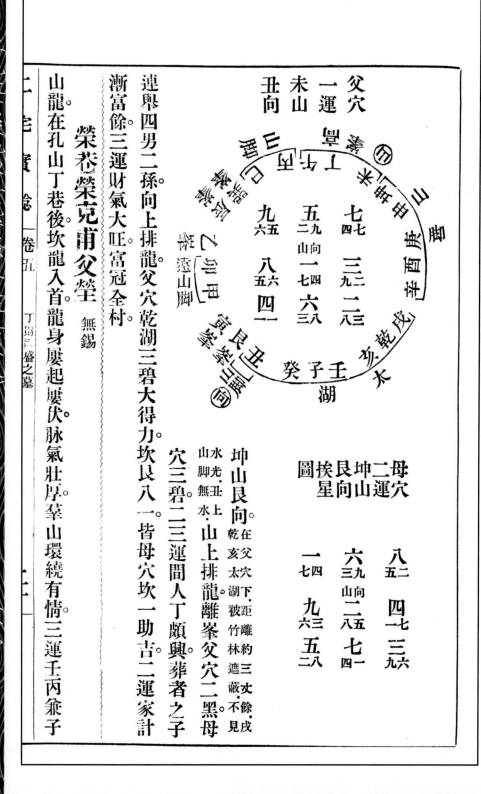

初葬時不得意。在向首二黑衰水。後來大發因坤湖四綠得令。

午三分。山上龍神三碧令星到山。人丁頗旺。水裏龍神二黑衰星到向丙上略見五里湖

水。四綠生氣到坤未坤上湖水如鏡秀麗可愛。扦後因向首二黑衰氣。葬者之子與孫境遇困難。鬱不得志。迨三運末四運初。坤宮四綠得力。葬者長孫漸得優職於滬上。次孫在黑省逢源金鑛辦事。驟然大發。里人無不稱羨。聞葬者子克甫。一生樂於施與。不遺餘力。雖在顛沛流離之際。亦必爲人設法。乃父葬得吉壤。是爲善之報。觀此可知欲富貴而求吉地者。當以種德爲先焉。

進士榮光世祖坟　無錫

出進士。全在離水。一六同宮。

匡橋蘭埄邵姓母穴

無錫楊墅園

田隴嶂喇灣口賜福堂坟後。八運酉山卯向。坐山靠正遠峯。向首有低峯作案距穴稍遠有澗水。自坎屈曲經艮震至巽宮折消坤方。登穴略見震巽過水。離宮有大池塘適一六連珠所在。元空秘旨云。星連奎壁。啓八代之文章。光世於一白運同治九年庚午正科並補行壬戌恩科舉人。光緒二年丙子恩科進士。是故一六主科名之說非無因也。

水裏得向星五吉而發。坐山與艮宮活動處逢破軍。致兄弟不睦。兼出賊子。

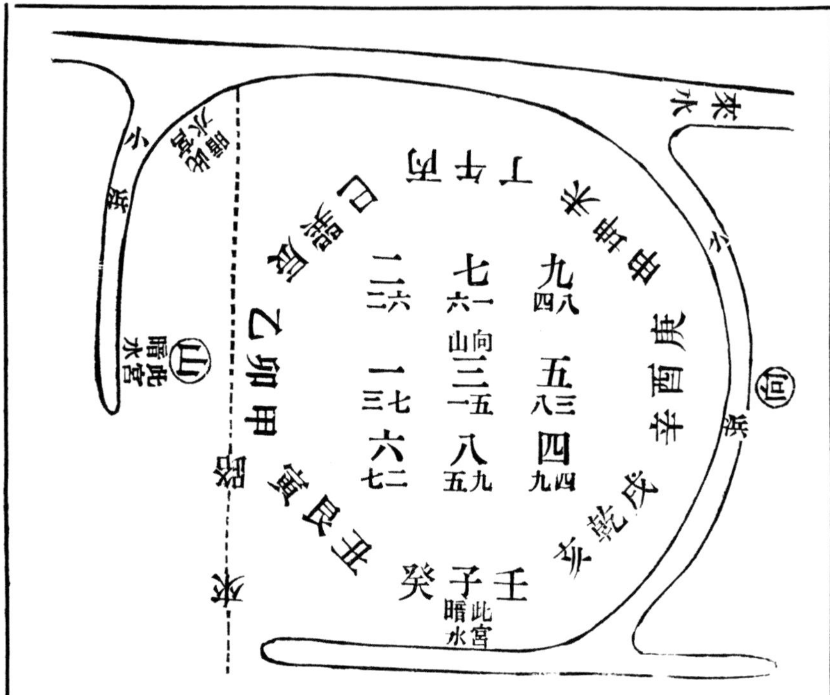

田隴。三運卯山酉向。兌水流震。經坤、離、巽、三宮在坤大三叉向坎分浜。經兌、乾、坎。環抱如半月形。在巽叉向坎分浜止於震宮坐山貼近橫路。(距穴約五尺餘)登穴見乾、兌、坤、離、水亮乾宮距水約六七丈。兌宮距水五六丈坤宮距水十餘丈。離宮距水廿餘丈坤水最廣巽震坎暗水。巽震各距穴三十餘丈坎距穴十五六丈乾、兌、坤、離、巽、排着向星四、三、八、一、六。所謂五吉是也。葬者共五子。務農爲業。個個順利。年年添置田產富冠蘭埲全村人丁大三房各一子。二四房各二子。五房四子。可謂丁財兩盛者矣。民國十四年乙丑。上元乙丑生長子肝氣病亡。庚戌生孫兒瞎左目。在坐山七三金木相尅。受暗水與橫路之激動。三爲震木。爲肝。爲長子。受尅於兌金。致有肝疾殤長子之應。孫兒之目盲。由於肝傷所致。當三碧旺時。不畏剛金。故安逸無事。交四運三碧失時。故凶事頻見。近年兄弟間口舌頻頻。小輩中兼有爲竊賊者。在艮路與坐山小浜挨着。兌七破軍使然。惟丁財仍蒸蒸日上。

何灣榮姓墓 無錫

山龍。二運壬丙兼子午三分。壬峯落脉。左右起澗。左澗距穴三四丈。右澗相距六七丈。左澗在艮宮特闊若弓背形。此處距穴三丈。登穴但見此方之澗。餘被他姓坟墓遮蔽。元空五行。山上龍神三碧到山。水裏排龍三碧到艮。在二運爲生氣。三運爲旺氣。故二三運間丁財俱盛。左右二澗。在天雨時方有過水。久晴則乾涸。圖中所繪之澗。以登穴所見爲限。

三元大玄空地理二宅實驗卷六

梁溪懺悔學人著
同邑無相行人校

第六章　丁財兩衰之墓

迎春鄉某鄉董父塋　武進馬山

山龍。二運甲山庚向。戌乾亥來龍。乾上起峯。轉壬子癸平山。至丑艮寅甲起平峯。(艮寅略高)至卯乙辰平山。巽巳低伏。丙午復起峯。拖出山脚。止丁上。未坤太湖。庚上山峯作案。(諸峯高度相仿·庚峯宛如螺形·)乾離二峯狀若蟹之兩鉗。為左右護砂。丑艮寅甲落脈。吐唇飽滿。狀如魚背。穴後有橫石。狀若蟹殼。統觀全局。宛如蟹形。立穴處如在蟹臍。穴前一片平地。較穴地低陷十餘丈。巒頭之美。實為罕見。聞該地係浙省某名師手定。云葬後必大富貴。不意扦後迄今廿餘年。來丁財大衰。查其元空五行。山上龍神七赤破軍到坐。山向上龍神七赤破軍到未坤太湖。七在二三運間為死氣。又與六會合為交劍煞。凶惡萬分。坐山與水口為最緊極佳之巒頭。因葬非其時而致大敗。

要處。悉被赤凶佔據。是應丁財俱退。章氏云地隨天轉。名雖葬地。實係葬天。觀此益信用之重於體矣。

中榮某醫生墓 無錫

山龍。在西大池。龍身由坎入離。兌腰落脈。三運葬。初用亥山巳向。元空五行。三碧令星上初用亥巳。因星辰顛倒。致丁財兩敗。後改戌辰。丁財平穩。

馬山馮姓塋

武進

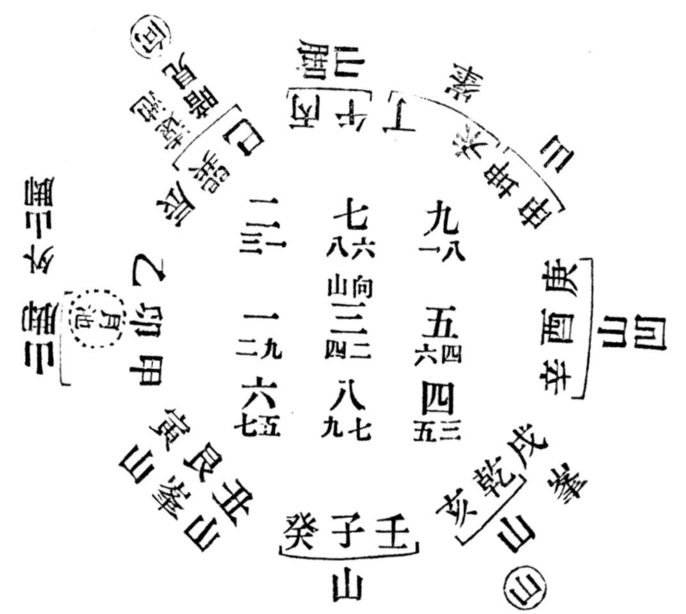

山下水。星辰顛倒。葬後退財萬餘。喪一子二孫。後在原地改葬戌山辰向。財丁方平穩。震宮向星四綠。有鄰墓月池。池甚深淵。終歲不涸。甲子交四運。乙丑年葬者第三子。發財六七千金。

按是墓前後同在一地。亥巳則衰敗。戌辰則興盛。此足證地無吉凶。全在理氣之背合也。

改葬後之星辰

二 五三	七 九七	九 七五
一 六四	山向 三 四二	五 二九
六 一八	八 八六	四 三一

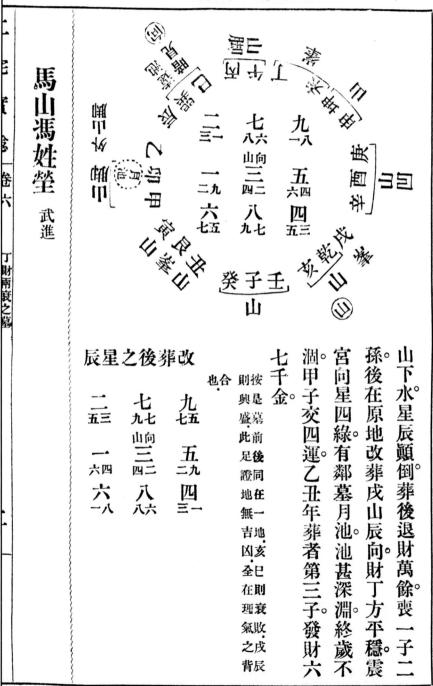

因星辰顛倒。而致丁財兩敗。

三運乾山巽向。戌乾亥高峯。向巽大開面。左右護砂在辰巽相交。左外右內穴前橫路形勢不佳。祭其坭色。似乎砂石開掘不淨者。扦後二年內殤女丁二男丁二。長房六歲（上元辛酉生）十一歲（上元丙辰生）兩孫兒（葬者之孫）目瞎。財運大敗。皆玄空五行星辰顛倒使然也。

馬山許姓墓 武進

三運乾山巽向兼亥巳三分。乾上起頂落脈。吐唇數十丈。葬在脈盡處平地上。乾峯爲馬山最高之峯。左右羣巒環抱。辰巽太湖。并有遠低峯爲案。形體極佳。惜元空五行不合山極佳之地。亦因星辰顛倒而致丁財不利。

上水裏令星顛倒。扦後殤一子（葬者長子二）孫。葬者妻目瞎另有目疾者一人。次子經商及賭卜虧耗頗巨。甚矣星辰顛倒之可懼也。坎宮有曲折來澗。經艮震消巽。坎方七九會合目疾瞎子或在乎此。

南獨山周姓墓　無錫

山龍。申寅兼坤艮山向。一運用事。大龍身自離入坎。坤申高峯落脈。乾亥壬子癸丑太湖。乾亥被墩遮蔽。子上隔湖逼近中獨山。山頂廟宇。兄弟四房並葬一地。二運間大房二女。

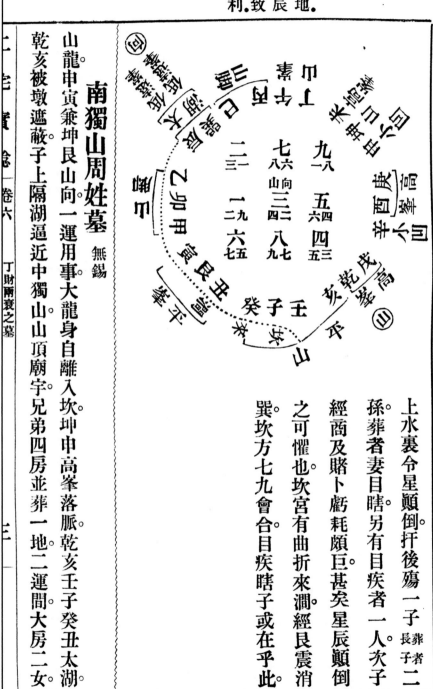

向首逢七四。致男女夭殤。艮坎動處値九二七四。遂有婦女淫奔之應。

丁絕財敗之馮姓墓

武進馬山

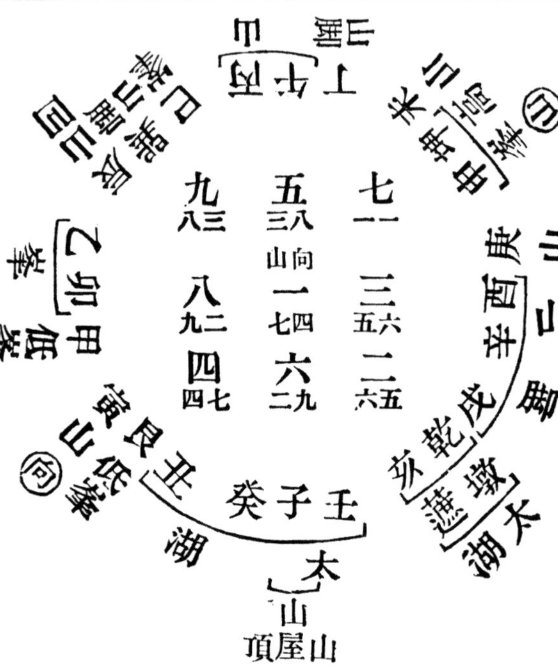

二房兩子。三房一子。相繼夭折。祇留小房一子。（其夭殤原因。在向首七四金木相剋。而山星二黑旺神下了坎湖。亦爲丁衰因。）一財運大敗。（在乾坎艮太湖。佈着向星五九七凶死之氣所致。）三運小房婦原向合葬。連添三孫兒。（因三碧令星會合坐山也）財運仍不振。（因乾坎艮湖七二九死衰氣也）二三運間。三房婦及小房孫媳。淫奔無蹤。元空

小房婦三運原向合葬圖

二 一五	七 五一（山向）	九 三三
一 二四	三 九六	五 七八
六 六九	八 四二	四 八七

秘旨云。陰神滿地成羣。紅粉場中快活。（九二七四爲陰神。諸星重疊於水口。主男女貪淫。）是墓（指一運葬者）坎艮太湖。適陰神重疊。觀此益信元空祕旨之非虛言矣。世之關心風化者。於此最宜注意。

坐山。水裏。各得背時星辰。致丁絕財敗。

又一丁絕財敗之馮姓墓　武進馬山

二運甲山庚向。甲上起頂落脈。向首低山爲案。巳丙太湖。二運丁財尚少可。三運大敗人丁絕滅。山上排龍三碧在丑凹。四綠在丙水。凡山龍用法。山上星辰要上山而偏偏落陷下了水。坐山高峯復值破軍死氣。是故人丁衰絕。向上排龍三碧在戌峯。四綠生氣（指三運時言）入中。向星要在水裏而偏偏上了山。丙水復逢九紫死氣。是應財祿大敗矣。

辛山乙向。二運底用事。酉起頂轉辛落脈。立穴處已脫氣。形體殊欠佳。三運內財既不利。丁又夭折。目下貧困無後人。已居絕望地位。其致敗原因。一在向星三碧旺氣四綠生氣居坤坎山脚低山。違背山龍用法。致財祿全無。窮迫不堪。一在山星三碧旺氣下了巽池。四綠生氣入中不得力。而坐山與艮峯又七六交劍煞居之。致人丁夭折絕望。

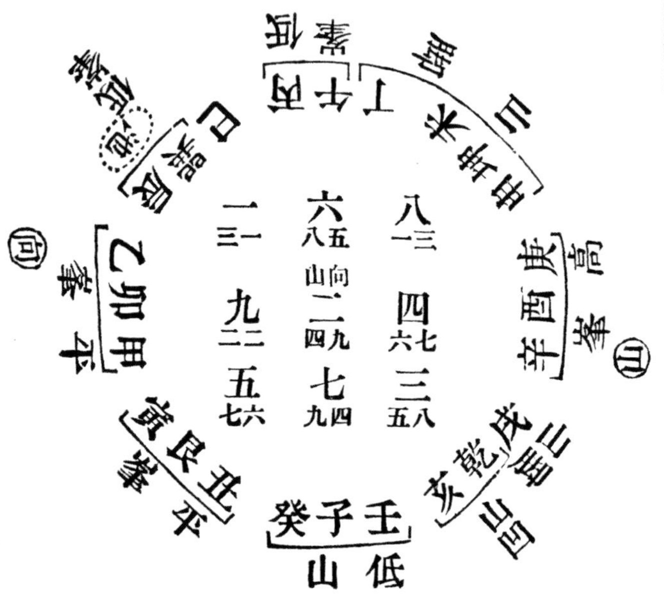

山嘴村嚴某父母坟

洞庭東山

山落平地。甲卯高山丙午低峯。拖出山脚止申上爲左護砂。寅峯。癸子壬亥山脚爲右護

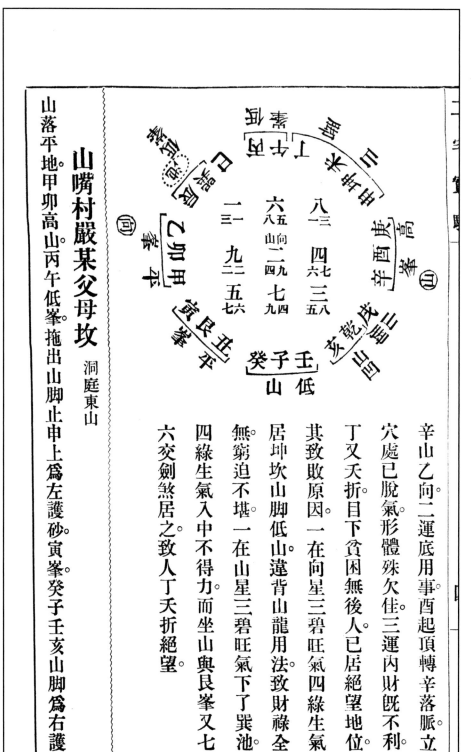

二運甲庚大發。三運原向附葬。丁財大敗。

丁財兩衰之墓

砂。乾戌辛酉庚太湖。夏秋間榴樹濃蔭遮蔽。不見湖水。三運民國九年庚申用事。甲山庚向兼卯酉三分。元空五行山上水裏星辰顚倒。向首七三金木相剋。尤爲凶險。民國十年辛酉七入中。九紫火到向。重重尅入。上元丁未生男夭殤（刻已無後）。民國十二年癸亥五入中。七赤破軍到向。嚴某在滬經營棉紗業大失敗。負債纍纍。聞三運中（未葬是墓之前）最盛時有家資四十餘萬金。今已休矣。星辰顛倒之可畏如此。爲人營葬者可不愼哉。

按是坟附葬在祖塋昭穴。祖塋二運甲山庚向兼卯酉三分。嚴某三運間發財數十萬。即在此祖塋。惟丁則原本衰甚。同一地。同一向。祗葬時元運之不同。一則興。一則敗。是亦用重於體之一證也。

兌、坤、離、逢山星死氣。且星辰顛倒。故丁絕財敗。

雪堰橋李姓絕坟　武進

山龍。蛇山東麓。大龍身由乾入巽坤腰落脈。結成氣墩。靠墩立穴。申坤未丁午丙高山。甲上池塘。乙辰太湖。三運庚山甲向。山上飛星三碧到甲池。四綠到辰湖。生旺二氣下了水。丙未高山。又九二死氣佔據。是故子孫已敗絕。向上飛星三碧上了山。四綠在丑上遠峯。辰湖排着九紫死氣。是故財祿一敗塗地。

按是墓緊靠氣墩立穴。巒體尚不惡。惜元空五行。山上水裏。星辰顛倒。用不得宜。遂致敗絕。觀此更可證實用之重於體也。

馬山錢姓祖坟　武進

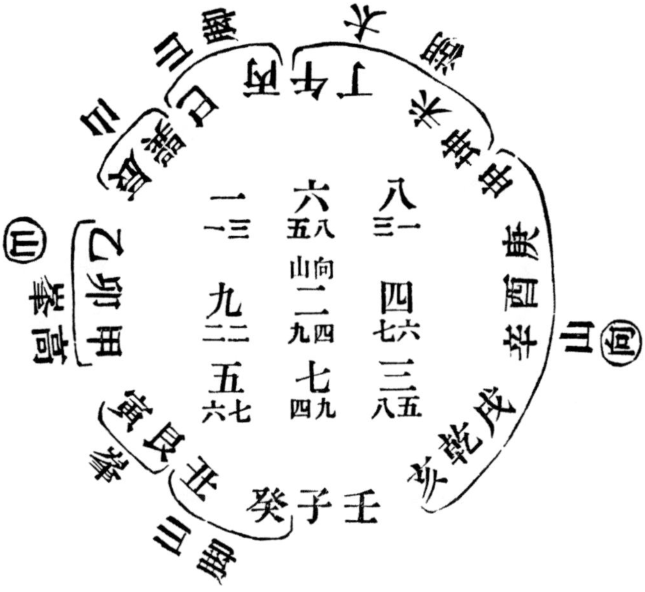

二運底用事。乙辛兼卯酉山向。大龍身由坎入離。震上高峯。腰間落脈。寅艮山峯。乾、兌、坤、峯巒若屏。午丁未坤。太湖。未葬前丁財頗盛。用事後葬者長孫三十歲殤亡。次孫廿七歲夭折。三四兩孫廿餘年來未育一丁。且游蕩不務正業。因此窘迫不堪。按是墓扞後。卽交三運。向上排龍三碧令星。應在水裏方得旺財。而偏偏上了巽山。因此財運衰敗。家境蕭條。山上排龍。三碧旺神。應在山上。而偏偏陷落在坤湖。違背山龍用法。遂致人丁絕望。又離水八五交會。亦主損丁。兩孫之殤亡。或在乎此

王舍葉懷屺父穴　洞庭東山

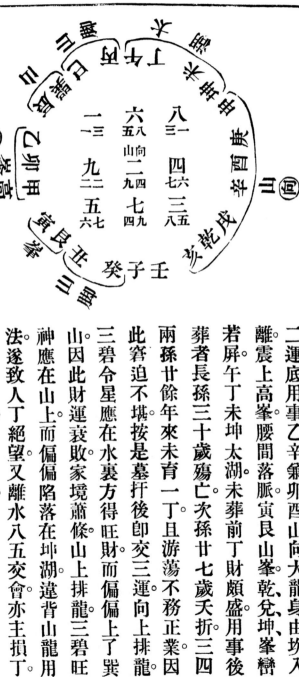

艮、震、巽、離、平山。酉上太湖。戌乾亥小山一座。戌乾及乾亥之間。兩個探頭山。壬子癸太湖

子癸被森林遮蔽。龍身自艮入坤。坐山横石排依石排立穴。穴近山巔。向首明堂寬廣一片低地。巽乾兼辰戌三運民國四年葬。正向巽乾。星辰顛倒。兼向辰戌。令星到山到向。一凶一吉。惟兼不敵正。故退財損丁。難免。民國十三年甲子六月葬者。次子上元丙戌生。肝氣病歿。長子上元乙酉生。七赤金命。扞後迄今。財運不利。查坎宮正向九七火金相尅。不利七赤金命。癸亥年五黃入中。一白到坎。重重尅入。七赤金命竟無恙。蓋因兼辰戌坎宮飛到八白土。所謂貪生忘尅。尅我者反助我也。

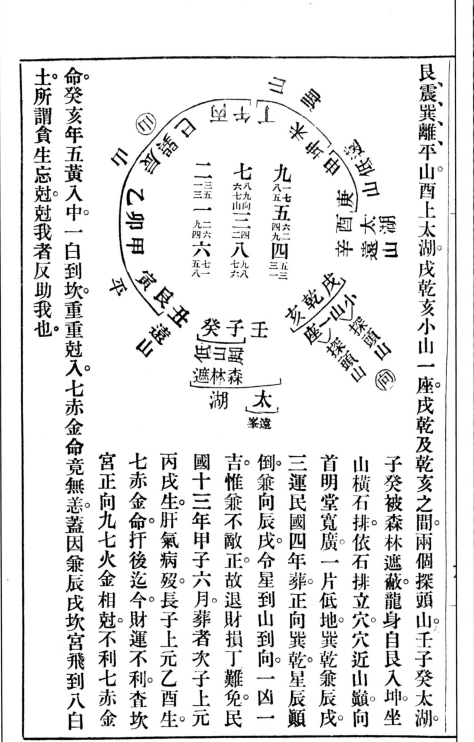

馬山史姓墓 武進

大龍身由坎入離。卯乙辰峯拖下山脚立穴。午丁未太湖。戌乾亥高山。艮寅峯。甲山庚向。二運底用事。卯上有鋪面水冲下。坐山甲上小凹。巒形殊惡。山上龍神破軍死氣到坐山。雖有三碧旺氣到艮峯。無如吉不敵凶。且四綠生氣陷落離湖。更加巒頭凶惡。故扞後迄今。葬者兩子未育一丁。向上龍神三碧上了乾山坤離太湖。挨到七九凶死之氣。是故財運衰敗不振。

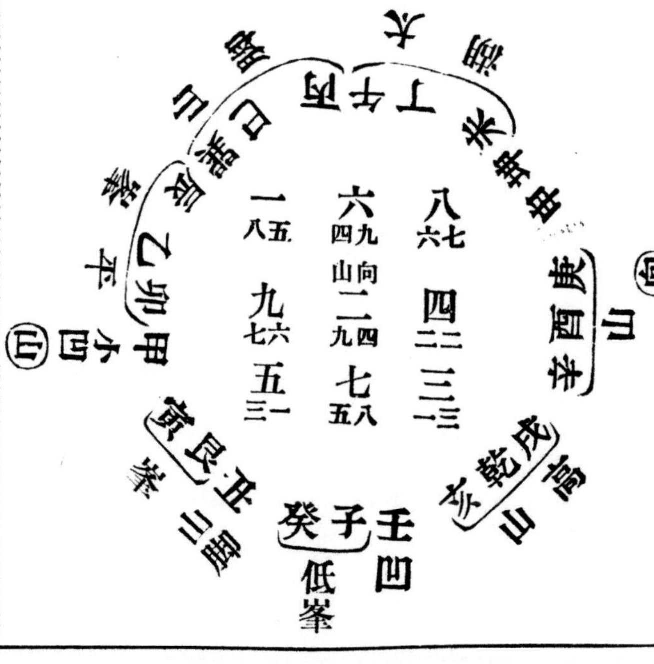

何家村董氏墓 揚中

田隴。二運酉山卯向。穴後小河貼近。距離丈餘 一經午丁未坤申庚酉辛戌乾亥。午丁上有小

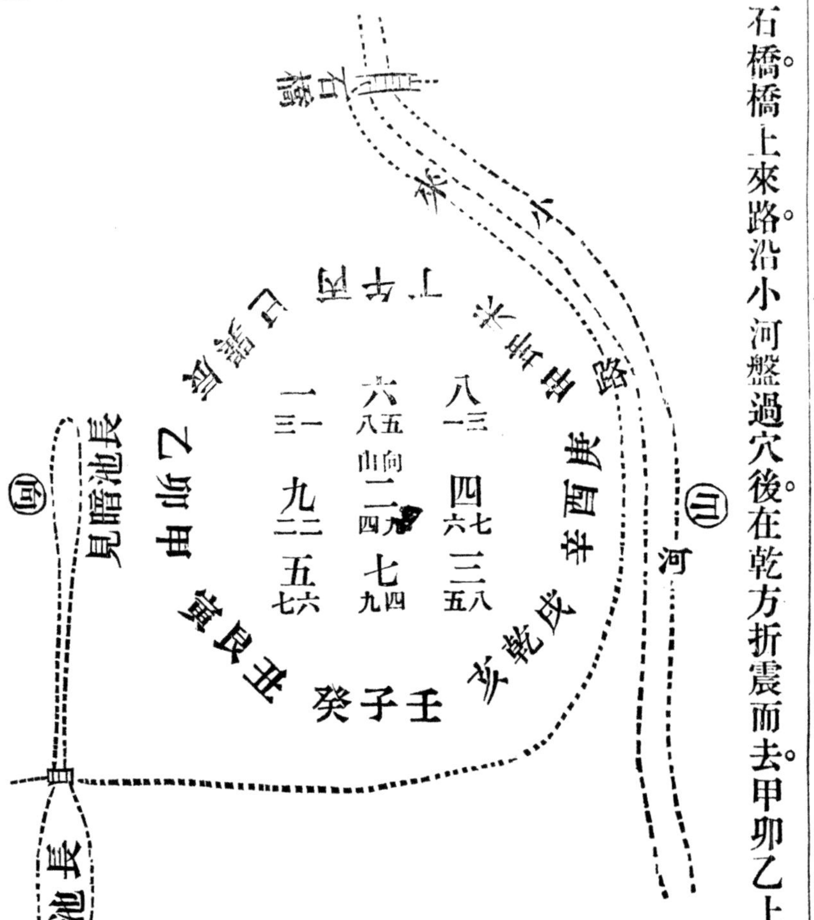

石橋。橋上來路。沿小河盤過穴後。在乾方折震而去。甲卯乙上小長池。(暗見)丑艮寅大長池。距穴約三十餘丈。山上龍神七赤破軍在艮池。二黑在向首得力甚微。二運間丁稍可。三碧在巽不得力。三運旺氣既無力。向首二黑又衰退。艮池破軍凶氣猖狂。人丁遂致絕望。甲子(民國十三年)(四運初年)四入中。七至艮。丁口敗絕。向上龍神二黑在向首。三碧

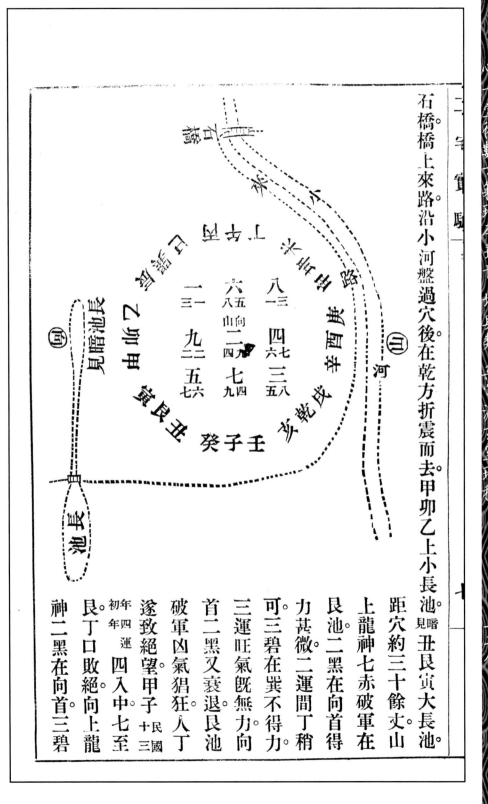

在坤水。七赤在坐山。二運間終算吸得生旺二氣。財局稍可。三運向首二黑衰退。坐山破軍凶焰。坤水三碧獨吉不敵衆凶。財運因此不利。

大渲任姓墓 無錫

山龍。在南獨山。丙午丁未坤申庚平山峯。坤上落脈拖下山脚立穴。二運未山丑向兼坤艮三分。二黑令星雖到山到向。惜爲時無幾。即交三運。山星三碧下了坎池。向星三碧上了兌山。因此三運內丁財大敗。人丁幾絕。

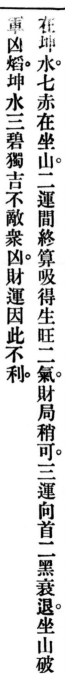

巒頭雖美。因葬非其時而敗絕。

牛背山朱皆桐父母塋

洞庭東山

寅來龍。艮寅甲卯乙平圓峯。依山脚立穴。左右內外護砂二層。穴前低陷。乾宮近穴有澗溝。終歲乾涸。雨後方有山水經過橫過穴前曲消坤方。甲上太湖湖外遠山爲案。巒頭甚美。惜葬非其時。致遭全家消滅。三運甲山庚向兼卯酉三分。上山下水。星辰顛倒。坐空朝滿。用之猶可。今用於坐實之山地。自然凶禍不免。坐山雖得三八爲朋。無如水口七三相剋。吉不敵凶。又雖兼卯酉三分。其力甚微。不能爲用也。葬時一子一孫。人丁原本不

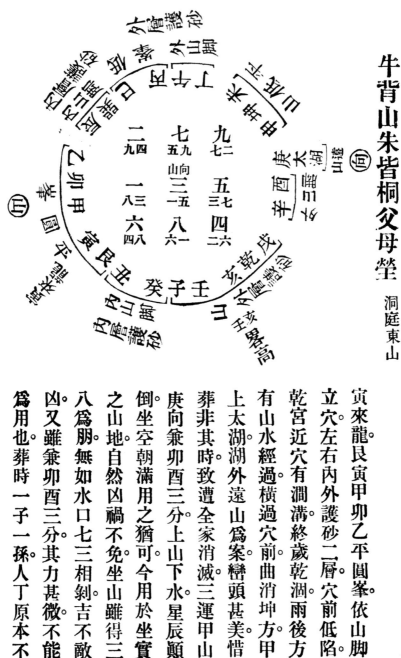

因星辰顛倒及巽宮七四相尅。致二子相繼大折。人烟絕滅。

興。扦後不數年。即相繼死亡。

楊灣山葉姓墓 洞庭東山

癸丑艮峯。丑上拖下山脚立穴。左右拖出山脚為護砂辰巽巳丙午丁未蘆田一望無際田外一綫湖水。環抱若帶。午丁未坤申貼近村屋。坤申庚酉辛低山。戌乾亥山艮山坤向二運末年用事。山上水裏龍神顛倒加之巽湖七四金木相扦尅後數年內葬者二子相繼夭折。均在十餘齡夭殤人烟已絕。

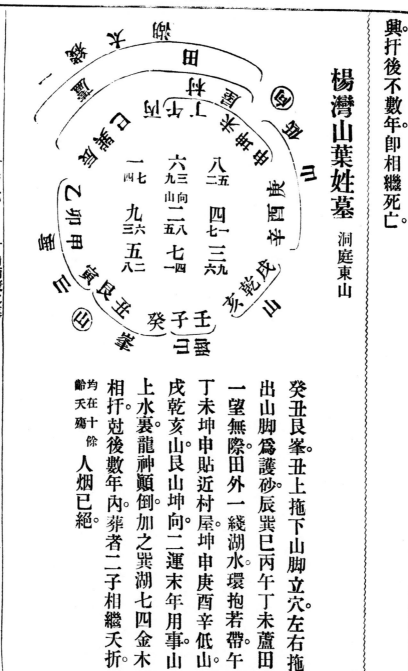

巽水逢七。致財運大敗。

劉河吳姓墓 太倉

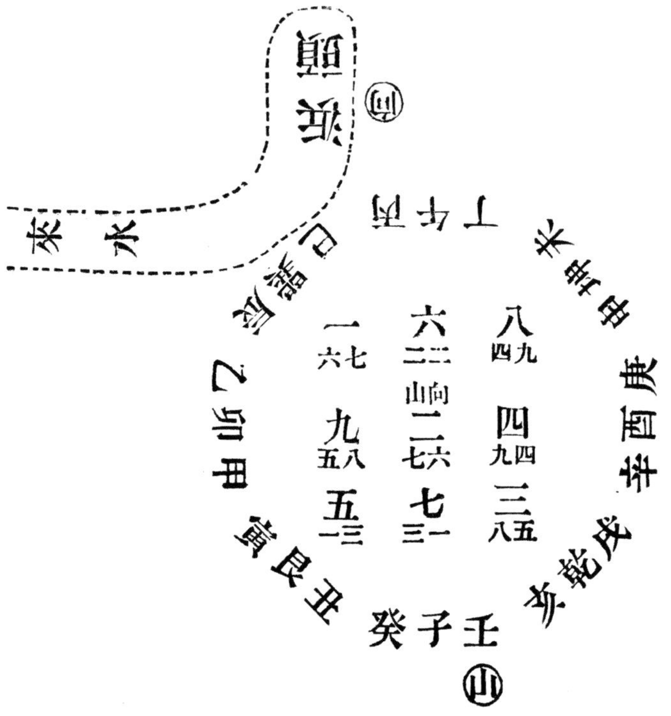

田隴。震水經卯乙辰。在巽巳上向離轉灣而止。成反弓曲尺形。丙上略帶着一點浜梢。是水距穴甚近。壬山丙向二運用事。巽宮最活動處。挨着向星兌七破軍。扞後葬者之子連年敗退。將萬餘金遺產消敗殆盡。繼以身亡。民國五年丙辰三入中二至巽方坎池四七。會合致殤。小口二十。餘人之多。

雞坑邵氏墓 無錫

丁財兩退之墓

一運酉山卯向。辛酉庚高峯拖下山脚在將盡處立穴。乾亥高峯。龍身原由此峯來子癸丑艮大池塘。距穴七八丈山上排龍一白在坐山。二黑在乾峯。向上排龍二黑在艮池。二黑運內丁財兩盛。交三運二黑轉衰。丁財俱退。連殤小口二十餘人。蓋在坎池七四金木相剋也。『最近實事』民國十五年丙寅二入中。七赤破軍到坎。八月四入中。九至坎。殤三歲女孩一個。甲子年生小孩病亡是年并有重病者多人。

殤男丁二位。在三碧令星山上水裏。星辰顛倒。

南市橋蔣姓墓 無錫

在莫巷後產山麓。三運乾山巽向。坐山靠正高峯。震巽兩宮大池塘。元空五行上山下水。令星顛倒。葬後五年內殤要人二位。男丁財運無進步。亦未衰退。因向首一白吉星。故得維持現狀。

孔山張姓墓 無錫

心一堂術數古籍珍本叢刊 堪輿類 無常派玄空珍秘

向首三碧令星重疊。逢屋尖洩氣。致丁財不振。兌坤逼近池塘遇五黃而一門多病。斷蓋在乎此。

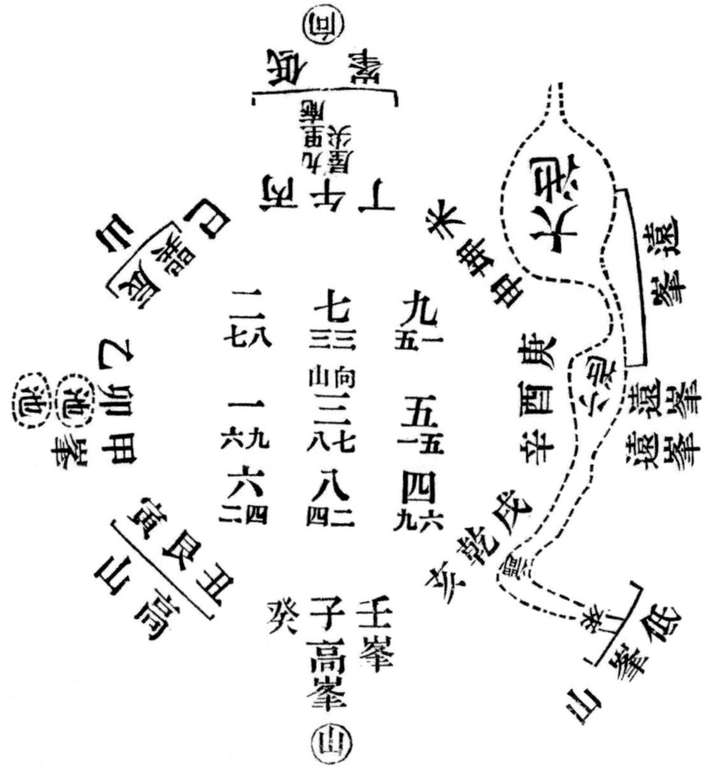

九里庵後田隴。三運子山午向兼癸丁三度。乾方來澗至兌成小池。至坤大池再由小溝向南消出震宮卯上兩池重疊。向首午上適對九里庵屋尖。元空五行三碧令星交會向上。尖者五行屬火。震三木氣導洩。加之乾澗震池九紫火生出。且係死氣因此丁財不振。兄弟三人葬者之子均閒蕩不務正業。家境窘迫。負債纍纍。坤兌二池佈着五黃零神。紫白訣云五黃二黑在失運時遇之主多病危。葬後全家病人不

姚灣韓炳安父母塋 無錫

壬亥來龍。巽巳太湖。湖外遠山爲案。左右羣巒環抱。形體甚佳。七運亥山巳向兼壬丙三分。元空五行。上山下水。星辰顛倒。葬後丁財兩敗。竟致絕嗣。

按是墓與丁財兩盛類內之姚灣韓姓祖坟相近。一則丁財兩盛。一則丁財俱敗。觀此可知興敗得失。不在巒頭。全在理氣也。

橫山侯姓墓 無錫

橫山東麓。二運辛山乙向。山上龍神。二黑旺星落陷。三碧生氣下水。坐山雖到六白吉星。

無如為時尚遠。是故人丁敗絕。向上龍神。雖逢當元旺星到向。惜無水神助吉。三碧生氣又在坤山。因此貧苦異常。

橫山侯福生父母塋　無錫

橫山東麓。九運辛山乙向兼酉卯三分。山星九紫令星挨至向首低處。一白生氣排在巽

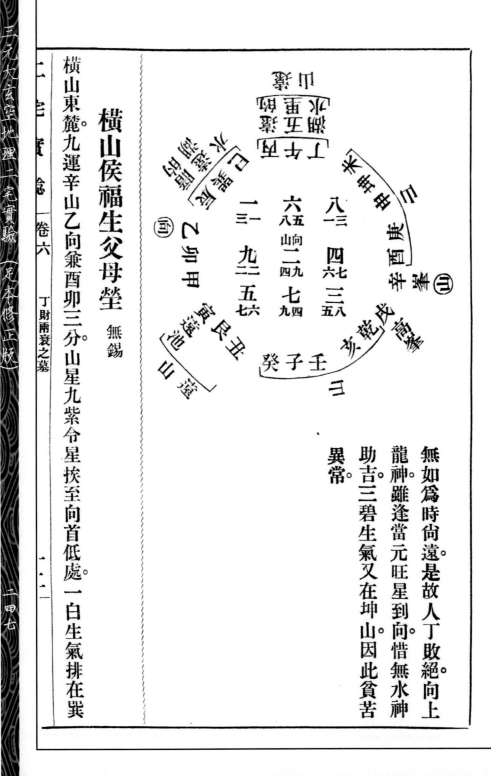

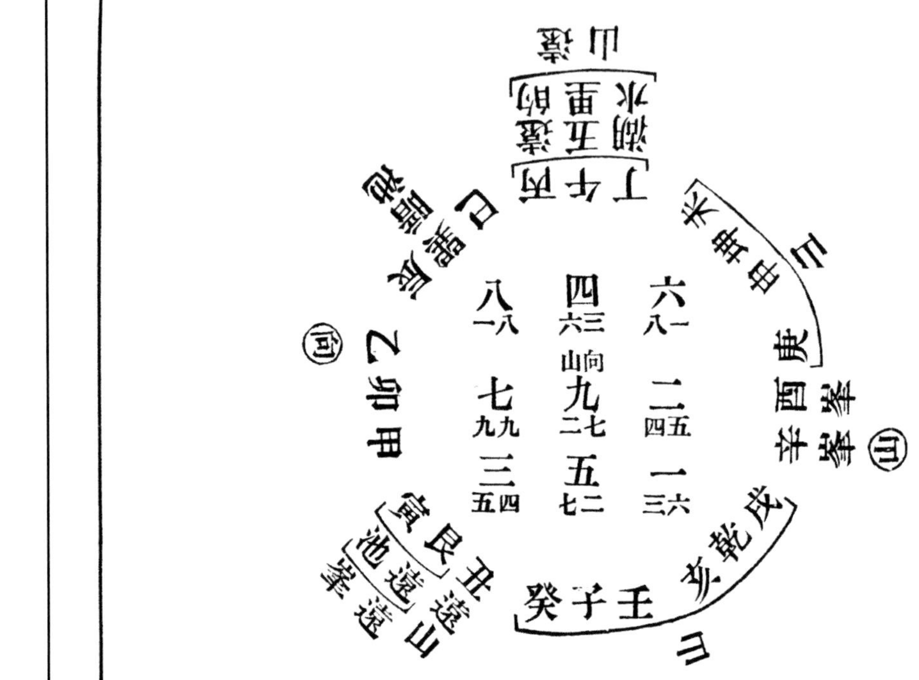

宮暗池。所謂山上星辰下了水。福生兄弟皆無後人。向星九紫旺星雖在向首。惟靜而不動。一白生氣又在坤山。是故財運不佳兄弟二人貧而且絕。

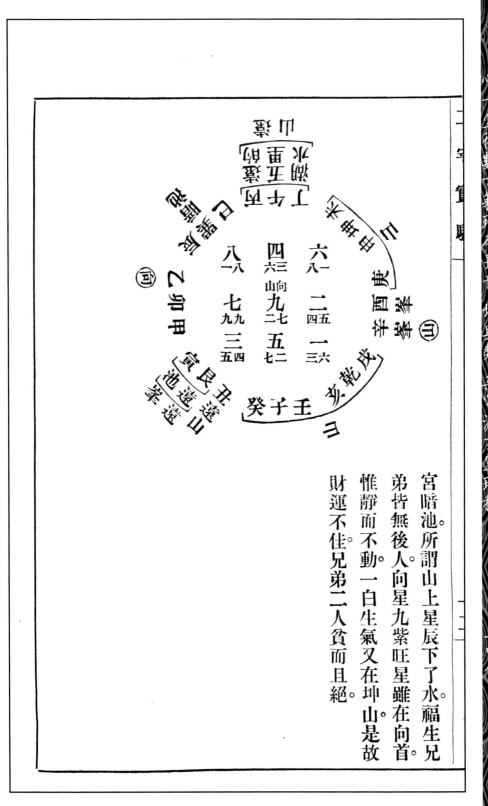

附錄

後天洛書大數

(對待合十縱橫十五)

(九星七色白黑碧綠黃赤紫)

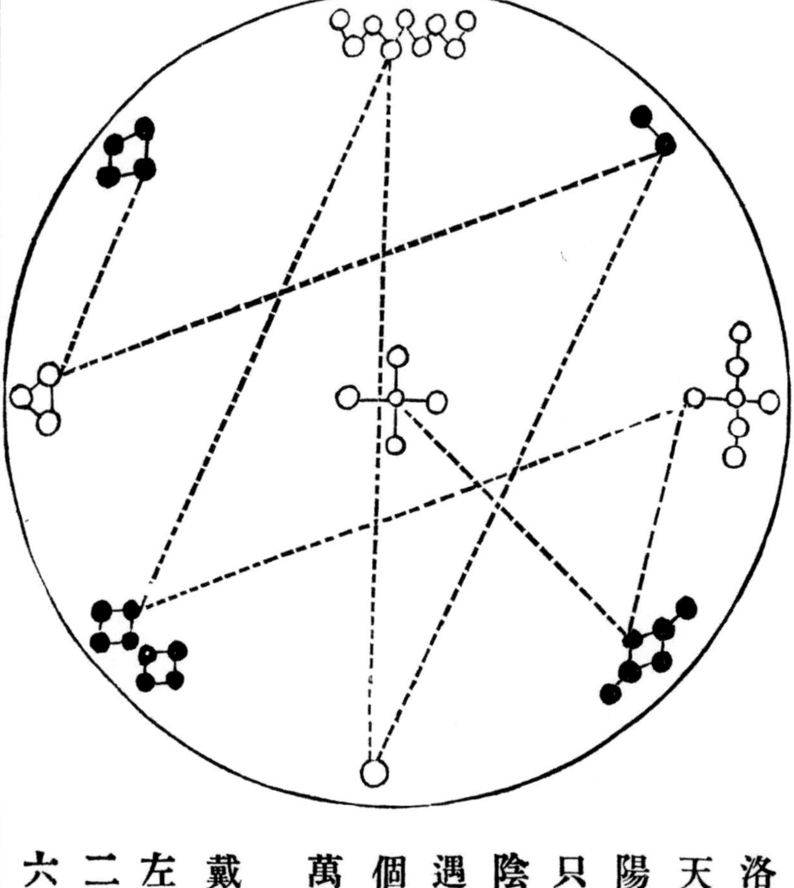

洛龜出現。天機聿顯。陽卦多陰。只取倒顛。陰卦多陽。遇順反欠。個個當權。萬化千變。

戴九履一。左三右七。二四為肩。六八為足。

九星歌

一・白水・壬○子●癸●・坎・正北方。　二・黑土・未●坤○申○・坤・西南隅。

三・碧木・甲○卯●乙●・震・正東方。　四・綠木・辰●巽○巳○・巽・東南隅。

五・黃土・戊○己●・中央・斗柄。　六・白金・戌●乾○亥○・乾・西北隅。

七・赤金・庚○酉●辛●・兌・正西方。　八・白土・丑●艮○寅○・艮・東北隅。

九・紫火・丙○午●丁●・離・正南方。

（註）凡○爲陽之符號。●爲陰之符號。陽順行。陰逆走。

九星別名

一白貪狼。　二黑巨門。　三碧祿存。　四綠文曲。　五黃廉貞。　六白武曲。　七赤破軍。

八白左輔。　九紫右弼。

本來面目

九運圖

上元一運

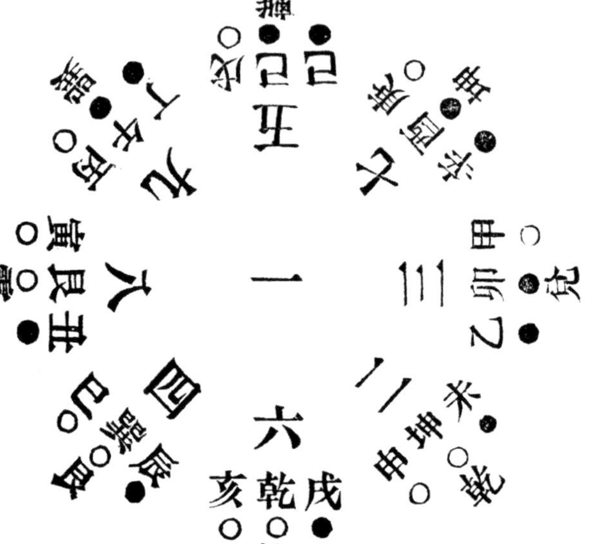

上元二運

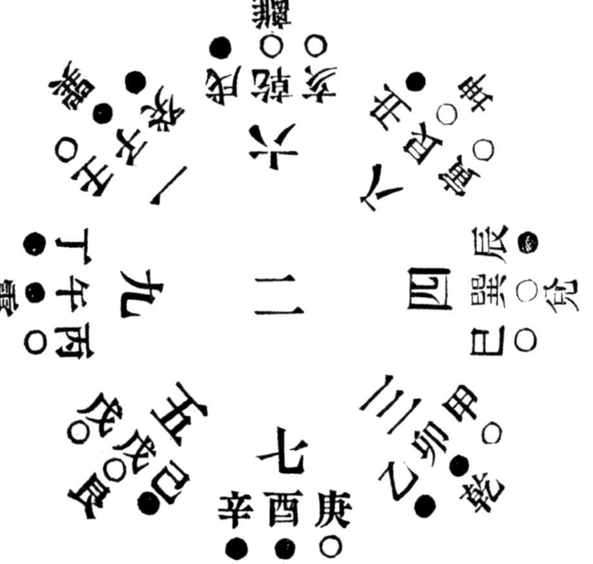

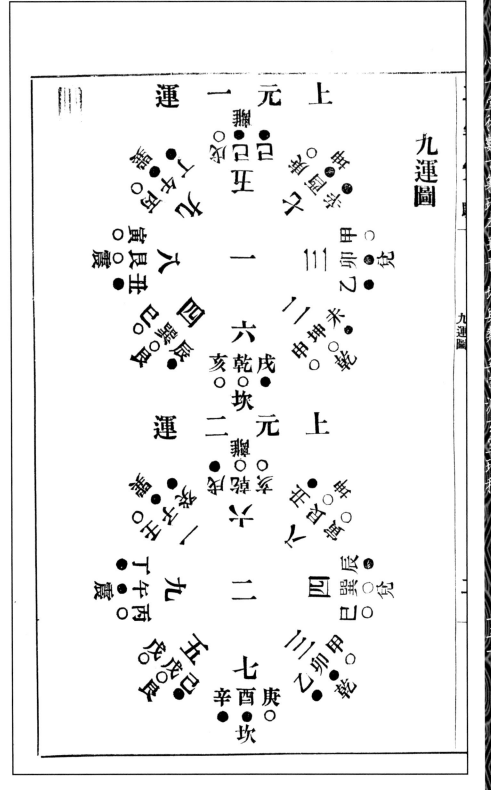

上元三運

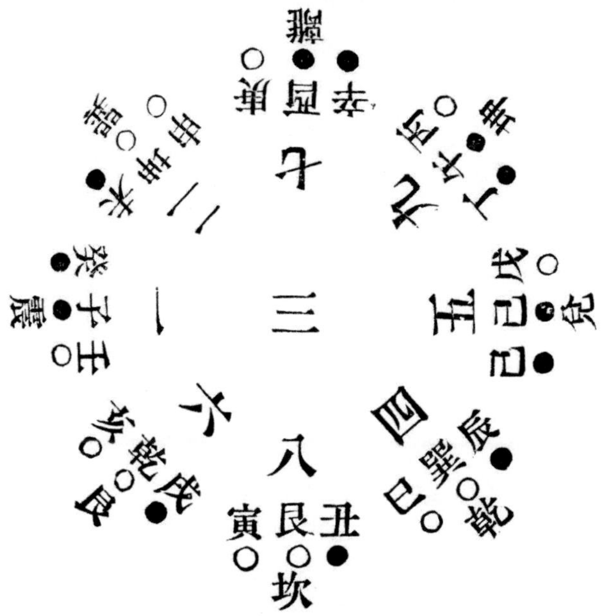

中元四運

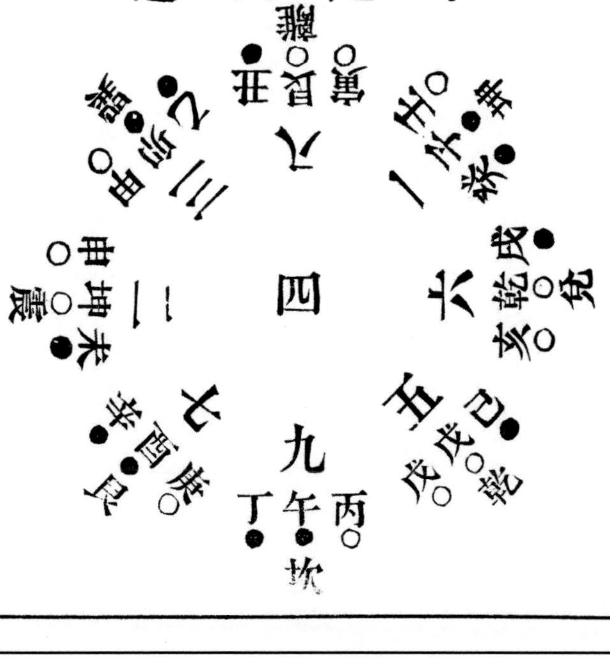

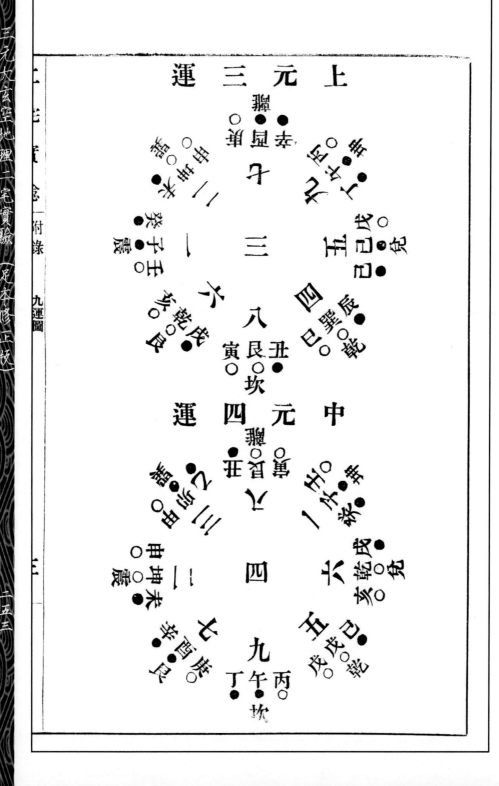

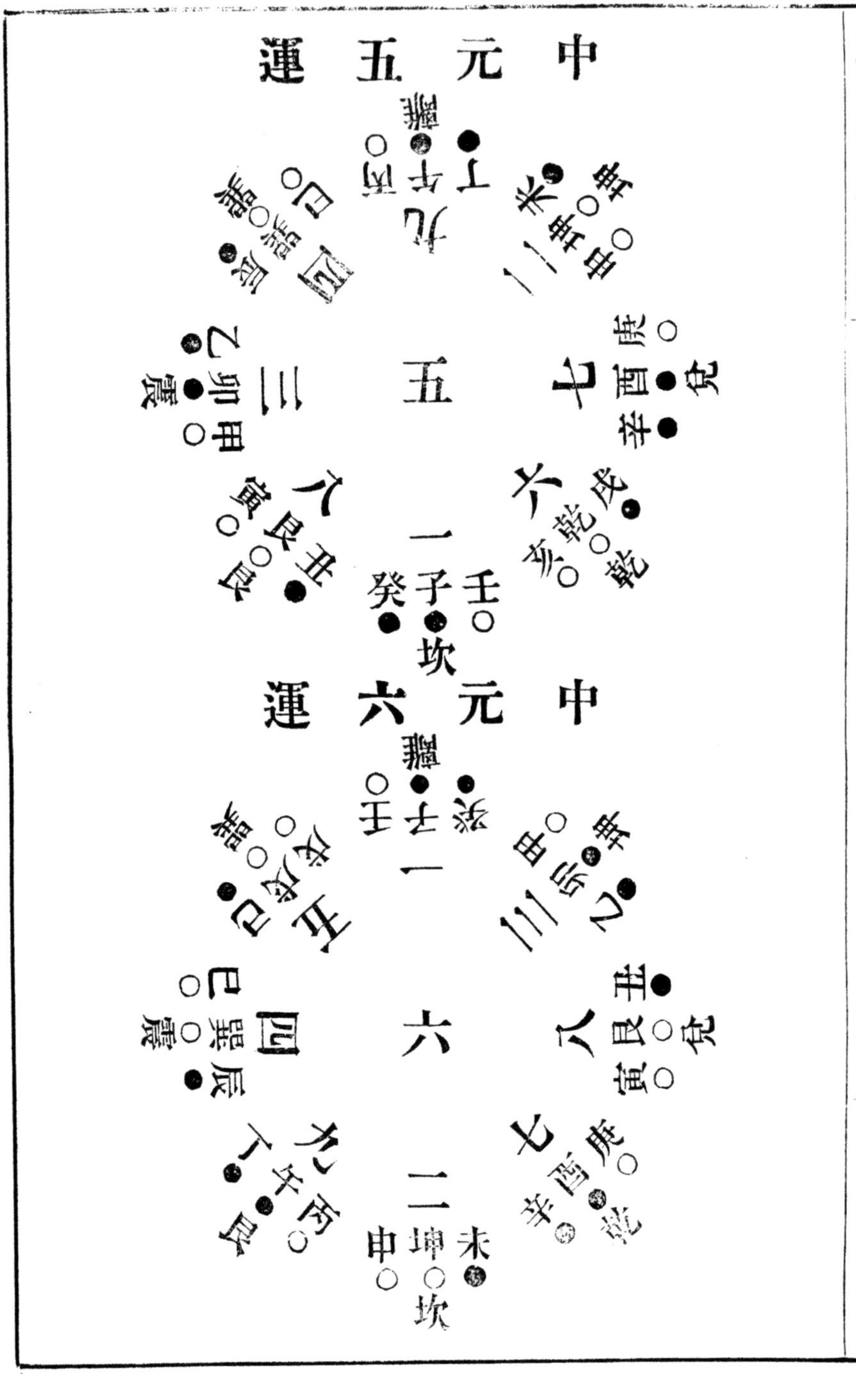
中元五運
中元六運

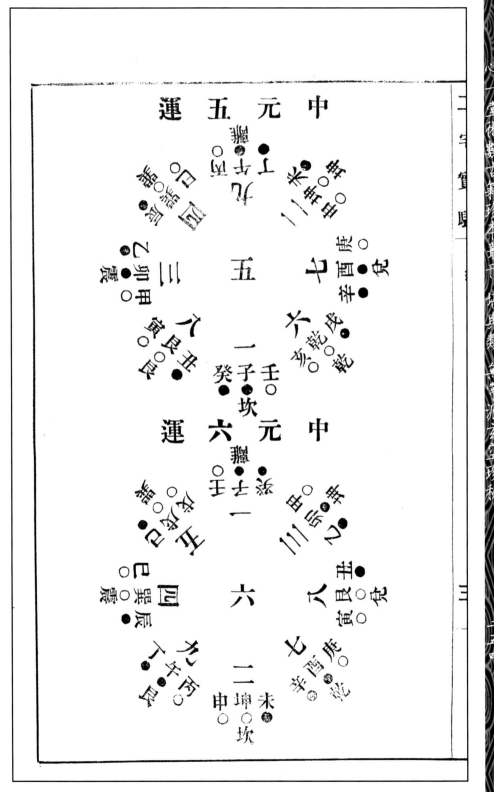

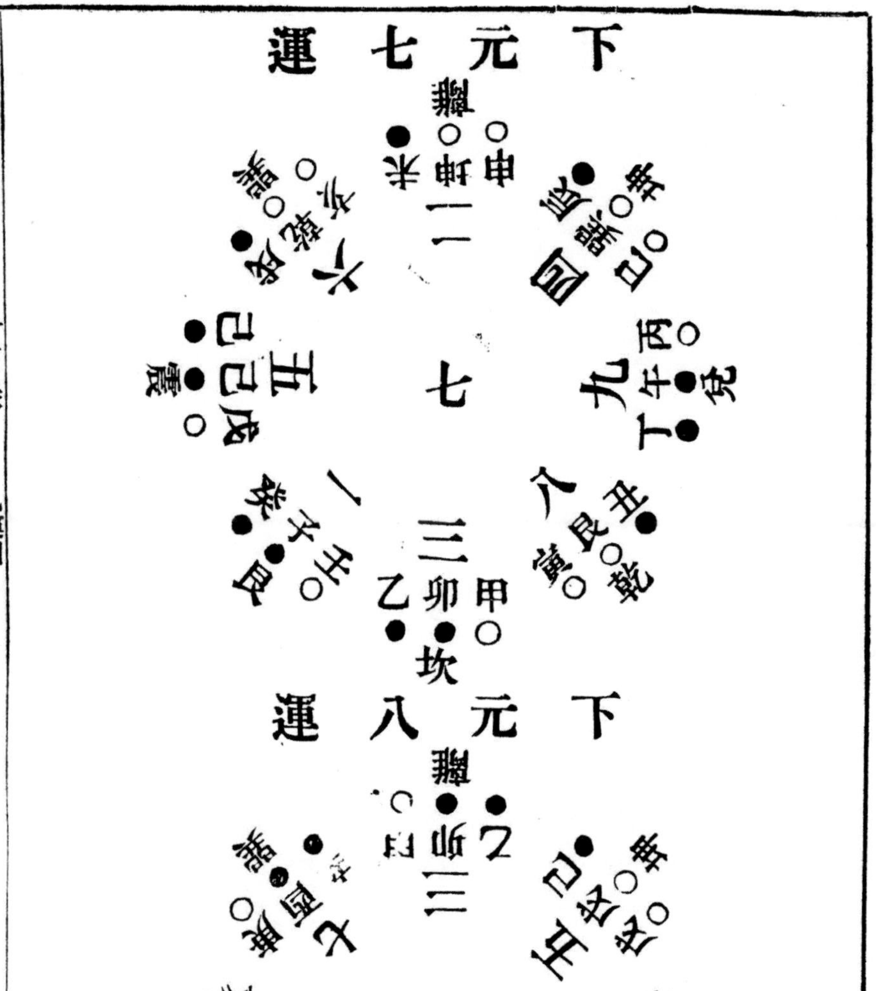
下元七運
下元八運

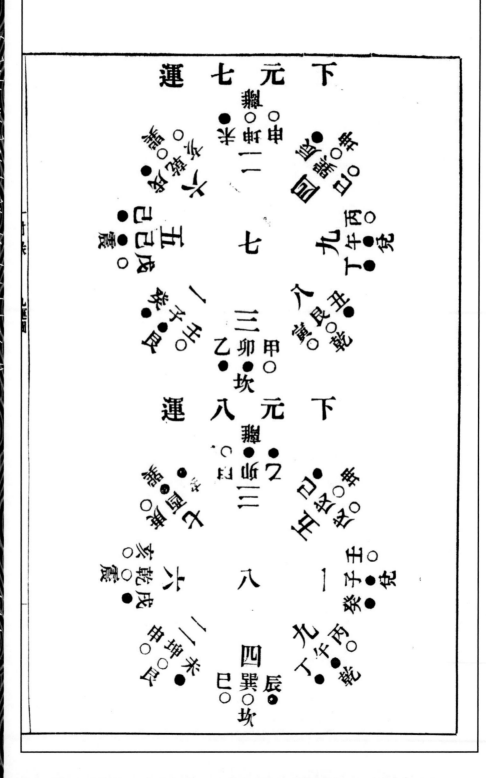

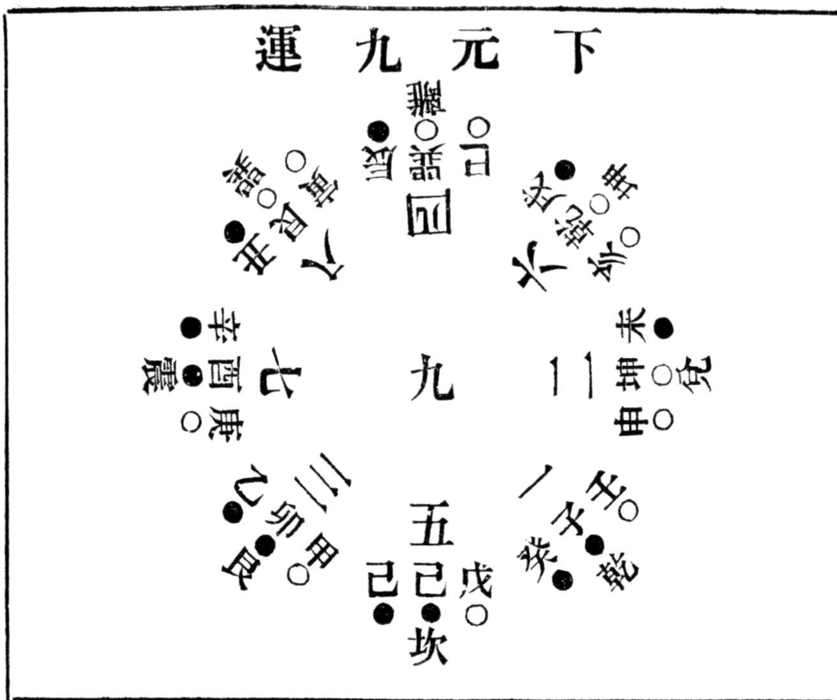

三元九運分配法

上元甲子六十年。甲子甲戌二十年爲一運。甲申甲午二十年爲二運。甲辰甲寅二十年爲三運。

中元甲子六十年。甲子甲戌二十年爲四運。甲申甲午二十年爲五運。甲辰甲寅二十年爲六運。

下元甲子六十年。甲子甲戌二十年爲七運。甲申甲午二十年爲八運。甲辰甲寅二十年爲九運。

(註)清同治三年甲子。至光緒九年癸未二十年爲上元一運。光緒十年甲申。至光緒二十九年癸卯。二十年爲上元

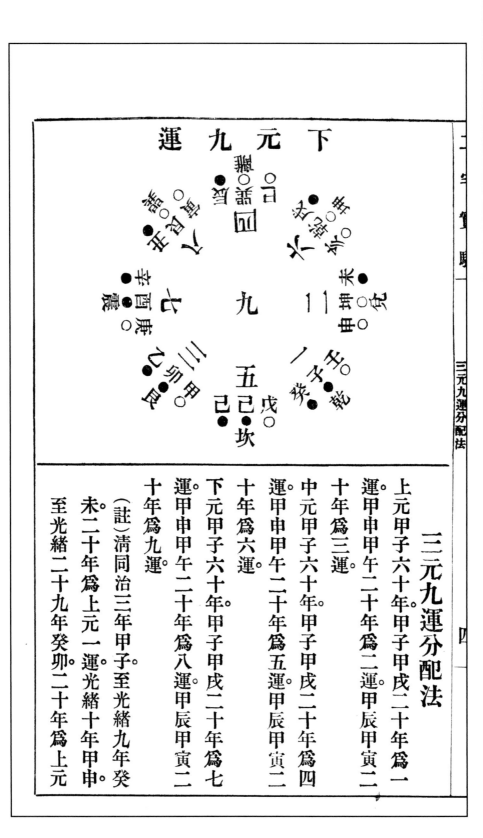

二運。光緒三十年甲辰至民國十二年癸亥二十年爲上元三運。民國十三年甲子至三十二年癸未二十年爲中元四運。民國三十三年甲申至五十二年癸卯二十年爲中元五運。民國五十三年甲辰至七十二年癸亥二十年爲中元六運。民國七十三年甲子。至九十二年癸未二十年爲下元七運。民國九十三年甲申至一百十二年癸卯。二十年爲下元八運。民國一百十三年甲辰至一百三十二年癸亥二十年爲下元九運。民國一百三十三年起復爲上元甲子。周而復始由上推則逆數向下推則順數。餘仿此

五行生尅歌

金生水。水生木。木生火。火生土。土生金。

金尅木。木尅土。土尅水。水尅火。火尅金。

年白歌

上元甲子一白求。（上元甲子年一白入中乙丑九入中丙寅八入中）中元四綠木爲頭。（中元甲子年四入中乙丑三入中丙寅二入中）下元七赤中央去。逐年逆數順宮游。

月白歌

四仲之年(子午卯酉年)正月八。(正月八入中二月七入中三月六入中入中後順飛逐月逆退)四孟(寅申巳亥年)二黑入中宮。(正月二入中二月一入中三月九入中)四季年(辰戌丑未年)來中五土。(正月五入中二月四入中三月三入中)逆推順布例相同。

日白歌

日家白法不難求。二十四氣六宮周。冬至雨水及穀雨。陽順一七四中游。夏至處暑霜降後。九三六數逆行求。

舉例

冬至	一	二	夏至	九	八
雨水	後甲子七	乙丑八 ●	處暑	後甲子三	乙丑二
穀雨	四	五	霜降	六	五

時白歌

時家白法更精微。須知二至與三時。冬至三元一七四。子酉宮中順布之。夏至九三六星逆。九星挂巽震排之。(即逆退也)順逆兩邊如日例。戌丑亥寅一般施。

舉例

	冬至後	夏至後
子午卯酉日	子一丑二	子九丑八
辰戌丑未日	子七丑八	子三丑二
寅申巳亥日	子四丑五	子六丑五

年月飛星舉隅

如中元甲子年四綠值年即以四入中宮順布八方

例如防火查二九七。是年九到坎。七到艮。二到震。倘此等方位上見斜水、塔尖、箭路。則凶在坎者。防仲夏及孟秋。凶狀在艮者。防孟春、季春、孟冬、季冬、及仲夏。凶狀在震者。防孟冬、季秋。其餘一切吉凶事情。可以例推矣。每年可仿此製表。

中元甲子年

年月飛星圖

一

春	夏	秋	冬
五	二	八	五
四	一	七	四
三	九	六	三

八

春	夏	秋	冬
三	九	六	三
二	八	五	二
一	七	四	一

三

春	夏	秋	冬
七	四	一	七
六	三	九	六
五	二	八	五

六

春	夏	秋	冬
一	七	四	一
九	六	三	九
八	五	二	八

四

春	夏	秋	冬
(正) 八	(四) 五	(七) 二	(十) 八
(二) 七	(五) 四	(八) 一	(十一) 七
(三) 六	(六) 三	(九) 九	(十二) 六

二

春	夏	秋	冬
六	三	九	六
五	二	八	五
四	一	七	四

五

春	夏	秋	冬
九	六	三	九
八	五	二	八
七	四	一	七

九

春	夏	秋	冬
四	一	七	四
三	九	六	三
二	八	五	二

七

春	夏	秋	冬
二	八	五	二
一	七	四	一
九	六	三	九

男女命宮表

年份	上元男命	上元女命	中元男命	中元女命	下元男命	下元女命
甲子	一	五	四	二	七	八
乙丑	九	六	三	三	六	九
丙寅	八	七	二	四	五	一
丁卯	七	八	一	五	四	二
戊辰	六	九	九	六	三	三
己巳	五	一	八	七	二	四
庚午	四	二	七	八	一	五
辛未	三	三	六	九	九	六
壬申	二	四	五	一	八	七
癸酉	一	五	四	二	七	八
甲戌	九	六	三	三	六	九
乙亥	八	七	二	四	五	一
丙子	七	八	一	五	四	二
丁丑	六	九	九	六	三	三
戊寅	五	一	八	七	二	四
己卯	四	二	七	八	一	五
庚辰	三	三	六	九	九	六
辛巳	二	四	五	一	八	七
壬午	一	五	四	二	七	八
癸未	九	六	三	三	六	九

年份		甲申	乙酉	丙戌	丁亥	戊子	己丑	庚寅	辛卯	壬辰	癸巳	甲午	乙未	丙申	丁酉	戊戌	己亥	庚子	辛丑	壬寅	癸卯
上元	男命	八	七	六	五	四	三	二	一	九	八	七	六	五	四	三	二	一	九	八	七
	女命	七	八	九	一	二	三	四	五	六	七	八	九	一	二	三	四	五	六	七	八
中元	男命	二	一	九	八	七	六	五	四	三	二	一	九	八	七	六	五	四	三	二	一
	女命	四	五	六	七	八	九	一	二	三	四	五	六	七	八	九	一	二	三	四	五
下元	男命	五	四	三	二	一	九	八	七	六	五	四	三	二	一	九	八	七	六	五	四
	女命	一	二	三	四	五	六	七	八	九	一	二	三	四	五	六	七	八	九	一	二

年份		甲辰	乙巳	丙午	丁未	戊申	己酉	庚戌	辛亥	壬子	癸丑	甲寅	乙卯	丙辰	丁巳	戊午	己未	庚申	辛酉	壬戌	癸亥
上元	男命	六	五	四	三	二	一	九	八	七	六	五	四	三	二	一	九	八	七	六	五
	女命	九	一	二	三	四	五	六	七	八	九	一	二	三	四	五	六	七	八	九	一
中元	男命	九	八	七	六	五	四	三	二	一	九	八	七	六	五	四	三	二	一	九	八
	女命	六	七	八	九	一	二	三	四	五	六	七	八	九	一	二	三	四	五	六	七
下元	男命	三	二	一	九	八	七	六	五	四	三	二	一	九	八	七	六	五	四	三	二
	女命	三	四	五	六	七	八	九	一	二	三	四	五	六	七	八	九	一	二	三	四

（註）凡上元甲子年生者。男命屬一白水。女命屬五黃土。乙丑年生者。男命九紫火。女命六白金。若中元甲子年生者。男命屬四綠木。女命屬二黑土。乙丑年生者男女均屬三碧木命。餘可按表類推。

太歲

子年在子方。丑年在丑方。寅年在寅方。卯年在卯方。餘仿此類推。

（註）太歲爲一年之主宰。掌一年之吉凶。吉則助吉。凶則助凶。宜坐不宜向。避之爲吉。犯之則其禍大而且久。如子年立子山午向。即爲坐太歲。如立午山子向。即爲向太歲。修子方。即爲動太歲。能不坐不向不動爲最好。不得已而坐之動之。須看年月有無吉神。方可開山立向。但終以避之爲妥。

七煞

子年在午方。丑年在未方。寅年在申方。卯年在酉方。餘仿此類推。

（註）七煞一名歲破。切不可犯。無論陰陽二宅。在七煞方動土興工。凶禍立見。惟年月有太陽及貴人祿馬等吉神飛到此方。亦可動作。但終以避之爲妥。

年三煞

申子辰年。煞在南方巳午未。寅午戌年。煞在北方亥子丑。亥卯未年。煞在西方申酉戌。巳酉丑年。煞在東方寅卯辰。

(註)年三煞爲年內最凶之神。宜向不宜坐。犯之則凶禍立見。如申年子年辰年。立巳午未三山卽爲坐煞。立丙丁二山卽爲夾煞。立亥壬子癸丑五山卽爲向煞。修巳丙午丁未五方卽爲犯煞。雖有吉神臨方不能化解。不得已而向之。則無妨。然須有吉神到向方可。

月三煞

寅午戌月。(即正五九月) 煞在北方亥子丑。亥卯未月。(即十月二月六月) 煞在西方申酉戌。申子辰月。(即七月十一月三月) 煞在東方寅卯辰。

(註)月煞之推算法。與年煞相同。惟年煞爲一年不動之凶星。月煞則按月遷移。宜向不宜坐。犯之凶禍立見。遲則月內。速則旬日。其煞之方位。與使用法。悉與年煞相同。可參看上註。

五黃

五黃。分年五黃與月五黃。皆宜向不宜坐。凡五黃所到之方。不宜動土修造。犯之凶禍立見。如無錫張巷某宅。坐坎向離。於上元己未六月（民國八年）建築。適值年月五黃同在坎方所謂坐五黃也。五年內連殤五人。

（註）年月逢一白入中。五黃在離方。二黑入中在艮方。三碧入中在兌方。四綠入中在乾方。五黃入中在中宮。六白入中在巽方。七赤入中在震方。八白入中在坤方。九紫入中在坎方。欲知某年何星入中。可在男女命宮表中。查男命所得之星便是。欲知某月何星入中。如子午卯酉年。正月八白入中。二月七赤入中。三月六白入中。餘月仿此逐月逆數。便是。寅申巳亥年。正月二黑入中。二月一白入中。三月九紫入中。如上之逐月逆數。辰戌丑未年。正月五黃入中。二月四綠入中。三月三碧入中。亦如上之逐月逆數。即是入中之星。

談跋

堪輿之學。巒頭與理氣爲兩大端。巒頭爲其體。理氣爲其用。二者不可偏廢也。然言巒頭者。尙有形局之可考。談理氣者。竟無迹象之可尋。自杜陵蔣氏著地理辨正一書。措詞隱約。立說深微。仍守天機不可洩漏之秘。是以僅存玄空之名。而未傳玄空之用。雖經姜子汝皋。章子仲山。溫子明遠。宗長養吾等。叠爲詮註。而理深意奧。仍不能使好學深思之士。見之卽豁然而貫通。居今日而欲得靑囊眞相。不戞戞乎其難哉。榮子柏雲。余之莫逆交也。素抱民吾同胞。物吾同與之志。公餘輒研究地理。辛酉冬。得章氏一脈之眞傳。於大玄空理氣。遂能透澈無遺。於是登山涉水。見古墓舊宅。靡不悉心研究。凡實驗之陰陽二宅。於吉凶禍福。絲毫不爽者。每繪圖立說。一一錄存。今積久成帙。遂付梓。以公同好。用使大玄空之學。昌明於後世。俾孝子慈孫之葬親。皆有所依據。其存心之公。期世之切。昭然若揭。倘僅以方技目之。則淺之乎視榮子矣。

民國十六年仲夏談學周識於滬江旅次

二宅實驗二次正誤表

卷二、二十二頁、十三行、第五第六字、癸丁、應改壬丙、

卷二、二十二頁、頁背、圖中(山)(向)二字、原在癸丁上、應改移在壬丙上、

卷四、十頁、第二第三行內『上山下水。星辰顛倒。』應改『坎宮低處七四會合。坎宮有暗遠水』

卷四、十頁、挨星圖、

原式

九 八一	五 四六	七 六八
八 七九	山向 九二	三 二四
四 三五	六 五七	二 一三

應改

九 一一	五 五六	七 三八
八 二九	山向 九二	三 七四
四 六五	六 四七	二 八三

附錄、一頁、頁背、四行、四字、戍、應改戌、

附錄、八頁、頁背、十行、『月十一月三月』之下、『煞在東方寅卯辰』之上、應加入『煞在南方巳午未。巳酉丑月。即四月八月十二月』二句、

啓事

學人爲補助社會起見發行二宅實驗一書又恐閱者不易應用故於每部書中附贈方便券一紙凡購書諸君有爲民衆謀生計而創辦農工商實業或已辦而營業不振欲求佈置適當及補救合法者請將方便券裁下致函上海小沙渡浜北福新第三麵粉廠莊瑞賡君轉達又疾病纏綿醫藥罔效及建築住宅安葬先人遺骸者亦可來函斟酌酬勞分文不取惟憑方便券爲限無券概不答復

懺悔學人謹識

三元大玄空地理二宅實驗全書二册

定價實洋五圓

民國十六年丁卯仲夏付刊

著作者 梁溪懺悔學人

校閱者 梁溪無相行人

代印者 無錫城內書院弄 錫成印刷公司

藏版者 懺悔學人

總經售處 上海商務印書館 中華書局

分售處 各埠商務印書館 中華書局

有著作權 不准翻印

心一堂術數古籍珍本叢刊　第一輯書目

編號	書名	作者	說明
占筮類			
1	擲地金聲搜精秘訣	心一堂編	沈氏研易樓藏稀見易占秘鈔本
2	卜易拆字秘傳百日通	心一堂編	
3	易占陽宅六十四卦秘斷	心一堂編	火珠林占陽宅風水秘鈔本
星命類			
4	斗數宣微	【民國】王裁珊	民初最重要斗數著述之一；未刪改本
5	斗數觀測錄	【民國】王裁珊	失傳民初斗數重要著作
6	《地星會源》《斗數綱要》合刊	心一堂編	失傳的第三種飛星斗數
7	《斗數秘鈔》《紫微斗數之捷徑》合刊	心一堂編	珍稀「紫微斗數」舊鈔秘本
8	斗數演例	心一堂編	
9	紫微斗數全書（清初刻原本）	題【宋】陳希夷	斗數全書本來面目；有別於錯誤極多的坊本
10-12	鐵板神數（清刻足本）——附秘鈔密碼表	題【宋】邵雍	無錯漏原版　秘鈔密碼表　首次公開！
13-15	蠢子數纏度	題【宋】邵雍	蠢子數連密碼表　打破數百年秘傳　首次公開！
16-19	皇極數	題【宋】邵雍	清鈔孤本附起例及完整密碼表　研究神數必讀！
20-21	邵夫子先天神數	題【宋】邵雍	附手鈔密碼表　研究神數必讀！
22	八刻分經定數（密碼表）	題【宋】邵雍	皇極數另一版本；附手鈔密碼表
23	新命理探原	【民國】袁樹珊	子平命理必讀教科書！
24-25	袁氏命譜	【民國】袁樹珊	
26	韋氏命學講義	【民國】韋千里	民初二大命理家南袁北韋
27	千里命稿	【民國】韋千里	
28	精選命理約言	【民國】韋千里	北韋之命理經典
29	滴天髓闡微——附李雨田命理初學捷徑	【民國】袁樹珊、李雨田	命理經典未刪改足本
30	段氏白話命學綱要	【民國】段方	民初命理經典最淺白易懂
31	命理用神精華	【民國】王心田	學命理者之寶鏡

32	命學探驪集	【民國】張巢雲	發前人所未發 稀見民初子平命理著作
33	澹園命談	【民國】高澹園	
34	算命一讀通——鴻福齊天	【民國】不空居士、覺先居士合纂	
35	子平玄理	【民國】施惕君	
36	星命風水秘傳百日通	心一堂編	
37	命理大四字金前定	題【晉】鬼谷子王詡	源自元代算命術
38	命理斷語義理源深	心一堂編	稀見清代批命斷語及活套
39－40	文武星案	【明】陸位	失傳四百年《張果星宗》姊妹篇 千多星盤命例 研究命學必備
相術類			
41	新相人學講義	【民國】楊叔和	失傳民初白話文相術書
42	手相學淺說	【民國】黃龍	民初中西結合手相學經典
43	大清相法	心一堂編	重現失傳經典相書
44	相法易知	心一堂編	
45	相法秘傳百日通	心一堂編	
堪輿類			
46	靈城精義箋	【清】沈竹礽	沈氏玄空遺珍 玄空風水必讀
47	地理辨正抉要	【清】沈竹礽	
48	《玄空古義四種通釋》《地理疑義答問》合刊	沈瓞民	
49	《沈氏玄空吹虀室雜存》《玄空捷訣》合刊	【民國】申聽禪	
50	漢鏡齋堪輿小識	【民國】查國珍、沈瓞民	失傳已久的無常派玄空經典
51	堪輿一覽	【清】孫竹田	
52	章仲山挨星秘訣（修定版）	【清】章仲山	章仲山無常派玄空珍秘 門內秘本首次公開 沈竹礽等大師尋覓一生未得之珍本！
53	臨穴指南	【清】章仲山	
54	章仲山宅案附無常派玄空秘要	心一堂編	
55	地理辨正補	【清】朱小鶴	玄空六派蘇州派代表作
56	陽宅覺元氏新書	【清】元祝垚	簡易・有效・神驗之玄空陽宅法
57	地學鐵骨秘　附　吳師青藏命理大易數	【民國】吳師青	釋玄空廣東派地學之秘
58－61	四秘全書十二種（清刻原本）	【清】尹一勺	玄空湘楚派經典本來面目 有別於錯誤極多的坊本

62	地理辨正補註 附 元空秘旨 天元五歌 玄空精髓 心法秘訣等數種合刊	【民國】胡仲言	貫通易理、巒頭、三元、三合、天星、中醫
63	地理辨正自解	【清】李思白	公開玄空家「分率尺、工部尺、量天尺」之秘
64	許氏地理辨正釋義	【民國】許錦灝	民國易學名家黃元炳力薦
65	地理辨正天玉經內傳要訣圖解	【清】程懷榮	秘訣一語道破，圖文并茂
66	謝氏地理書	【民國】謝復	玄空體用兼備、深入淺出
67	論山水元運易理斷驗、三元氣運說附紫白訣等五種合刊	【宋】吳景鸞等	失傳古本《玄空秘旨》《紫白訣》
68	星卦奧義圖訣	【清】施安仁	
69	三元地學秘傳	【清】何文源	
70	三元玄空挨星四十八局圖說	心一堂編	三元玄空門內秘笈　清鈔孤本
71	三元挨星秘訣仙傳	心一堂編	過去均為必須守秘不能公開秘密
72	三元地理正傳	心一堂編	
73	三元天心正運	心一堂編	與今天流行飛星法不同
74	元空紫白陽宅秘旨	心一堂編	
75	玄空挨星秘圖 附 堪輿指迷	心一堂編	
76	姚氏地理辨正圖說 附 地理九星并挨星真訣全圖 秘傳河圖精義等數種合刊	【清】姚文田等	
77	元空法鑑批點本——附 法鑑口授訣要、秘傳玄空三鑑奧義匯鈔 合刊	【清】曾懷玉等	蓮池心法　玄空六法
78	元空法鑑心法	【清】曾懷玉等	門內秘鈔本首次公開
79	曾懷玉增批蔣徒傳天玉經補註【新修訂版原（彩）色本】	【清】項木林、曾懷玉	
80	地理學新義	【民國】俞仁宇撰	
81	地理辨正揭隱（足本） 附連城派秘鈔口訣	【民國】王邀達	
82	趙連城傳地理秘訣附雪庵和尚字字金	【明】趙連城	揭開連城派風水之秘
83	趙連城秘傳楊公地理真訣	【明】趙連城	
84	地理法門全書	仗溪子、芝罘子	巒頭風水，內容簡核、深入淺出
85	地理方外別傳	【清】熙齋上人	巒頭形勢、「望氣」「鑑神」
86	地理輯要	【清】余鵬	集地理經典之精要
87	地理秘珍	【清】錫九氏	巒頭、三合天星，圖文並茂
88	《羅經舉要》附《附三合天機秘訣》	【清】賈長吉	清鈔孤本羅經、三合訣法圖解
89-90	嚴陵張九儀增釋地理琢玉斧巒	【清】張九儀	清初三合風水名家張九儀經典清刻原本！

91	地學形勢摘要	心一堂編	形家秘鈔珍本
92	《平洋地理入門》《巒頭圖解》合刊	【清】盧崇台	平洋水法、形家秘本
93	《鑒水極玄經》《秘授水法》合刊	【唐】司馬頭陀、【清】鮑湘襟	千古之秘，不可妄傳匪人
94	平洋地理闡秘	心一堂編	雲間三元平洋形法秘鈔珍本
95	地經圖說	【清】余九皋	形勢理氣、精繪圖文
96	司馬頭陀地鉗	【唐】司馬頭陀	流傳極稀《地鉗》
97	欽天監地理醒世切要辨論	【清】欽天監	公開清代皇室御用風水真本
三式類			
98－99	大六壬尋源二種	【清】張純照	六壬入門、占課指南
100	六壬教科六壬鑰	【民國】蔣問天	由淺入深，首尾悉備
101	壬課總訣	心一堂編	過去術家不外傳的珍稀六壬術秘鈔本
102	六壬秘斷	心一堂編	
103	大六壬類闡	心一堂編	
104	六壬秘笈——韋千里占卜講義	【民國】韋千里	六壬入門必備
105	壬學述古	【民國】曹仁麟	依法占之，「無不神驗」
106	奇門揭要	心一堂編	集「法奇門」、「術奇門」精要
107	奇門行軍要略	【清】劉文瀾	條理清晰、簡明易用
108	奇門大宗直旨	劉毗	天下孤本 首次公開 虛白廬藏本《秘藏遁甲天機》 奇門不傳之秘 應驗如神
109	奇門三奇干支神應	馮繼明	
110	奇門仙機	題【漢】張子房	
111	奇門心法秘纂	題【漢】韓信（淮陰侯）	
112	奇門廬中闡秘	題【三國】諸葛武侯註	
選擇類			
113－114	儀度六壬選日要訣	【清】張九儀	清初三合風水名家張九儀擇日秘傳
115	天元選擇辨正	【清】一園主人	釋蔣大鴻天元選擇法
其他類			
116	述卜筮星相學	【民國】袁樹珊	民初二大命理家南袁北韋
117－120	中國歷代卜人傳	【民國】袁樹珊	南袁之術數經典